Jochen Link

Theorie der Gesellschaft

Kritische und historische Einführung

Werner Raith Verlag Starnberg

Doris Leupold, Nov. 77

ISBN 3–921121–53–1

Gestaltung: Ursula Raith

Herstellung:
Satz Josef Guber, München; Druckerei Fischer, Weilheim;
Thomas-Buchbinderei Augsburg

Printed in Germany 1973

INHALT

VORWORT

Das vorliegende Buch ist keine Einführung in den Bereich der Gesellschaftstheorie derart, daß es die verschiedenen Ansätze gesellschaftstheoretischer Konzeptionen aufzuzeigen, eine politische Ideengeschichte nachzuzeichnen oder ein gegenwärtig relevantes Problem stringent in seine eigene Vorgeschichte zurückzuführen versucht. Es geht weder um eine laxe Materialanhäufung noch um eine präzise Begriffsbildung, weder um eine Interpretation allein noch um die Systematisierung eigener Gedankenansätze. — Was wird also geboten?

Es wird eine Arbeitsunterlage angeboten, die versucht, denen, die sich für die Themen und Fragen des sozialwissenschaftlichen Bereichs interessieren, den Einstieg in gesellschaftstheoretische Problemstellungen zu ermöglichen und zur Auseinandersetzung mit ihnen anzuregen.

Wir haben uns dabei der Schwierigkeit, den Bezug zum Adressaten bewußt zu machen, nicht entzogen, sondern im Kapitel „Pädagogische Intelligenz und Theorie der Gesellschaft" auf diese Schwierigkeit aufmerksam gemacht und sie auch thematisch eingearbeitet. Das Buch, speziell Kapitel II, ist zum großen Teil aus Seminardiskussionen an der Universität hervorgegangen, und es folgt deshalb auch in seinem Aufbau nicht so sehr einer historischen oder fachsystematischen Logik als vielmehr den Fragestellungen, wie sie sich aus den Denkprozessen und dem Bewußtseinsstand in der Seminargruppe ergeben haben. Wir meinen, daß durch das Ausgehen von der gesellschaftlichen und bewußtseinsmäßigen Situation der Adressaten der Bezug zur Realität und zu gesellschaftspolitischen Problemen der Gegenwart hergestellt wird. Der Ansatz der kritischen Theorie bestimmt dabei die Analyse dieser Realität wie der politischen Ideengeschichte.

Im Kapitel II wird versucht, zur Beschäftigung mit der Tradition anzuregen. An diesem Kapitel haben teilweise Seminarteilneh-

mer mitgeschrieben. Dieter Karg bearbeitete die Philosophen Hobbes, Locke und Rousseau, Hans-Jürgen Rabenstein stellte das Problem der Macht bei Macchiavelli und F. Bacon dar. Dem haben wir — um nicht unmittelbar bei einer schon fortgeschrittenen Problematik von Individuum und Gesellschaft zu beginnen — noch Platon und Aristoteles hinzugefügt und Bemerkungen zu dem unserer Ansicht nach gewichtigen Satz von Hegel: „Was vernünftig ist, das ist wirklich; und was wirklich ist, das ist vernünftig", um unser Thema bis zu einer gewissen Abrundung innerhalb der Gesellschaftstheorie zu bringen, bevor es dann bei Marx eine neue Richtung nimmt. Eine Linie ergibt sich dabei durch die Thematik Individuum — Gesellschaft — Freiheit, die in der Antike angesetzt und schließlich bei Hegel in einem hohen Maße allgemein und konkret zugleich wird, d. h. einen Stand erreicht, hinter den nicht mehr zurückgeschritten werden kann. Eine weitere Linie ist angedeutet durch das Materialismusproblem, das bei Macchiavelli und Bacon begonnen, bei Hobbes dann konsequent weitergeführt und radikal auf die Gesellschaftstheorie übertragen wird und sich im Teil III bei Marx im historischen Materialismus als wesentlich neuer Aspekt moderner Gesellschaftstheorien darstellen läßt.
Die umfangreichen Zitate und Quellentexte im Buch sollen im Sinne von „selbstredend" vorgestellt werden und zum Weiterlesen anleiten. Auf diese Weise könnte ein selbständiger Einstieg ermöglicht werden.
Für Kritik und Hinweise danke ich Horst Bohling und Dieter Karg, die sich mit großem Engagement der Probleme angenommen haben.

I. VORVERSTÄNDNIS UND KRITISCHE THEORIE DER GESELLSCHAFT

1. EINLEITUNG

Ansatz

Ziel dieser Arbeit im Bereich der politischen Philosophie und Gesellschaftstheorie[1] ist es, in der politischen Gegenwart erkennbare Phänomene und Begriffe zu reflektieren und sie besonders als gewordene zu charakterisieren. Eine Reflexion in sozialphilosophischer Absicht könnte darauf verweisen, daß dem Denken selber schon immer ein Bedürfnis zur Kritik innewohnt, daß Denken schon vor seiner Bestimmtheit Negieren und Distanzieren ist gegenüber dem, dem es sich verdankt. Dies bringt Reflexion beispielsweise in unmittelbare Nähe zur Demokratie.

Die Idee von Demokratie, wie jeder Versuch, vorhandenes Sein mit einem Soll-Zustand zu konfrontieren, aufgekommen und gewagt einst als Gedanke der Negation, daß nämlich ein herrschender Zustand abzulehnen und eine bestehende Herrschaft von Wenigen über Viele durchaus nicht als vernünftig und gegeben hinzunehmen sei, ist nur zu verstehen als eine aus Praxis erwachsene Kritik an eben dieser Praxis. Das gilt für die traditionelle politische Philosophie und erst recht für eine heute zu versuchende nicht anpäßlerische Gesellschaftstheorie.

Wenn die Gegenwart nicht bloß hingenommen, sondern als etwas zu Gestaltendes begriffen werden soll, dann sind besonders solche Bedürfnisse und Gedanken zu aktivieren, die eine Gestaltung erst ermöglichen — inmitten solcher, die sie verhindern, und das sind alle die, die sich zu einer bewußten Gestaltung der gesellschaftlichen Umwelt bestenfalls indifferent verhalten. Die Arbeit am Denken führt notwendig zu einer Beschäftigung mit der Tradition, d.h. in unserem Fall zu einer Auseinandersetzung mit den sozial relevanten Ideen von Platon, Aristoteles über Hobbes zu Hegel, Marx bis zur kritischen Theorie. Tradition aber als Selbstzweck zu betreiben, zeigt eine selbstmörderische Tendenz. Es müßte immer wieder zu klären sein, daß eine Beschäftigung mit der Tradition besonders dort ansetzen sollte, wo Vergangenes mißglückte, wo es abbrach, um dort zu versuchen, die Ansätze aufzunehmen und weiterzuführen.

Situation

Ein unmittelbarer, unabgesicherter Einstieg in die traditionelle politische Philosophie scheint uns nicht angebracht. Warum? Wir denken aus einer bestimmten Situation heraus, die unser Bewußtsein prägt, die Abdruck unserer Gesellschaft ist und die auf der einen Seite Schlüsse zuläßt auf den Charakter dieser gegenwärtigen Gesellschaft und auf der anderen Seite von uns reflektierend mitgenommen wird bei der Betrachtung vergangener Gesellschaften, vergangener Handlungsabläufe und Theorien.

Also: unsere persönliche, eingeengte Situation ist irgendwie immer repräsentativ für unsere Gesellschaft, d. h. sie läßt Schlüsse zu auf die Eigenart der uns umgreifenden Gesellschaft. Und: diese Situation sind wir gezwungen, stets mit uns herumzutragen, d. h. ihren Reflex in unserem Denken. Das könnte wohl der Stoiker Seneca gemeint haben, als er den Sinn und Wert des Reisens bezweifelte mit dem Argument, daß man beim Reisen doch nur sich selber immer mitnehmen müsse. Dieser Gedanke ist für unser Problem nur insofern von Bedeutung, als er uns darauf aufmerksam macht, daß wir bei der Beschäftigung mit den Theorien der Tradition – zu der die antiken und bürgerlichen Ideen und auch das Denken von Marx und Engels zählen – diese Theorien gleichsam nur durch das Medium unserer Situation hindurch begreifen, nicht aber als isolierte und von unserer Zeit völlig losgelöste Gedankengänge.

Die „reine“ objektive Erkenntnis des Gegenstandes unseres Forschens scheint uns nicht verbürgt zu sein, da wir ihm stets als einem durch unsere Situation bereits vermittelten begegnen.

Aus diesem Grund würden wir jede ausschließliche, für ein angebliches Gesellschaftsverständnis konsequenzlose Versenkung in einen Text ablehnen – erst recht natürlich, wenn nicht einmal seine historische Abhängigkeit beachtet worden wäre. Der nicht apriorische, sondern erst später aufgesetzte Zusammenhang zwischen Textanalyse und Gegenwartsverständnis dient nur der künstlichen Aktualisierung des Textes, der mit aller Macht gerettet werden muß. Zudem steht der Gedanke dahinter, heute auftretende Probleme ließen sich eher durch Interpretation alter Texte erklären: als ob nicht in diese Texte schon etwas hineingedeutet würde, was später wieder zumindest teilweise herauskommen soll.
Der voraussetzungslosen, unabgesicherten Inangriffnahme eines Textes der Tradition liegt die Ansicht zugrunde, Denken bleibe durch die verschiedenen Phasen der Gesellschaft hindurch konstant und in dieser ahistorischen Konstanz immer gleich aktuell und aufregend. Theorien, die jedoch vor unserer Zeit entstanden und relevant gewesen sind, nisten sich nicht unmittelbar in unserem Bewußtsein ein und werden dort auch nicht irgendwie als Ganzes unbeschadet aufgenommen, sondern treffen stets auf unser je vorliegendes Zeitverständnis – oder: Vorverständnis. Es wird also nicht der „reine" Gedanke sein jener uns angehenden Tradition, den wir begriffen haben, sondern ein Gedanke, der schon durch unser Vorverständnis eine gewisse Veränderung erfahren hat.

Vorverständnis

Zur Erläuterung des Problems des Vorverständnisses überhaupt könnten einige Beispiele von Nutzen sein. (Vorverständnis wäre eventuell auch gleich zu verdeutlichen als Vor-Verstehen oder als vorlaufendes Verstehen: ein Verstehen, das einer noch nicht abgeschlossenen Erkenntnis bereits vorausläuft). In Platons Dialog „Menon",[2] wo es um das Wesen der Tugend geht, wird hierauf besonders treffend hingewiesen:

(Sokrates) ... So auch jetzt, was die Tugend ist, weiß ich keineswegs; du aber hast es vielleicht vorher gewußt, ehe du mich berührtest, jetzt indes

bist du einem Nichtwissenden ganz ähnlich. Dennoch will ich mit dir erwägen und untersuchen, was sie wohl ist.
Menon: Und auf welche Weise willst du denn dasjenige suchen, Sokrates, wovon du überhaupt gar nicht weißt, was es ist? Denn als welches Besondere von allem, was du nicht weißt, willst du es dir denn vorlegen und so suchen? Oder wenn du es auch noch so gut träfest, wie willst du denn erkennen, daß es dieses ist, was du nicht wußtest?
Sokrates: Ich verstehe, was du sagen willst, Menon! Siehst du, was für einen streitsüchtigen Satz du uns herbringst? Daß nämlich ein Mensch unmöglich suchen kann, weder was er weiß, noch was er nicht weiß. Nämlich weder was er weiß, kann er suchen, denn er weiß es ja, und es bedarf dafür keines Suchens weiter; noch was er nicht weiß, denn er weiß ja dann auch nicht, was er suchen soll.
Menon: Scheint dir das nicht ein schöner Satz zu sein Sokrates?
Sokrates: Mir gar nicht.

Dem Sokrates gefällt dieser Satz nicht, weil Menons Einwand überhaupt keine Möglichkeit mehr läßt, auf irgendetwas Neues anders zu reagieren, als sich jeder Stellungnahme und Reflexion darüber einfach zu enthalten, da sich ohnehin über das, was man noch nicht sicher weiß, nichts aussagen läßt. Sokrates räumt diesen Einwand dadurch aus dem Weg, daß er mittels seiner Lehre der Wiedererinnerung den Rahmen benennt, innerhalb dessen wir das Gesuchte finden können:

Sokrates: Weil nun die Seele unsterblich ist und oftmals geboren und, was hier ist und in der Unterwelt, alles erblickt hat: so ist auch nichts, was sie nicht in Erfahrung gebracht hätte, so daß nicht zu verwundern ist, wenn sie auch von der Tugend und allem andern vermag, sich dessen zu erinnern, was sie ja auch früher gewußt hat. Denn da die ganze Natur unter sich verwandt ist und die Seele alles innegehabt hat: so hindert nichts, daß, wer nur an ein einziges erinnert wird, was bei den Menschen Lernen heißt, alles übrige selbst auffinde, wenn er nur tapfer ist und nicht ermüdet im Suchen. Denn das Suchen und das Lernen ist demnach ganz und gar Erinnerung. Keineswegs also darf man jenem streitsüchtigen Satze folgen; denn er würde uns träge machen und ist nur den weichlichen Menschen angenehm zu hören; dieser aber macht uns tätig und forschend, welchem vertrauend, daß er wahr sei, ich eben Lust habe, mit dir zu untersuchen, was die Tugend ist.

Durch die Antwort des Sokrates auf den spitzfindigen Einwand seines Gesprächspartners Menon, aber auch durch die zwingende Fragestellung von Menon, wird unser Problem auf klare Weise freigelegt und erst ermöglicht: bevor wir etwas sicher verstanden haben, ist bereits eine Art Vor-Verstehen in Aktion getreten. Für S o k r a t e s liegt es in der Erinnerung.

Das Vorverständnis (oder Vorurteil: vorlaufendes Urteil) von einer Sache kann positiv und negativ aufgefaßt werden. Positiv, wenn man davon ausgeht, die Sache gerade durch Vorverständnis um so besser deuten und erklären zu können.

Negativ, wenn man voraussetzt, das Vorverständnis verstelle die eigentliche Sache und verbaue wahre Erkenntnis auf diese Weise. So faßt es zum Beispiel der englische Staatsmann und an den Naturwissenschaften sich orientierende Philosoph F r a n c i s B a c o n (1561—1626), wenn er von der notwendigen Beseitigung der Idole (Trugbilder und falsche Vorstellungen) spricht, damit man zur wahren Erkenntnis gelange:

Die Götzenbilder und falschen Begriffe, die von dem menschlichen Geist schon Besitz ergriffen haben und fest in ihm wurzeln, halten den Geist nicht bloß so besetzt, daß die Wahrheit nur schwer einen Zutritt findet, sondern daß, selbst wenn dieser Zutritt gewährt und bewilligt worden ist, sie bei der Erneuerung der Wissenschaften immer wiederkehren und belästigen, solange man nicht sich gegen sie vorsieht und nach Möglichkeit verwahrt ...

Der menschliche Verstand zieht in das, was er einmal als wahr angenommen hat, weil es von alters her gilt und geglaubt wird, oder weil es gefällt, auch alles andere hinein, um jenes zu stützen und mit ihm übereinstimmend zu machen. Und wenn auch die Bedeutung und Anzahl der entgegengesetzten Fälle größer ist, so bemerkt oder beachtet der Geist sie nicht oder beseitigt und verwirft sie mittels Unterscheidungen zu seinem großen Schaden und Verderben, nur damit das Ansehen jener alten fehlerhaften Verbindungen aufrechterhalten bleibe. Als deshalb jenem Mann im Tempel die aufgehangenen Votivtafeln derer, welche für ihre Errettung aus dem Schiffbruch Geschenke geweiht hatten, gezeigt wurden und man ihn mit der Frage bedrängte, ob er nun nicht das Walten der Götter anerkenne, so fragte er mit Recht: Aber wo sind denn jene verzeichnet, die trotz ihrer ausgesprochenen Gelübde dennoch untergegangen sind? — So verhält es sich mit allem Aberglauben, sowohl in der Astrologie als bei den Träumen, den Vorbedeutungen, den Rachegöttern usw. Man erfreut sich an solchen eitlen Dingen und merkt es sich, wo es eingetroffen ist; die Fälle dagegen, welche fehlgeschlagen haben, werden, obgleich sie zahlreicher sind, nicht beachtet und übergangen. Aber in viel feinerer Weise kriecht dies Übel in der Philosophie und den Wissenschaften umher, in denen das, was einmal beliebt worden, alles andere, sei es auch viel fester und sicherer, ansteckt und sich unterwirft. Selbst wenn dabei jene erwähnte Freude und Eitelkeit

nicht mitgewirkt hat, haftet doch dem menschlichen Verstande der eigentümliche Fehler an, stets mehr dem Bejahenden als dem Verneinenden sich zuzuneigen, während er doch nach Recht und Ordnung sich zu beiden gleich verhalten sollte; ja, bei jedem wahrhaft bejahenden Lehrsatz ist sogar die Kraft des verneinenden Falles die stärkere ...
Der menschliche Geist ist kein reines Licht, sondern erleidet einen Einfluß von dem Willen und den Gefühlen. Dies erzeugt jene „Wissenschaften für alles, was man will": denn was man am liebsten als das Wahre haben mag, das glaubt man am leichtesten. Der Geist verwirft deshalb das Schwere, weil ihm die Geduld zur Untersuchung fehlt; desgleichen das Maßhaltende, weil es die Hoffnungen beschränkt; das Höhere in der Natur aus Aberglauben; das Licht der Erfahrung aus Hochmut und Anmaßung, damit es nicht scheine, als beschäftige sich der Geist mit Niedrigem und Vergänglichem; endlich das sonderbar Klingende wegen der Meinungen der Menge. Auf unzählige und oft unmerkbare Weise drängt sich das Gefühl in das Denken und steckt es an.[3]

Diese Trugbilder versperren den Weg zur Wahrheitsfindung. Daher ist ihnen mit Skepsis zu begegnen, keinesfalls aber mit Nichtbeachtung, um ihnen nicht, ohne es zu wissen, um so mehr zu verfallen. Man muß sie erst kennen und erforschen, um sie auf der Suche nach Wahrheit ausschalten zu können. Solches, hier negativ gefaßtes Vorverständnis und solche mit Wertungen bereits behafteten Vorentscheidungen sind Erscheinungen der gesamten Umwelt des Menschen, seiner Geschichte, seiner Sprache, etc., die ihn nachhaltig seit seiner Kindheit geprägt haben. Nur mit Mühe kann er sich dieses Vorverstehens bewußt werden, und Bacon dringt besonders darauf, sich das Im-voraus-Verstehen nicht nur bewußt zu machen, sondern es auch darüber hinaus ganz auszuschalten, will man letztlich zu exakten Ergebnissen in der Wissenschaft kommen.
Wenn wir auch sehen, daß Bacons Forschungsmethode durch ihre Klarheit und Radikalität gegenüber dem kritiklosen Akzeptieren von Autoritäten zu einer Zeit etwas unübersehbar Aufklärerisches initiiert hatte, so beschränken wir uns doch zunächst auf das Bewußtwerden des Vorverständnisses, ohne es gleich überhaupt ganz ausschließen zu wollen.

Erkenntnisleitendes Interesse

Das Vorverständnis hängt aufs engste mit der Situation zusammen, in der wir uns befinden: Diese Situation, verstanden als

Sedimentierung des geschichtlichen Prozesses der Gesellschaft, prägt unausweichlich unser Vorverständnis. Ebenso werden alle Bedürfnisse und Interessen, die wir verfolgen, nur in Abhängigkeit von dieser Situation verstanden werden können. Uns interessiert eine Sache, weil sie uns angeht, und sie geht uns an, weil sie bezogen wird im weitesten Sinne auf die Lage, in der wir uns befinden. Es besteht also ein Zusammenhang zwischen der Sache und dem reflektierenden Subjekt, und charakterisieren läßt sich dieser Zusammenhang als unser Interesse: das Interesse ist eine Art der Vermittlung zwischen uns und der Sache, zwischen Subjekt und Objekt. Unsere Erkenntnis der Sache fällt nicht aus heiterem Himmel, sondern sie wird vorbereitet und geleitet von der Tatsache, daß die Sache für uns von Interesse sein kann. Wir treffen also bereits eine Vorentscheidung über das, was wir erst erkennen wollen und wir lassen uns leiten von unserem Interesse an dieser oder jener bestimmten Erkenntnis. Deshalb sprechen wir von einem „erkenntnisleitenden Interesse". Daß dieses Interesse nicht unabhängig von unserer Lebenswelt zu verstehen ist, haben wir oben betont. — Bei Habermas[4] heißt es:

Die möglichen Gegenstände der wissenschaftlichen Analyse konstituieren sich vorgängig in den Selbstverständlichkeiten unserer primären Lebenswelt.

Eine solche Abhängigkeit der Erkenntnis von einem subjektiven Interesse ist nicht unproblematisch:

Im Begriff des erkenntnisleitenden Interesses sind die beiden Momente schon zusammengenommen, deren Verhältnis erst geklärt werden soll: Erkenntnis und Interesse. Aus Alltagserfahrungen wissen wir, daß Ideen oft genug dazu dienen, unseren Handlungen rechtfertigende Motive anstelle der wirklichen zu unterschieben. Was auf dieser Ebene Rationalisierung heißt, nennen wir auf der Ebene kollektiven Handelns Ideologie. In beiden Fällen ist der manifeste Gehalt von Aussagen durch die unreflektierte Bindung eines nur zum Scheine autonomen Bewußtseins an Interessen verfälscht. Mit Recht zielt deshalb die Disziplin des geschulten Denkens auf die Ausschaltung solcher Interessen. In allen Wissenschaften sind Routinen ausgebildet worden, die der Subjektivität des Meinens vorbeugen; und gegen den unkontrollierten Einfluß der tieferliegenden Interessen, die weniger am Individuum als an der objektiven Lage gesellschaft-

licher Gruppen hängen, ist sogar eine neue Disziplin, die Wissenssoziologie, auf den Plan getreten. Das ist aber nur die eine Seite. Weil sich die Wissenschaft die Objektivität ihrer Aussagen gegen den Druck und die Verführung partikularer Interessen erst erringen muß, täuscht sie sich andererseits über die fundamentalen Interessen hinweg, denen sie nicht nur ihren Antrieb, sondern *die Bedingungen möglicher Objektivität* selber verdankt.
Die Einstellung auf technische Verfügung, auf lebenspraktische Verständigung und auf Emanzipation von naturwüchsigem Zwang legt nämlich die spezifischen Gesichtspunkte fest, unter denen wir die Realität als solche erst auffassen können.[5]

Die erkenntnisleitenden Interessen entsprechen in den unterschiedlichen Forschungsprozessen den spezifischen Wissenschaftszweigen, die Erkenntnisinteressen der Naturwisenschaften etwa sind andere als die der Geisteswissenschaften. Die These von H a b e r m a s lautet:

... In den Ansatz der empirisch-analytischen Wissenschaften geht ein *technisches*, in den Ansatz der historisch-hermeneutischen Wissenschaften ein *praktisches* und in den Ansatz kritisch orientierter Wissenschaften jenes *emanzipatorische* Erkenntnisinteresse ein, das schon den traditionellen Theorien uneingestanden zugrunde lag.[6]

Vorgreifend auf M a r x läßt sich sagen, daß seine Theorie zum Beispiel nur verstanden werden kann als eine Theorie, die von einem emanzipatorischen Erkenntnisinteresse geleitet ist. Das heißt, die wesentlichen Begriffe von M a r x müssen gesehen werden im Lichte einer späteren „besseren Gesellschaft", und sie werden bewußt auf diese Gesellschaft emanzipierter Individuen, oder bei M a r x auf den Sozialismus, hin konzipiert. Die M a r x'sche Wissenschaft will nicht neutral sein in diesem Sinne, daß sie nicht Stellung bezieht zur Gesamtsituation, aus der heraus sie ihr Denken entwickelt hatte, sondern sie ergreift entschlossen Partei gegen eine ihr unerträglich erscheinende Lage und unterstellt sich bewußt dem Interesse an der politischen Emanzipation, die für M a r x nur in einer sozialistischen Gesellschaft Wirklichkeit werden kann, da diese erst die wahre Geschichte des Menschen beginnen läßt. Die bisherige Geschichte charakterisiert er als die Vorgeschichte des Menschen.

Wenn wir also davon ausgehen, daß Vorverständnis, Vorentscheidungen und erkenntnisleitende Interessen für unser Nachdenken von Bedeutung und außerdem eine Art Reflex unserer Gesamtsituation sind, dann scheint es notwendig zu sein, das Vorverständnis und die Situation, die wir stets reflektierend mit uns nehmen, näher kennenzulernen.
Wir wollen dies von zwei Seiten aus versuchen. Einmal durch einen Einblick in einige Probleme unserer technologischen Gesellschaft, die wir am Beispiel ihrer reflektiven Bearbeitung durch die kritische Theorie erörtern wollen (I. 2). Dann durch eine Reflexion über das Verhältnis von Theorie und Praxis in Bezug auf die pädagogische Intelligenz (I. 3).

2. KRITISCHE THEORIE

Philosophie und kritische Theorie

In dem gleichnamigen Aufsatz von Herbert Marcuse[7] geht es um die Unterscheidung und Auseinanderfaltung von Philosophie und kritischer Theorie. Marcuse sieht eine Entwicklung von der Philosophie zur kritischen Theorie,[8] und zwar hauptsächlich durch die Hereinnahme der Analyse der politisch-ökonomischen Verhältnisse der Gesellschaft durch Marx. Allerdings bleibt die Beschäftigung mit den herrschenden zeitgenössischen Theorien ebenfalls im Vordergrund:

> Die kritische Theorie der Gesellschaft war seit ihren Anfängen stets auch mit philosophischen Auseinandersetzungen beschäftigt. Zur Zeit ihrer Entstehung: in den dreißiger und vierziger Jahren des neunzehnten Jahrhunderts, war die Philosophie die fortgeschrittenste Gestalt des Bewußtseins; die wirklichen Zustände waren in Deutschland hinter dieser Gestalt der Vernunft zurückgeblieben ...

Die kritische Theorie, deren Wesen darin besteht, vorhandene „negative" Zustände der Gesellschaft zu kritisieren, war immer auch mit „rein" philosophischen Ideen und Vorstellungen (z. B. Idealismus) verbunden. Mit „reinen" Bewußtseinsformen sind nicht von ihrer Zeit völlig losgelöste Theorien gemeint — was auch kaum möglich ist, denn, wie Hegel sagt, ist „Philosophie ... ihre Zeit, in Gedanken gefaßt", d. h. jede Bewußtseinsform gedanklicher Aspekt des gesellschaftlichen Lebensprozesses — sondern Theorien ganz allgemein, die nicht wiederum unmittelbar auf Praxis, auf die vorhandene Welt der Produktion, ausgerichtet sind.

Den Beginn der kritischen Theorie sieht Marcuse bei Marx und dessen Auseinandersetzung mit Hegel (wobei dieser Ansatz u. E. erst ziemlich spät beginnt, denn nicht umsonst betitelt auch Kant seine Hauptwerke mit „Kritik"). Nach Marcuse knüpfte Marx damit an die „fortgeschrittenste Gestalt des Bewußtseins" an, und zwar an den deutschen Idealismus und die Diskussion um ihn in den Schriften von Marx und Engels über den Materialisten Ludwig Feuerbach.[9]

Auch ein anderer wesentlicher Ansatz von Marx im „Kapital" und anderen zentralen Werken über die Ökonomie lag nicht nur in der Analyse der vorhandenen unhaltbaren gesellschaftlichen Praxis, sondern auch in deren Abbild in der Theorie: also der Nationalökonomie, der herrschenden Theorie des Kapitalismus. Auch hier stoßen wir auf die Beschäftigung mit Theorie — in dem Bestreben allerdings, die vorhandene Praxis umzustürzen. Wichtig ist die Voraussetzung, die dem zugrunde liegt, daß nämlich ein gesellschaftlicher Prozeß nicht anders gefaßt und begriffen werden kann als in der Theorie. Die Strategie zur Veränderung der Gesellschaft nahm ihren Anfang also in der Theorie, was sich einengen läßt in die Parole: ohne Theorie keine Revolution.

Wir halten noch einmal die zwei Ansätze fest: Beschäftigung mit Idealismus (Hegel) und Materialismus (Feuerbach) und Beschäftigung mit der Nationalökonomie.

Wir weisen damit auf das Problem des Verhältnisses von Theorie und Praxis hin. Wenn Marcuse sagt: „... die wirklichen Zustände waren in Deutschland hinter dieser Gestalt der Vernunft zurückgeblieben", so bedeutet dies, daß eine Theorie der vorhandenen Praxis vorangeschritten war. Das Theorie-Praxis-Verhältnis ist stets in der Geschichte des politisch-ökonomischen Lebensprozesses einer Gesellschaft — und solange es den Konflikt zwischen Verfassungsnorm[10] und Verfassungswirklichkeit gibt, — eines der wesentlichen Probleme für das politische Handeln der Bürger gewesen. Es ging immer darum, ob eine Theorie der gegebenen Wirklichkeit voranschreiten oder diese Wirklichkeit nur in Gedanken wiedergeben, sie damit nicht überschreiten solle. In dem einen Fall ist das Motiv die Veränderung oder Revolutionierung der Wirklichkeit, im anderen Fall geht es um die Legitimierung dieses vorhandenen Daseins, um dessen Stabilisierung — wir können sagen, in diesem Fall ist die Theorie nur die Verdoppelung der Praxis, die theoretische Wiederholung dessen, was ohnehin in der Praxis da ist. — Am Beispiel der „Deklaration" in den amerikanischen und französischen Menschenrechtserklärungen hat Habermas auf diese unterschiedliche Theorie-Praxis-Auffassung hingewiesen:

In der Tat bestehen unverkennbare Unterschiede. Zwar berufen sich Amerikaner wie Franzosen gleichermaßen auf Prinzipien des modernen Naturrechts; die Gemeinsamkeit der Legitimationsbasis reicht insbesondere bei den Grundrechtsdeklarationen beider Länder bis in den Wortlaut hinein. Gerade diese Deklarationen haben aber, ihrer materiellen Übereinstimmung zum Trotz, einen spezifisch verschiedenen Sinn. Die amerikanischen Kolonisten wollen mit dem Rekurs auf Menschenrechte ihre Unabhängigkeit vom britischen Empire legitimieren; die Franzosen einen Umsturz des Ancien Regime. Gewiß wird in beiden Fällen eine Staatsverfassung konstituiert, die sich im Rahmen deklarierter Grundrechte hält. Aber schon der äußere Stellenwert der Erklärungen, als Präambel der französischen Verfassung vorangestellt, als Amendments der amerikanischen bloß angehängt, ist nicht zufällig. Die amerikanischen Bills of Rights inventarisieren im wesentlichen den bestehenden Rechtsbesitz britischer Bürger. Die Form ihrer universal-naturrechtlichen Begründung ist nur im Hinblick auf die Emanzipation vom Mutterland notwendig geworden. Die Grundrechtsdeklarationen, die ihrer Substanz nach in den ersten Sätzen der Unabhängigkeitserklärung rekapituliert werden, haben als solche zunächst den Sinn, der überlieferten Rechtsmaterie eine andere Legitimationsgrundlage zu verschaffen; die französische Deklaration soll hingegen prinzipiell neues Recht positiv erst zur Geltung bringen. Der revolutionäre Sinn der Deklaration ist in Frankreich die Begründung einer neuen Verfassung, in Amerika aber die der Unabhängigkeit, in deren Folge allerdings eine neue Verfassung nötig wird.[11]

Das Überschreiten der Praxis versteht sich in einer kritischen Theorie stets als bestimmte Negation, als permanentes reflektiertes Distanzieren von einer sich stabilisierenden Praxis, die natürlich nicht ignoriert werden darf, sondern um ihrer möglichen Veränderung willen analysiert werden muß, jedoch ohne daß dies eine Anpassung zur Folge hätte. Daraus wird klar, daß eine Theorie, die eine vorgegebene Praxis überschreitet, noch lange nicht im Utopischen zu landen gezwungen ist.

Ernst Bloch weist auf den Unterschied zwischen der traditionellen abstrakten Utopie und der Marxschen konkreten Utopie hin:

Die abstrakten Utopien hatten neun Zehntel ihres Raums dem Gemälde des Zukunftsstaates gewidmet und nur ein Zehntel der kritischen, der oft nur negativen Beachtung des Jetzt. Dadurch wurde zwar das Ziel bunt und lebhaft gehalten, doch der Weg zu ihm, soweit er in den gegebenen Verhältnissen liegen konnte, blieb versteckt. Marx setzte mehr als neun Zehntel seines Schrifttums an die kritische Analyse des Jetzt, und einen verhältnismäßig geringen Platz räumte er Bezeichnungen der Zukunft ein. Daher nannte Marx, wie mit Recht bemerkt worden ist, sein Werk „Das Kapital" und nicht etwa „Aufruf zum Sozialismus."

Und:

Der solide Traum schließt sich tätig an das an, was geschichtlich fällig und in mehr oder minder verhindertem Gang ist. Konkreter Utopie kommt es also darauf an, den Traum von ihrer Sache, der in der geschichtlichen Bewegung selbst steckt, genau zu verstehen. Es kommt ihr, als einer mit dem Prozeß vermittelten, darauf an, die Formen und Inhalte zu entbinden, die sich im Schoß der gegenwärtigen Gesellschaft bereits entwickelt haben.[12]

Die Unterscheidung von konkreter und abstrakter Utopie ist äußerst wichtig, hat sich doch gerade am Begriff der Utopie die Denunziation der Marx'schen Theorie besonders heftig festgebissen. Konkrete Utopie ist nicht unabhängig zu sehen von der gesellschaftlichen Wirklichkeit, in der sie konzipiert worden ist. Sie erscheint daher, wie Marx es beschrieben hat, noch mit den Muttermalen der alten Gesellschaft behaftet. (Siehe dazu auch Quellentexte im Teil III).

Zurück zu Marcuse. Im obigen Text heißt es weiter:

Die Kritik des Bestehenden begann hier als eine Kritik jenes Bewußtseins, weil sie sonst ihren Gegenstand noch unter dem Niveau der Geschichte ergriffen hätte, das die außerdeutschen Länder schon in der Realität erreicht hatten.

Gemeint sind wohl die Revolution in Frankreich und die Folgen des Parlamentarismus in England. Um aber nicht hinter dem einmal erreichten Stand eines fortschrittlichen Bewußtseins zurückzufallen, begann die Marx'sche Theorie bei diesem Bewußtsein, nicht bei den realen Verhältnissen. Das Ziel war allerdings nicht, es bei einer tiefsinnigen Erörterung dieses Bewußtseins zu belassen, sondern die fortschrittlichen Gedanken mit der Realität zu konfrontieren und sie in die Welt der Produktion, in die Wirklichkeit der Zeit, einzuarbeiten.
Es geht nicht darum, Theorie zugunsten der Wirklichkeit mit aller Macht zu retten,[13] sondern unerträgliche Zustände auf den Begriff zu bringen, um sie verändern zu können. Es geht um die Revolution. Nicht allein um die Revolution des Geistes, sondern um die Revolutionierung der Realität: „Die Philosophen haben die Welt nur verschieden interpretiert, es kommt aber darauf an sie zu verändern".[14]

Philosophie und Ökonomie

Wenn der gesellschaftliche Prozeß verändert werden soll, dann müssen besonders die Kategorien benutzt und die Momente durchsichtig gemacht werden, die auf das Wesen und die wichtigsten Strukturen der Gesellschaft schließen lassen. Bedeutsam für die fortschrittlichen Gesellschaften des 19. Jahrhunderts aber ist die Industrie. Unerläßlich darum die Beschäftigung mit der Ökonomie. Eine kritische Theorie ist folglich für Marcuse nicht denkbar ohne den grundlegenden Bezug zur Ökonomie. Außerhalb dieser Verbindung hat seit dieser Zeit keine Philosophie mehr die Chance, praktizierbar zu sein oder zu werden. Will Theorie sich entfalten und verwirklichen zur möglichen Praxis, dann auf dieser Stufe des geschichtlichen Prozesses der Menschheit über die Auseinandersetzung und Verschränkung mit der Ökonomie.
Marcuse:
Nachdem die kritische Theorie die ökonomischen Verhältnisse als für das Ganze der bestehenden Welt verantwortlich erkannt und den gesellschaftlichen Gesamtzusammenhang der Wirklichkeit erfaßt hatte, wurde nicht nur die Philosophie als eigenständige Wissenschaft dieses Gesamtzusam-

menhangs überflüssig, sondern es konnten nun auch diejenigen Probleme, welche die Möglichkeiten des Menschen und der Vernunft betrafen, von der Ökonomie aus in Angriff genommen werden.
So erscheint die Philosophie in den ökonomischen Begriffen der materialistischen Theorie.[15]

Wirtschaft und Industrie dringen in alle Räume des öffentlichen und privaten Lebens vor. Es gibt kaum einen Bereich materiellen oder geistigen Lebens, der sich nicht — will er noch seinen eigenen Freiraum wahren — erst großen Mühen und bewußt gewählten Abwehrmechanismen unterwerfen müßte, wenn er gegen die neuen Einflüsse sich zu stemmen beabsichtigte.
Die ausstehenden Probleme werden nun von einer anderen Seite angegangen, von der sie bisher kaum gesehen worden sind. Handel, Verkehr und Industrie als Urheber einer neuen Gesellschaftsformation sind die Basis, auf der die Schlüsselbegriffe der nächsten Phase der Geschichte gefunden werden. Das gilt auch für die Bewußtseinsformen dieser nächsten historischen Phase. Die Philosophie wird nun gleichsam von der Ökonomie unterwandert: sie erscheint in den ökonomischen Begriffen von Marx wieder. Typisch für diesen Verlauf ist der Gang des Marx'schen Denkens selbst, und nur unter diesem Aspekt läßt sich vermutlich die Entwicklung seiner Theorie verstehen. Der Weg verläuft von der Philosophie der Frühschriften zur Ökonomie der Hauptwerke. Das hat Marcuse gezeigt. Der philosophische Impuls verliert sich aber auch im „Kapital" nicht. Es geht nicht um die bloße Beschreibung der zeitgenössischen Verhältnisse, sondern Voraussetzung ist, daß die herrschenden Zustände verändert werden. In diesem Sinn erscheint die Marxsche Wissenschaft weder als Beschreibungs-Wissenschaft, da ihr Motiv, ihr Erkenntnisinteresse die Emanzipation ist, noch als „abstrakte" Utopie, da sie sich festmacht an der Analyse der vorgegebenen Verhältnisse.
Die ökonomischen Begriffe dürfen von einer kritischen Theorie nicht nur akzeptiert, sondern müssen regelrecht in diese eingebaut und verarbeitet werden:

Es wäre aber falsch ... die ökonomischen Begriffe wieder in philosophische aufzulösen. Vielmehr sind, umgekehrt, die philosophischen Sachverhalte, welche für die Theorie relevant werden, aus dem ökonomischen Zusammenhang zu entwickeln. Sie enthalten Hinweise auf Verhältnisse, deren Vergessen die Theorie als Ganzes bedroht.[16]

Philosophische Sachverhalte aus dem ökonomischen Zusammenhang zu entwickeln heißt die Ursachen geistiger Erfahrungen und Bewußtseinsprozesse in den Tausch- und Eigentumsverhältnissen zu suchen und sie klar zu benennen. Wenn auf diese Weise die Ursachen im politisch-ökonomischen Raum festgestellt worden sind, dann sind auch, wenn es darum geht, die Ziele zum Thema zu machen, diese Ziele ebenfalls ganz nüchtern auf dem Gebiet des politisch-ökonomischen Lebensprozesses der Gesellschaft zu suchen — und nicht im Jenseits, nicht allein im Reich der Vorstellungen. Ziel ist das praktische Leben unter herrschaftsfreien Voraussetzungen,[17] Ziel ist das freie Kommunizieren[18] emanzipierter Bürger, die sich selbst die gesellschaftliche Produktion ihres Lebens auch gesellschaftlich anzueignen ermöglichen.
Philosophische Sachverhalte: das können Weisen der Unfreiheit sein, des Elends und der Unterdrückung, die nun nicht mehr auf idealistische Weise zur Ruhe gebracht oder in geistige Phänomene uminterpretiert werden sollen, sondern die nur noch aus dem ökonomischen Zusammenhang heraus zu entwickeln sind. Die realen Beweggründe folglich, wie das Bedürfnis nach Nahrung, Kleidung, Wohnung, Existenzsicherung, Freiheit, Selbstbestimmung etc., sind die nicht weg zu diskutierenden Bedingungen, unter denen erst repressionsloses Kommunizieren, Artikulieren und Reflektieren möglich sein wird. Freies mündiges Denken beginnt dort, wo freie mündige Verhältnisse geschaffen worden sind. Freiheit in Ketten, wenn es Leute gibt, die Ketten anlegen müssen, und Freiheit im Elend, wenn es Leute gibt, die vom Elend nur hören, hat keinen Boden mehr. Geistige Freiheit ohne deren Erfahrbarkeit in der Realität ist nur noch Geist, nicht mehr Freiheit.

Die Rolle der Theorie

Wie steht es mit der Philosophie im Zusammenhang mit der Vernunft? Kann sie helfen, vernünftige Zustände möglich zu machen? Ist ein vernünftiger Zustand erst Voraussetzung für die Philosophie oder macht ein vernünftiger Zustand Philosophie überhaupt überflüssig?

Wenn die Vernunft — eben als die vernünftige Organisation der Menschheit — verwirklicht worden ist, dann ist auch die Philosophie gegenstandslos. Denn die Philosophie, sofern sie mehr als ein Geschäft oder ein Fach innerhalb der gegebenen Arbeitsteilung war, lebte bisher davon, daß die Vernunft noch nicht Wirklichkeit war.[19]

Es wird ein Zusammenhang festgestellt zwischen Vernunft und Wirklichkeit. Dieser Zusammenhang kann als dialektischer gedeutet werden: die Vernunft soll sich verwirklichen und die Wirklichkeit vernünftig werden. Eine ebensolche Dialektik von Vernunft und Freiheit wird auch von Hegel entwickelt: Vernunft ist nur in Freiheit möglich und Freiheit ist erst durch Vernunft.[20] — Wir wollen damit nur darauf verweisen, daß eine Realisierung, ein Praktischwerden des vernünftigen Gedankens im Idealismus gedanklich voll erfaßt worden ist, daß aber das Umwenden des Gedankens zur konkreten Realität, zur Welt der Produktion, zur konkreten Arbeitswelt der Individuen, erst in der kritischen Theorie vollzogen wurde. Bei Marx wird der Bezug der Philosophie zu den realen Verhältnissen besonders deutlich herausgestellt. Den Träger und sinnvollen weiterführenden Ansatz sieht er im Proletariat.

Wie die Philosophie im Proletariat ihre materiellen, so findet das Proletariat in der Philosophie seine geistigen Waffen ...
Die Philosophie kann sich nicht verwirklichen ohne die Aufhebung des Proletariats, das Proletariat kann sich nicht aufheben ohne die Verwirklichung der Philosophie.[21]

Der Sinn dieses Wortes „aufheben" hat von Hegel über Marx bis heute zur kritischen Theorie seine zentrale Bedeutung behalten. Es wird verstanden in einem dreifachen Sinne. 1. Aufheben im Sinne von beseitigen (Gesetze werden aufgehoben). 2. Aufheben im Sinne von bewahren (aufbewahren). 3. Aufheben im Sinne von hinaufheben (auf eine höhere Ebene, auf eine neue Qualität bringen). Der Terminus „bestimmte Negation“ weist in dieselbe Richtung: es wird etwas verneint, aber dadurch nicht liquidiert, sondern verändert.

Das Sich-Aufheben des Proletariats bedeutet für Marx die Erfüllung seiner emanzipatorischen Bedürfnisse und Tendenzen, deren Reflexion die Philosophie liefern könnte. Das Proletariat bleibt in der Verwirklichung seiner Bedürfnisse nicht mehr es selbst, sondern hebt sich auf und erweitert sich auf eine höhere Stufe, die schon hineinreicht in die klassenlose Gesellschaft. Philosophie, die sich verwirklichen will, geht den gleichen Weg. Sie will den Gedanken der Freiheit, der seit der Französischen Revolution ihr wesentlichster wird, wirklich machen, d. h. zur Realität kommen lassen (siehe auch das Kapitel über Hegel im Teil II). So zielt auch die Philosophie auf die freie, nach Marx klassenlose, Gesellschaft. In dieser Gesellschaft hat sich die Philosophie endlich verwirklicht, und das heißt aufgehoben. Diese Gesellschaft hat Philosophie (im bisherigen Sinne) nicht mehr nötig: ihre Verwirklichung ist zu ihrer Aufhebung geworden. „Die Philosophie ... lebte bisher davon, daß die Vernunft noch nicht Wirklichkeit war“ sagt Marcuse und meint damit, daß in einer sozialistischen Gesellschaft, in der Vernunft und Wirklichkeit tendenziell zusammenfallen werden, der Philosophie das Material entzogen würde, das sie zu ihrer Existenz benötigt hatte. Das Material setzte sich zusammen aus dem Elend und der Unterdrückung der Individuen, also aus der Unvernunft, aus dem, was nicht oder noch nicht Vernunft war. Mit anderen Worten: das Material der Philosophie ist das Nein. Sie hat es zu tun mit der Negation all dessen, was eine freie Gesellschaft ausmacht. So vermag die kritische Theorie heute darauf hinzuweisen, daß, solange noch die gesellschaftlichen Verhältnisse als unvernünftige interpretiert werden können, Philosophie (als eine kritische Theorie im oben erwähnten Sinne) einige Bedeutung hat. Kritik ist ihr wesentlichstes Moment.

Die (oben) genannte Feuerbachthese besagt, daß für Marx

von nun ab Philosophie nur noch Bedeutung haben kann, wenn sie unmittelbar und kompromißlos auf Veränderung der Praxis angelegt ist. Solche Veränderung kann nur durch eine Revolution in Gang gesetzt werden. Die These zeigt, daß Marx den Zeitpunkt endgültig gekommen glaubte, zu welchem die Revolution erfolgreich sein könnte, während die kritische Theorie heute — abgesehen vielleicht von Marcuse — diesem Gedanken sehr skeptisch gegenübersteht.[22] Was aber keinesfalls bedeutet, daß ihr Motiv und Motor nicht mehr die „Aufhebung" der analysierten Gesellschaft wäre.

Auf dem gegebenen Stadium der Entwicklung zeigt sich aufs neue der konstruktive Charakter der kritischen Theorie. Von jeher war sie mehr als ein bloßes Registrieren und Systematisieren von Tatsachen, kam ihr Antrieb gerade aus der Kraft, mit der sie gegen die Tatsachen sprach, der schlechten Faktizität ihre besseren Möglichkeiten vorhielt. Wie die Philosophie steht sie gegen die Realitätsgerechtigkeit, gegen den zufriedenen Positivismus. Aber anders als die Philosophie gewinnt sie ihre Zielsetzungen immer nur aus den vorhandenen Tendenzen des gesellschaftlichen Prozesses. Daher hat sie keine Angst vor der Utopie, als die man die neue Ordnung denunziert. Wenn die Wahrheit nicht innerhalb der bestehenden gesellschaftlichen Ordnung realisierbar ist, hat sie ohnehin für diese den Charakter einer bloßen Utopie. Solche Transzendenz spricht nicht gegen, sondern für die Wahrheit. Das utopische Element war in der Philosophie lange Zeit das einzige fortschrittliche Element: so die Konstruktionen des besten Staates, der höchsten Lust, der vollkommenen Glückseligkeit, des ewigen Friedens. Der Eigensinn, der aus dem Festhalten an der Wahrheit gegen allen Augenschein kommt, hat in der Philosophie heute der Schrullenhaftigkeit und dem ungehemmten Opportunismus Platz gemacht. In der kritischen Theorie wird der Eigensinn als echte Qualität philosophischen Denkens festgehalten.[23]

Auch hier ist nicht abstrakte, sondern konkrete Utopie gemeint. Die über die Philosophie hinaus auf der Ökonomie basierende kritische Theorie will sich nicht im Akzeptieren von Tatsachen erschöpfen. Sie will nicht die Verdoppelung des ohnehin Vorhandenen sein, sondern sieht dies als ein möglicherweise zu Veränderndes. Gegen die Tatsachen zu sprechen heißt für sie nicht, illusionär zu sein. Da das Geschichtliche ihr Aspekt ist, entzaubert sie die Tatsachen zu versachlichten Taten, zur Sache gewordenen Taten. Deshalb legt sie stets Wert auf die historischen Voraussetzungen der Sache, auf die entschlüsselbaren Tendenzen des Vorhandenen, um ihm den Mythos des Ewigen zu nehmen und es als Gewordenes zu charakterisieren. Die Sache ist so, weil sie so getan wurde. Geschichte ist so, weil sie so gemacht wurde — von tätigen Subjekten, bewußt und/oder unbewußt. Weil wir die Geschichte gemacht haben, können wir sie auch erkennen. Weil wir Geschichte gemacht haben, können wir sie auch verändern. — Noch deutlicher als Marcuse geht Horkheimer auf die geschichtliche Herkunft der uns umgebenden Welt ein und läßt für das von den politisch-ökonomischen Verhältnissen geprägte Subjekt nur noch den Schluß zu: das Wesen des Menschen ist seine Geschichte.

Die Menschen sind nicht nur in der Kleidung und im Auftreten, in ihrer Gestalt und Gefühlsweise ein Resultat der Geschichte, sondern auch die Art, wie sie sehen und hören, ist von dem gesellschaftlichen Lebensprozeß, wie er in den Jahrtausenden sich entwickelt hat, nicht abzulösen. Die Tatsachen, welche die Sinne uns zuführen, sind in doppelter Weise gesellschaftlich präformiert: durch den geschichtlichen Charakter des wahrgenommenen Gegenstandes und den geschichtlichen Charakter des wahrnehmenden Organs. Beide sind nicht nur natürlich, sondern durch menschliche Aktivität geformt.[24]

Was für uns relevant ist, hat natürlichen und geschichtlichen Charakter zugleich. Besonders die Technik: natürlichen Charakter, weil in Auseinandersetzung und Bearbeitung mit der Natur entstanden. Geschichtlichen Charakter, weil von uns selbst hervorgebracht. Auch die Natur selber ist zur Geschichte geworden, wir sehen sie als ein bereits von uns Bearbeitetes und wir nähern uns ihr wieder unter dem Aspekt der möglichen Bearbeitung und Verwertung. Oder negativ ausgedrückt, unter dem Aspekt der Ausbeutung.

Natur und Technik

Auf den Problemzusammenhang Natur-Geschichte, der uns später noch bei der Erörterung des historischen Materialismus beschäftigen wird, gehen wir hier nicht näher ein. Dennoch bleiben wir zunächst noch kurz bei dem Verwertungsaspekt in Bezug auf die Natur stehen, der für die heutige Auffassung von Natur und damit für Technik und damit für Herrschaft und letztlich für eine kapitalistische Produktionsweise von entscheidender Bedeutung zu sein scheint. Zugespitzt läßt sich dann dieser Verwertungsaspekt eindeutiger zu einem Aspekt totaler Verwaltung — von Sachen als auch von Menschen — umdeuten.

Im (für Max Weber) gegenwärtigen Stadium steht der Kapitalismus unter der Zielgebung nationaler Machtpolitik: er ist Imperialismus. Seine innere Verwaltung aber bleibt formal-rational-bürokratische Herrschaft. Sie verwaltet die Herrschaft der Dinge über den Menschen: rationale, „wertfreie" Technik ist Trennung des Menschen von den Betriebsmitteln, seine Unterordnung unter technische Leistungsfähigkeit und Notwendigkeit — im Rahmen privater Erwerbswirtschaft. Die Maschine bestimmt, aber die „leblose Maschine ist geronnener Geist. Nur daß sie dies ist, gibt ihr die Macht, die Menschen in ihren Dienst zu zwingen ...". Doch weil sie geronnener Geist" ist, ist sie auch Herrschaft des Menschen über den Menschen; so reproduziert diese technische Vernunft die Versklavung. Unterwerfung unter die Technik wird zur Unterwerfung unter die Herrschaft schlechthin; formale technische Rationalität wird zu materialer politischer Rationalität (oder ist es umgekehrt, da ja die technische Vernunft von Anbeginn die Herrschaft der privaten Unternehmung über die „freie" Arbeit war?). Es erfüllt sich unter dem Zwang der Vernunft das Schicksal, wie es Max Weber in einer seiner verbindlichsten Formulierungen großartig vorausgesehen hat: „Im Verein mit der toten Maschine ist sie (die bürokratische Organisation) an der Arbeit, das Gehäuse jener Hörigkeit der Zukunft herzustellen, in welche vielleicht dereinst die Menschen sich, wie die Fellachen im altägyptischen Staat, ohnmächtig zu fügen gezwungen sein werden, wenn ihnen eine rein technisch gute und das heißt: eine rationale Beamtenverwaltung und -versorgung der letzte und einzige Wert ist, der über die Art der Leitung ihrer Angelegenheiten entscheiden soll."[25]

Allerdings kritisiert Marcuse an Max Weber, daß dieser nicht gesehen hat, daß es die „Vernunft der Herrschaft" ist,[26] welche zur Hörigkeit zwingt — nicht aber die reine, formale, technische Vernunft, denn diese könne in ihrer Vollendung „sehr wohl Instrument der Befreiung des Menschen" werden. Wichtig ist die übereinstimmende Meinung, daß eine immer stärkere, totalere Kontrolle über die Natur eine immer wirksamere Kontrolle über den Menschen ermögliche oder gar zur Folge habe. Der Hinweis darauf, daß die Maschine bestimmt, bedeutet nicht die Rückkehr zur Maschinenstürmerei oder zur romantischen Verklärung von Natur. Der Satz, die Maschine sei „geronnener Geist", besagt, daß es sich nicht um ein lebloses, böses Objekt handelt, das den Menschen zum Gehorsam zwingt, sondern um ein von ihm selber hervorgebrachtes Produkt, um seine Produktion also, die ihn auf eine bestimmte historische Stufe gehoben hat. Er trifft nicht auf etwas Fremdes, sondern auf das Produkt seines Geistes, auf seine eigene Arbeit. Wenn er sich beherrscht fühlt, so wird er letztlich von etwas „Menschlichem" beherrscht, also von Menschen, von einem Komplex von Handlungsweisen, die sich verfestigt haben zu Sachen, Eigenwert bekommen und langsam hinaufsteigen zum Mythos Technik. Wie immer wird das, was nicht mehr durchschaubar scheint, zum Gott: erst die Natur, dann die Technik.

Der Weg der Vernunft geht von der technischen zur „instrumentellen Vernunft", von der Horkheimer sagt, sie diene nur noch als Mittel zur Anpassung, nicht aber als Hebel für eine Emanzipation. Damit verschwindet das Aufklärerische, stets ein wesentliches Moment in der Geschichte der Vernunft, aus ihrer Bedeutungssphäre. Das macht Vernunft unmittelbar verwertbar für herrschende Interessen. Dieser Bedeutungswandel findet seine Entsprechung in der Art und Weise der Naturbeherrschung. Das Interesse, unter dem der Mensch die Bearbeitung der Natur angehen will, dieses selbe Interesse betrifft auch tendenziell die Verhaltensweisen der Menschen, unter denen sie miteinander verkehren wollen. Die Auffassung von Natur als bloßem Werkzeug des Menschen, als Objekt totaler Ausbeutung,[27] kennzeichnet nicht zuletzt die Struktur einer aggressiven und imperialistischen Gesellschaftsform.

Nichtsdestoweniger wird Natur heute mehr denn je als ein bloßes Werkzeug des Menschen aufgefaßt. Sie ist das Objekt totaler Ausbeutung, die kein von der Vernunft gesetztes Ziel und daher keine Schranke kennt. Der grenzenlose Imperialismus des Menschen ist niemals befriedigt. Die Herrschaft der menschlichen Gattung über die Erde hat keine Parallele in jenen Epochen der Naturgeschichte, in denen andere Tierarten die höchsten Formen der organischen Entwicklung darstellten. Ihr Verlangen war beschränkt durch die Notwendigkeiten ihrer physischen Existenz. Freilich geht die Gier des Menschen, seine Macht in zwei Unendlichkeiten hinein auszudehnen, den Mikrokosmos und das Universum, nicht unmittelbar aus seiner eigenen Natur hervor, sondern aus der Struktur der Gesellschaft. Wie die Angriffe der imperialistischen Völker auf die übrige Welt mehr aus ihren inneren Kämpfen erklärt werden müssen als aus ihrem sogenannten Nationalcharakter, so leitet sich der totalitäre Angriff der menschlichen Gattung auf alles, was sie von sich ausschließt, mehr aus Beziehungen zwischen Menschen her als aus eingeborenen menschlichen Qualitäten.[28]

Wenn es aber heißt, die Technik zwinge den Menschen in ihren Dienst, so bedeutet dies, daß die Muster, nach denen der Mensch an die Beherrschung der Natur herangeht und damit an die Entwicklung der Technik, daß nach eben denselben Mustern der Umgang von Menschen mit Menschen und die Behandlung von Menschen durch Menschen gesehen wird. Totale Ausbeutung und Verwaltung von Natur legt totale Beherrschung und Verwaltung des Menschen durch Menschen nahe. Wer Natur ausschließlich unter dem Aspekt des Profits sieht, der sieht den Menschen kaum unter einem anderen Aspekt.
Der Fortschritt der Technik ist nicht aufzuhalten. Die Fortschritt-Technik-Diskussion wird zum relevanten Problem, sieht man doch in der Diskussion um eine demokratisch-sozialistische Gesellschaft (als Emanzipation des Menschen) als Voraussetzung dieser veränderten Gesellschaft eine optimal entwickelte Technik. Erst auf dem Boden der durch Automation betriebenen Produktion kann diese ersehnte Gesellschaft entstehen. Die Lösung wird folglich nicht im Abwürgen der Technik und damit der Naturwissenschaften liegen, sondern kann nur dort gesucht werden, wo Technik und Naturwissenschaft immer sogleich von einer Gesellschaft, die mit ihren Ergebnissen etwas anzufangen weiß, öffentlich diskutiert und interpretiert wird. Das heißt zum Beispiel, daß Naturwissenschaften nur verstanden werden sollen im Rahmen einer allgemeinen, sie umfassenden Wissenschaft: die Wissenschaft von der Gesellschaft. Oder wie es bei Marx angedeutet wird: Naturwissenschaft soll verstanden werden als Humanwissenschaft.

Technik als Ideologie

Vernunft ist weiterhin vonnöten. Allerdings als Ansatz zum sozialen Fortschritt des Menschen, nicht als Mittel zur Anpassung an herrschende Profitinteressen. Das instrumentelle Moment wäre abzubauen und Vernunft ohne Kompromiß an Humanität zu binden. Wobei wir Humanität zunächst nur im Zusammenhang mit Inhumanität verstehen können: als das, was noch nicht ist und als das, was nur durch fortwährende Analyse und Anprangerung des Inhumanen freiwerden könnte. Wer nur vom Humanen redet, zeigt, daß es für ihn stets gegenwärtig ist, im Himmel oder auf der Erde. Wozu also Änderung? — Technische oder instrumentelle Vernunft weicht dieser Problematik aus, für sie sind die Weichen schon im voraus gestellt.

Der Begriff der technischen Vernunft ist vielleicht selbst Ideologie. Nicht erst ihre Verwendung, sondern schon die Technik ist Herrschaft (über die Natur und über den Menschen), methodische, wissenschaftliche, berechnete und berechnende Herrschaft. Bestimmte Zwecke und Interessen der Herrschaft sind nicht erst „nachträglich" und von außen der Technik oktroyiert — sie gehen schon in die Konstruktion des technischen Apparats selbst ein; die Technik ist jeweils ein geschichtlich-gesellschaftliches Projekt; in ihr ist projektiert, was eine Gesellschaft und die sie beherrschenden Interessen mit dem Menschen und mit den Dingen zu machen gedenken. Ein solcher „Zweck" der Herrschaft ist „material" und gehört insofern zur Form selbst der technischen Vernunft.[29]

Hier taucht wohl zum erstenmal der Gedanke auf, daß die Technik heute die Aufgaben übernimmt, welche früher der Religion und der Überlieferung zugeschrieben worden waren, nämlich: Absicherung und Legitimation von bestehender Herrschaft. Marcuse zielt darauf ab, die politische Herrschaft selbst als eine Art „ideal verlängerter Naturbeherrschung"[30] aufzufassen, was zugleich dieser Herrschaft das Image des naturwüchsigen" garantieren könnte. Denn immer schon ist versucht worden, bestehende Machtverhältnisse als natürliche oder gottgewollte hinzustellen. Die hierarchisch strukturierte Gesellschaft galt stets als natürlich und dem Wesen des Menschen entsprechend.
Wenn der Komplex von Natur- und Menschenbeherrschung einsichtig würde, daß nämlich in den fortgeschrittenen Industrieländern „politische Herrschaft eine auf Menschen ausgedehnte Herrschaft über Natur ist", dann könnte auch der tatsächliche Unterschied zwischen Untertanen oder Knechten einst und heute, zwischen Herrschaftsformen früher und jetzt, herausge-

arbeitet werden. Mußten sich die Mächtigen einst mittels Religion, Überlieferung und Sieg auf dem Schlachtfeld als die von Natur aus Überlegenen und Gott Wohlgefälligen rechtfertigen, so braucht heute in der technologischen Gesellschaft kein Herrschender mehr so weit auf einen „kulturellen Kosmos" zurückzugreifen, sondern kann direkt die notwendige „zweckrationale" Führung und Beherrschung des Menschen aus der notwendigen „zweckrationalen" Beherrschung der Natur legitimieren (Krahl). Daß der Mensch zum Ding wird, zum total kontrollierten und verwalteten Objekt, erweist sich als Folge aus der perfektionierten Ausbeutung und totalen Kontrolle und Verwaltung der Natur.

In dem Maße, in dem alte Legitimationen von Herrschaft abgebaut werden, treten neue an ihre Stelle: Technik und Wissenschaft. Aus der Tatsache, daß in den Industrieländern die neuen auf nicht mehr so anschauliche Weise wie die alten mit Terror und Versklavung verbunden sind, darf jedoch nicht geschlossen werden, politische Herrschaft überhaupt sei auf dem Rückzug. Sie hat ihren Ausdruck geändert, der Zwang ist geblieben. Wie früher sich die politische Herrschaft der Religion bediente und dann am besten sich durchsetzen konnte, wenn diese nicht äußerlich aufgesetzt, sondern verinnerlicht wurde, so muß sich heute Herrschaft eines Instruments bedienen, das für die Subjekte der Industriegesellschaft als angemessen und verinnerlichbar angesehen werden kann. Und das sind heute Technik und Wissenschaft. Politische Herrschaft muß rational sein, will sie sich auf Dauer einrichten. Ihre Rationalität läßt sich nicht anders ablesen als an der Aufrechterhaltung des Systems, das sie trägt. Das System des fortgeschrittenen Kapitalismus läßt sich aber nicht mehr aufrechterhalten, wie frühere Herrschaftsformen, durch Religion, Überlieferung oder freien Markt. Eine neue Rationalität muß diese Aufgabe übernehmen. — Bei Habermas heißt es:

Die Politik älteren Stils war allein schon durch die Legitimationsform der Herrschaft gehalten, sich im Verhältnis zu praktischen Zielen zu bestimmen: die Interpretationen des „guten Lebens" waren auf Interaktions-

Zusammenhänge gerichtet. Das gilt auch noch für die Ideologie der bürgerlichen Gesellschaft. Die heute herrschende Ersatzprogrammatik bezieht sich hingegen nur noch auf das Funktionieren eines gesteuerten Systems. Sie schaltet praktisch Fragen aus, und damit die Diskussion über die Annahme von Standards, die allein der demokratischen Willensbildung zugänglich wären. Die Lösung technischer Aufgaben ist auf öffentliche Diskussion nicht angewiesen. Öffentliche Diskussionen könnten vielmehr die Randbedingungen des Systems, innerhalb dessen die Aufgaben der Staatstätigkeit als technische sich darstellen, problematisieren. Die neue Politik des staatlichen Interventionismus verlangt darum eine *Entpolitisierung* der Masse der Bevölkerung. Im Maße der Ausschaltung der praktischen Fragen wird auch die politische Öffentlichkeit funktionslos.[31]

Habermas hat drei Formen der Legitimation von Herrschaft[32] unterschieden. 1. Die „traditionale Herrschaft", die eine politische Herrschaft ist, und die getragen wird von einer „Rationalisierung von oben", also von Religion, Überlieferung, etc. — 2. Die kapitalistische Produktionsweise, die eine ökonomische Herrschaft ist und die getragen wird von einer „Rationalisierung von unten", von den Gesetzen des Marktes, vom laissez faire des Konkurrenzkapitalismus. — 3. Die von Habermas so genannte „Ersatzprogrammatik", die wiederum eine politische Herrschaft ist, und zwar die „neue Politik des staatlichen Eingriffs", und die dadurch getragen wird, daß sie sich bezieht nur noch auf das Funktionieren eines gesteuerten Systems" — was eine Entpolitisierung der Masse voraussetzt. Verweist die „traditionale Herrschaft" auf ein kulturelles Ordnungsprinzip, einen kulturellen Kosmos, zu ihrer Legitimation, so die kapitalistische Produktionsweise auf den Kosmos des Marktes und die heutige „Ersatzprogrammatik" auf den wissenschaftlich-technischen Kosmos.

Um auf die oben bei Marcuse erörterte Problematik zurückzukommen, daß nämlich fortschreitende Technik, d. h. fortschreitende Naturbeherrschung, fortschreitende Beherrschung von Menschen zur Folge hat: in welcher Richtung könnte eine Lösung zu suchen sein und in welchem Rahmen? Nach Habermas ist der Herausforderung der Technik durch Technik allein nicht zu begegnen.

Die Alternative zur bestehenden Technik, der Entwurf der Natur als des Gegenspielers statt des Gegenstands, bezieht sich auf eine alternative Handlungsstruktur: auf symbolisch vermittelte Interaktion im Unterschied zum traditionalen Handeln.[33]

Es geht also nie darum, Technik und Naturwissenschaft nicht weiterzutreiben oder sie gar einzudämmen, sondern um die permanente Diskussion des Problems, „wie eine Übersetzung des technisch verwertbaren Wissens in das praktische Bewußtsein einer sozialen Lebenswelt möglich ist".[34] Oder: „wie kann die Gewalt technischer Verfügung in den Konsensus handelnder und verhandelnder Bürger zurückgeholt werden?"[35]
Die mögliche Antwort kann nur angegangen werden durch die Reflexion des Rahmens, der gegeben ist durch die wechselseitigen Beziehungen und Verschränkungen von Theorie, Praxis, Technik, Wissenschaft und Politik. Dazu eine längere Textstelle von H a b e r m a s aus dem Aufsatz „Dogmatismus, Vernunft und Entscheidung — Zur Theorie und Praxis in der verwissenschaftlichten Zivilisation":

Das Verhältnis von Theorie und Praxis bezog sich in der Tradition der großen Philosophie stets auf das gute und richtige, auf das „wahre" Leben und Zusammenleben der Individuen wie der Staatsbürger. Im 18. Jahrhundert ist diese Dimension einer theoretisch angeleiteten Lebenspraxis geschichtsphilosophisch erweitert worden. Seitdem erfaßt die auf Praxis gerichtete und auf sie zugleich angewiesene Theorie nicht mehr die natürlichen, wahrhaften oder eigentlichen Handlungen und Einrichtungen einer ihrem Wesen nach konstanten Menschengattung, vielmehr hat es Theorie jetzt mit dem objektiven Entwicklungszusammenhang einer sich selbst produzierenden, zu ihrem Wesen, der Humanität, erst bestimmten Gattung Mensch zu tun. Geblieben ist der Anspruch einer Orientierung im richtigen Handeln, aber die Realisierung des guten, glücklichen und vernünftigen Lebens ist in der weltgeschichtlichen Vertikale auseinandergespannt, die Praxis ist über Stufen der Emanzipation auseinandergezogen. Denn als Befreiung von einem äußerlich imponierten Zwang wird nun die vernünftige Praxis ebenso gedeutet wie als Aufklärung jene Theorie, die sich vom Interesse an dieser Befreiung leiten läßt. Das Erkenntnisinteresse der Aufklärungstheorie ist erklärtermaßen kritisch; es setzt eine spezifische Erfahrung voraus, die ebenso in Hegels Phänomenologie des Geistes wie in Freuds Psychoanalyse festgehalten ist — die Erfahrung der Emanzipation durch kritische Einsicht in Gewaltverhältnisse, deren Objektivität allein daher rührt, daß sie nicht durchschaut sind. Kritische Vernunft gewinnt analytisch Macht über dogmatische Befangenheit.

Theorie, die sich noch auf Praxis im genuinen Sinne bezog, begriff die Gesellschaft als einen Handlungszusammenhang von sprechenden Menschen, die den sozialen Verkehr in den Zusammenhang bewußter Kommunikation einholen und sich selbst darin zu einem handlungsfähigen Gesamtsubjekt bilden müssen — sonst würden die Geschicke einer im einzelnen immer strenger rationalisierten Gesellschaft insgesamt der rationalen Zucht, der sie um so mehr bedürfen, entgleiten. Eine Theorie hingegen, die Handeln mit Verfügen verwechselt, ist einer solchen Perspektive nicht mehr fähig. Sie begreift Gesellschaft als einen Konnex von Verhaltensweisen, in dem Rationalität einzig durch den Verstand sozialtechnischer Steuerung, nicht aber durch ein kohärentes Gesamtbewußtsein vermittelt ist, eben durch jene interessierte Vernunft, die allein durch die Köpfe der politisch aufgeklärten Bürger hindurch praktische Gewalt erlangen kann. Über den Tatbestand wird sich Einigkeit leicht erzielen lassen. In der industriell fortgeschrittenen Gesellschaft sind Forschung, Technik, Produktion und Verwaltung zu einem unübersichtlichen, aber funktionell verschränkten System zusammengewachsen. Dieses ist buchstäblich zur Basis unseres Lebens geworden. Mit ihm hängen wir auf eine merkwürdige, zugleich intime und doch auch entfremdete Weise zusammen. Einerseits sind wir durch ein Netz von Organisationen und eine Kette von Konsumgütern äußerlich an diese Basis angebunden, andrerseits bleibt diese der Kenntnis und erst recht der Reflexion entzogen. An diesem Tatbestand wird freilich nur eine Theorie, die auf Praxis gerichtet ist, das Paradox erkennen, das doch auf der Hand liegt: je mehr Wachstum und Wandlung der Gesellschaft von der äußersten Rationalität arbeitsteiliger Forschungsprozesse bestimmt werden, um so weniger ist die verwissenschaftlichte Zivilisation im Wissen und Gewissen ihrer Bürger festgemacht. An diesem Mißverhältnis finden sozialwissenschaftlich angeleitete und entscheidungstheoretisch ausgewählte, am Ende sogar kybernetisch gesteuerte Techniken ihre unüberschreitbare Grenze; es kann nur verändert werden durch Veränderung der Bewußtseinslage selber, also durch die praktische Wirkung einer Theorie, die nicht Dinge und Verdinglichtes besser manipuliert, die vielmehr durch die penetranten Vorstellungen einer beharrlichen Kritik das Interesse der Vernunft an Mündigkeit, an Autonomie des Handelns und Befreiung von Dogmatismus vorantreibt.[36]

Damit wird die Konkretisierung und Ausweitung dessen angedeutet, was M a r x meinte, wenn er in den „Ökonomisch-philosophischen Manuskripten" von 1844 sagt: „Die Geschichte selbst ist ein wirklicher Teil der Naturgeschichte, das Werden der Natur zum Menschen. Die Naturwissenschaft wird später ebensowohl die Wissenschaft von den Menschen wie die Wissenschaft von den Menschen die Naturwissenschaft unter sich subsumieren: es wird eine Wissenschaft sein".[37]
Es darf keine Trennung aufkommen zwischen den Ergebnissen

der Wissenschaft und dem, was Menschen angeht. Deshalb sollte die Wissenschaft unter dem Interesse, dem „Erkenntnisinteresse“ eines allgemeinen vernünftigen Wollens von Menschen stehen. Damit sind keine partikularen Interessen gemeint, sondern solche, die zu einer Emanzipation aller Subjekte einer Gesellschaft zu führen imstande sind. Ein Denken ist heute gefordert, das sich nicht den Tatsachen und dem Sachzwang bedingungslos unterwirft, sondern unter dem Interesse an vernünftigen Zuständen an den Tatsachen und an dem Zwang der Sache Kritik übt, um der Sache die Suggestion des Ewigen, Unveränderbaren zu nehmen. Das Anliegen einer kritischen Theorie ist es, einen Zustand zu schaffen, der im Habermas'schen Sinne durch den Konsensus von verstehenden und kommunizierenden Bürgern gekennzeichnet ist, also einen Zustand, in dem die Taten des Menschen „nicht mehr aus einem Mechanismus, sondern aus seinen Entscheidungen fließen“.[38]

EXKURS: MARCUSE UND DAS PROBLEM DER TOLERANZ

Herbert Marcuse, der seine Philosophie als „Kritische Theorie“ der Gesellschaft bezeichnet, hat während der Studentenunruhen in den späten sechziger Jahren als viel gepriesener Theoretiker der Rebellion eine große Rolle gespielt. Noch heute umstritten und nicht zu Ende diskutiert sind die berühmten Sätze am Schluß seines Aufsatzes über die repressive Toleranz. (Das scheint ein Widerspruch zu sein: unterdrückende Toleranz. Toleranz hat im gängigen Sprachgebrauch doch keinen unterdrückenden, gewalttätigen Beiklang. Im Gegenteil: Toleranz scheint gerade die Gewähr für gegenseitige Achtung und damit für ein Akzeptieren der Freiheit des anderen zu sein).[39]
In diesen (unten folgenden) Sätzen scheint der Philosoph Marcuse, bekannt als scharfsinniger Theoretiker unserer westlichen Industriegesellschaft, aber nicht als Stratege möglicher kriegerischer Auseinandersetzungen, unmißverständlich nicht nur für eine Revolution im Bewußtsein, sondern auch für offene Gewalt unter bestimmten Umständen einzutreten. Die erwähnten Sätze lauten:

Es gibt kein derartiges Recht (festgelegtes „Widerstandsrecht", J. L.) für irgend eine Gruppe oder ein Individuum gegen eine verfassungsmäßige Regierung, die von einer Mehrheit einer Bevölkerung getragen wird, und es kann ein solches Recht auch nicht geben. Aber ich glaube, daß es für unterdrückte und überwältigte Minderheiten ein „Naturrecht" auf Widerstand gibt, außergesetzliche Mittel anzuwenden, sobald die gesetzlichen sich als unzulänglich herausgestellt haben. Gesetz und Ordnung sind überall und immer Gesetz und Ordnung derjenigen, welche die etablierte Hierarchie schützen; es ist unsinnig, an die absolute Autorität dieses Gesetzes und dieser Ordnung denen gegenüber zu appellieren, die unter ihr leiden und gegen sie kämpfen — nicht für persönlichen Vorteil und aus persönlicher Rache, sondern weil sie Menschen sein wollen. Es gibt keinen anderen Richter über ihnen außer den eingesetzten Behörden, der Polizei und ihren eigenen Gewissen. Wenn sie Gewalt anwenden, beginnen sie keine neue Kette von Gewalttaten, sondern zerbrechen die etablierte. Da man sie schlagen wird, kennen sie das Risiko, und wenn sie gewillt sind, es auf sich zu nehmen, hat kein Dritter, und am allerwenigsten der Erzieher und Intellektuelle, das Recht, ihnen Enthaltung zu predigen.[40]

Solche Überlegungen sollen den Weg bahnen für eine revolutionäre Veränderung der hochzivilisierten gegenwärtigen Gesellschaft, des Spätkapitalismus also, den Marcuse mit einer Entwicklung des Menschen zur Emanzipation als unvereinbar empfindet. Um die Überzeugung verstehen und als vernünftig nachvollziehen zu können, muß sie mit Marcuses Analyse der Industriegesellschaft verbunden werden.

Es ist davon auszugehen, daß die gegenwärtigen Industriegesellschaften grundsätzlich verschieden sind von der liberalen Gesellschaft am Ende des 19. Jahrhunderts und von den Gesellschaften, wie sie sich in den Ländern der dritten Welt im Augenblick etablieren. Phänomene wie materielles Elend, Nahrungsmittelmangel, Kinderarbeit, Versammlungsverbot, Pressezensur etc. sind uns weitgehend unbekannt, zumindest sind wir nicht unmittelbar davon berührt. Wenn es uns also nicht schlecht geht, warum dann Veränderung der gegebenen Verhältnisse, warum vielleicht sogar Revolution?

Es ist bei Marcuse immer wieder die Rede von Revolution, Umsturz, Befreiung und Emanzipation. Wer soll denn überhaupt befreit werden? Ein einzelner, die ganze Menschheit oder nur eine Gruppe, vielleicht nur die Bauern oder nur die Studenten oder nur die Künstler und Schriftsteller? — M a r c u s e sagt:

Unter Revolution verstehe ich den Sturz einer rechtmäßig etablierten Regierung und Verfassung durch eine soziale Klasse oder Bewegung, deren Ziel es ist, die gesellschaftliche wie die politische Struktur zu verändern. Diese Definition schließt alle militärischen Staatsstreiche, Palastrevolutionen und „präventiven" Gegenrevolutionen (wie den Faschismus und den Nationalismus) aus, weil sie die grundlegende Gesellschaftsstruktur nicht verändern."[41]

Träger einer Revolution[42] ist also eine „soziale Klasse", die nicht evtl. sich selbst, sondern die ganze Gesellschaft, von der sie nur ein Teil ist, verändern soll. Ein solcher Träger einer Revolution ist heute nur noch schwer zu entdecken. Vor etwa 100 Jahren war dieses Problem eine verhältnismäßig klare Sache: wenn jemand die ganze Gesellschaft — und nicht nur Randgebiete — umkrempeln wollte, um sich emanzipieren und die eigenen seit je unterdrückten Bedürfnisse und Interessen verwirklichen zu können, dann war es das Industrieproletariat, das nur durch eine Revolution (und nicht durch eine Reform) die Chance gehabt hätte, sich aus seiner verzweifelten Lage zu befreien. Es gab folglich zweifellos eine soziale Tendenz im 19. Jahrhundert, an der objektiv eine revolutionäre Theorie festgemacht werden konnte.
Nach der marxistischen Lehre vom Proletariat als dem Träger der Revolution führt eine solche Tendenz, wie wir sie gerade beschrieben haben, notwendig zur Veränderung der vorhandenen Gesellschaft, auch wenn sich das Proletariat dieser Entwicklung überhaupt nicht bewußt sein sollte. Der geschichtliche Prozeß der Menschheit vollzieht sich praktisch hinter dem Rücken der einzelnen Menschen, ob diese das wollen oder nicht, ob sie es wissen oder nicht. Die Tat eines einzelnen kann nach marxistischer Auffassung nichts daran ändern.[43] Dieser mit Notwendigkeit sich vollziehende geschichtliche Prozeß, der unausweichlich die Auflösung und Selbstvernichtung des Kapitalismus mit sich führt, kann zwar nicht verändert, aber bewußt und einsehbar gemacht werden. Ist aber der Gang der Geschichte, der dann den Interessen und Bedürfnissen des Proletariats ent-

spricht, einsehbar, dann kann auch sofort die betreffende soziale Schicht, in unserem Fall das Proletariat, zur Tat schreiten und die ihm von der Geschichte übertragene Aufgabe übernehmen, um sich selbst und damit die Gesellschaft zu befreien. — Bei Karl Marx heißt es:

> ... das Proletariat kann und muß sich selbst befreien. Es kann sich aber nicht selbst befreien, ohne seine eigenen Lebensbedingungen aufzuheben. Es kann seine eigenen Lebensbedingungen nicht aufheben, ohne alle unmenschlichen Lebensbedingungen der heutigen Gesellschaft, die sich in seiner Situation zusammenfassen, aufzuheben. (Es macht nicht vergebens die harte, aber stählende Schule der Arbeit durch). Es handelt sich nicht darum, was dieser oder jener Proletarier oder selbst das ganze Proletariat als Ziel sich einstweilen vorstellt. Es handelt sich darum, was es ist und was es diesem Sein gemäß geschichtlich zu tun gezwungen sein wird. Sein Ziel und seine geschichtliche Aktion ist in seiner eigenen Lebenssituation wie in der ganzen Organisation der heutigen bürgerlichen Gesellschaft sinnfällig, unwiderruflich vorgezeichnet.[44]

Dieser, durch das Elend seiner Situation so augenfällig beschreibbare Träger der revolutionären und geschichtlichen Entwicklung, ist heute in den westlichen Industrieländern keineswegs mehr einwandfrei auszumachen. Um so schwieriger also der Versuch einer Theorie einer noch als notwendig angenommenen revolutionären Veränderung. — Wir können hier festhalten, daß die Theorie von Marcuse nur noch unter dem Aspekt verstanden werden kann, daß wir die gesellschaftliche Wirklichkeit, aus der heraus sich solche Theorien nur entfalten können, interpretieren müssen als die Wirklichkeit der fortgeschrittenen Industriegesellschaft, also des Spätkapitalismus[45], nicht aber als die Wirklichkeit der Epoche des Liberalismus im 19. Jahrhundert. Aus solchen Analysen heute im Atomzeitalter ergeben sich konsequenterweise ganz andere theoretische Folgerungen und damit praktische Möglichkeiten als zur Zeit von Karl Marx.
Das traditionelle sozialistische Denken ging von den katastrophalen ökonomischen und politischen Verhältnissen aus und konnte mit Recht vom Elend und von der Verarmung der Massen sprechen, von der Niederknüppelung jedes demokratischen Gedankens und von der Mißachtung von Toleranz und Meinungsfreiheit. Werden nun diese Begriffe heute immer noch als

Forderung erhoben, ohne die inzwischen stattgefundene Entwicklung vom Liberalismus zum technologisch optimal funktionierenden Spätkapitalismus zu berücksichtigen, dann werden tatsächlich ganz undifferenziert Wünsche und Bedürfnisse benannt, die gerade die Industrienationen schon einigermaßen zu befriedigen imstande sind. Ein oppositionelles Denken in dieser Stoßrichtung verfehlt den richtigen Zugang zur Kritik an dieser Gesellschaft und wird dogmatisch, unscharf und altväterlich.
Das große Verdienst Marcuses war es, in dieser Situation die richtige Analyse herausgearbeitet und auf die wirklich relevanten Probleme eindringlich hingewiesen zu haben. So auf die Tatsache, daß in der liberalen Epoche die wirtschaftlichen Probleme noch nicht so mit den politischen verflochten waren wie heute, so daß beispielsweise unter einer noch feudalen politischen Herrschaft sich durchaus die Produktivkräfte frei entwickeln konnten. Derselbe merkwürdige Dualismus von Rückschritt und Fortschritt trat auch im wirtschaftlichen Bereich selbst auf: so waren die Fabriken und Betriebe selbst wieder autoritär und patriarchalisch geordnet, ohne jede Emanzipationsmöglichkeiten für die Arbeitenden, im Gegensatz zum Markt, wo jeder gleichberechtigt auftreten konnte.[46]
Dieser Dualismus von politischem Dirigismus und wirtschaftlicher Toleranz, so versucht Marcuse nachzuweisen, verschwindet jedoch in zunehmendem Maße mit dem Übergang vom Liberalismus zum organisierten Kapitalismus: Der politische totalitäre Zwang dehnt sich allmählich auf alle Gebiete des wirtschaftlichen Lebens aus, Staat und Wirtschaft verschränken sich zu einem geschlossenen umfassenden System, das alle wissenschaftlichen und kulturellen Bereiche mit in sich aufnehmen kann und auch den entferntesten privaten Winkel noch erreicht. Die unerläßlichen Mittel dieses immer mächtiger werdenden Apparates sind die allgegenwärtigen Massenmedien, also Zeitung, Rundfunk, Fernsehen. Da der Lebensstandard der Menschen gleichzeitig sprunghaft angestiegen ist, scheint eine grundlegende Kritik an einer solchen Entwicklung, die zwar immer mehr zur geistigen Manipulation des einzelnen führte, aber ihn

von materiellem Elend befreite, eigentlich überflüssig zu werden. Zumindest der einstigen Klasse der Proletarier wird das Akzeptieren der gegebenen Lage mit jedem Anstieg der Löhne leichter, eine Motivation für eine Revolution etwa sehen sie kaum noch.
Eine Umstrukturierung ergibt sich auch bei den Handwerkern, Facharbeitern, Ingenieuren, etc. Die aufkommende technologische Gesellschaft benötigt als sogenannte Führungskräfte keine Kaufleute mehr alten Schlages oder trickreiche, phantasievolle Diplomaten, sie bedarf einer elitären Schicht von technokratischen Managern, auf verschiedenen Gebieten gleich gut beschlagen, und eine große, immer weitere Kreise an sich ziehende Schicht von bescheidenen Technikern und Spezialisten, die ihren eigenen Standort im gesellschaftlichen Geschehen nicht mehr zu bestimmen wissen, die nur noch Aufträge ausführen, ohne die Auftraggeber zu kennen und ohne über den Sinn ihrer Aufträge, ihrer Arbeit je nachgedacht zu haben. Ihr Betrieb kommt ihnen geschichtslos vor, d. h. von jeher so strukturiert, wie er sich heute vorzeigt — und weil er so augenfällig vorhanden ist und scheinbar bestens funktioniert, muß er doch wohl sehr sinnvoll sein. Warum sollte also daran etwas verändert werden?
Daß alles bestens funktioniert, kann aber ein Irrtum sein. Vor allem aber: für wen funktioniert dies alles denn so ausgezeichnet, so reibungslos? Für die unendlich vielen kleinen Rädchen oder aber für die Herrschenden, ihre eigenen Interessen mit diesem gigantischen Apparat in Einklang bringen können und den Rädchen suggerieren wollen, es geschähe alles ausschließlich zu ihrem Wohl? Gibt es Aspekte, unter denen plötzlich nicht mehr alles so reibungslos verläuft, unter denen sich vielleicht der von niemanden bezweifelte technische Fortschritt als ein Fortschritt, ein Vorschreiten, zur Katastrophe entpuppen wird?
Wenn solche Widersprüche vorhanden sein sollten, müssen sie aufgedeckt werden. Eine Gesellschaft, die nichts Eiligeres zu tun hat als Konflikte zuzuschütten, Katastrophen als naturnotwendig anzusehen oder zu ignorieren und jeden oppositionellen

Gedanken zu bekämpfen und als zersetzend zu denunzieren, eine solche Gesellschaft wird dem große Widerstände entgegensetzen, der ihre Krankheiten und Wucherungen analysiert und seziert, und wird ihre Kritiker entweder zum Volksfeind stempeln oder totschweigen. Oder noch raffinierter: die Herrschenden werden mittels der Massenmedien gerade die Schwächen und Krankheiten der Gesellschaft zu positiven Eigenschaften, zu etwas Erstrebenswertem hochspielen, und so automatisch in der sogenannten Volksmeinung, also nach Meinung von Zeitung, Rundfunk und Fernsehen jeden Kritiker zum Außenseiter, Verrückten, zum Amokläufer erklären lassen. — Erstrebt ist letzten Endes genau das, was solche Gesellschaft am wenigsten eingestehen und am meisten angeblich verabscheuen würde, nämlich: die Gesellschaft ohne Opposition.

Natürlich ist Opposition erlaubt, aber nur so lange sie nicht radikal wird. Und radikal sein, heißt, an die Wurzeln gehen. Kritik an den Wurzeln der Gesellschaft wird nicht geduldet, wird nicht mehr als Opposition angesehen. — Bei Marcuse heißt es:

Dient nicht die Bedrohung durch eine atomare Katastrophe, die das Menschengeschlecht auslöschen könnte, ebenso sehr dazu, gerade diejenigen Kräfte zu schützen, die diese Gefahr verewigen? Die Anstrengungen, eine solche Katastrophe zu verhindern, überschatten die Suche nach ihren etwaigen Ursachen in der gegenwärtigen Industriegesellschaft. Diese Ursachen werden von der Öffentlichkeit nicht festgestellt, bloßgelegt und angegriffen, weil sie gegenüber der nur zu offenkundigen Bedrohung von draußen zurücktreten — für den Westen vom Osten, für den Osten vom Westen. Gleich offenkundig ist das Bedürfnis, vorbereitet zu sein, sich am Rande des Abgrunds zu bewegen, der Herausforderung ins Auge zu sehen. Wir unterwerfen uns der friedlichen Produktion von Destruktionsmitteln, der zur Perfektion getriebenen Verschwendung und dem Umstand, daß wir zu einer Verteidigung erzogen werden, welche gleichermaßen die Verteidiger verunstaltet, wie das, was sie verteidigen.

Wenn wir versuchen, die Ursachen der Gefahr darauf zu beziehen, wie die Gesellschaft organisiert ist und ihre Mitglieder organisiert, dann stehen wir sofort der Tatsache gegenüber, daß die fortgeschrittene Industriegesellschaft reicher, größer und besser wird, indem sie die Gefahr verewigt. Die Verteidigungsstruktur erleichtert das Leben einer größeren Anzahl von Menschen und erweitert die Herrschaft des Menschen über die Natur. Unter diesen Umständen fällt es unseren Massenmedien nicht schwer, partikulare Interessen als die aller einsichtigen Leute zu verkaufen. Die politischen Bedürfnisse der Gesellschaft werden zu industriellen Bedürfnissen und

Wünschen, ihre Befriedigung fördert das Geschäft und das Gemeinwohl, und das Ganze erscheint als die reine Verkörperung der Vernunft.
Und doch ist diese Gesellschaft als Ganzes irrational. Ihre Produktivität zerstört die freie Entwicklung der menschlichen Bedürfnisse und Anlagen, ihr Friede wird durch die beständige Kriegsdrohung aufrechterhalten, ihr Wachstum hängt ab von der Unterdrückung der realen Möglichkeiten, den Kampf ums Dasein zu befrieden — individuell, national und international. Diese Unterdrückung, höchstverschieden von derjenigen, die für die vorangehenden, weniger entwickelten Stufen unserer Gesellschaft charakteristisch war, macht sich heute nicht aus seiner Position natürlicher und technischer Unreife geltend, sondern aus einer Position der Stärke. Die (geistigen und materiellen) Fähigkeiten der gegenwärtigen Gesellschaft sind unermeßlich größer als je zuvor — was bedeutet, daß die Reichweite der gesellschaftlichen Herrschaft über das Individuum unermeßlich größer ist als je zuvor. Unsere Gesellschaft ist dadurch ausgezeichnet, daß sie die zentrifugalen Kräfte mehr auf technischem Wege besiegt als mit Terror: auf der doppelten Basis einer überwältigenden Leistungsfähigkeit und eines sich erhöhenden Lebensstandards.
Es gehört zur Absicht einer kritischen Theorie der gegenwärtigen Gesellschaft, die Wurzeln dieser Entwicklungen zu erforschen und ihre geschichtlichen Alternativen zu untersuchen — eine Theorie, die die Gesellschaft analysiert im Lichte ihrer genutzten und ungenutzten oder mißbrauchten Kapazitäten zur Verbesserung der menschlichen Lage.[47]

Wir stoßen hier wieder auf unser Problem der Herrschaft über die Natur und der Herrschaft über den Menschen. Die charakteristischen Momente von Herrschaft, nämlich Verfügung und schließlich totale Verwaltung über den Gegenstand, entsprechen sich sowohl in Hinsicht auf die Natur als auch in Hinsicht auf den Menschen. Die Herrschaftsstruktur, die auf eine möglichst kontrollierte Unterwerfung des Objektes hinzielt, ist in beider Hinsicht dieselbe. — Nur erweist sich dieser Sachverhalt nicht sogleich als unmittelbar einleuchtend. Das Problem wird etwas klarer, wenn es gelingt, die politische Herrschaft als eine Art „ideal verlängerter Naturbeherrschung“ aufzufassen, was wir oben schon erörtert haben.
Die gegenwärtige Beherrschung der Natur, für die wir nicht zuletzt durch die angeblich nicht veränderbare Situation der unerträglich werdenden Luftverschmutzung, der Nahrungsvergiftung, der ganzen Umweltproblematik überhaupt zu zahlen haben, charakterisiert das eine Katastrophe wie selbstverständlich einkalkulierende Geschehen, das wir Fortschritt nennen. Ein

solcher Fortschritt, wenn seine Kategorien von Gewalt, Mechanik und Kontrolle freigelegt werden, führt vermutlich in eine absurde Zukunft, nicht aber zur Befreiung der Menschheit von widriger Arbeit, Krankheit und Ausbeutung.
Wenn Marcuse diese moderne, perfekte „Gesellschaft als Ganzes irrational" bezeichnet, so liegt das Komplizierte an eben dieser Irrationalität darin, daß sie nicht sogleich greifbar ist und sich nicht unmittelbar sinnlich äußert — in materiellem Elend etwa. Die Irrationalität ist abstrakter geworden und damit unendlich schwieriger zu durchschauen und zu benennen. Die hochentwickelte Technik kann ebenso für die Freiheit des Menschen eingesetzt werden, wie sie zur totalen Zerstörung führen kann. Das ist eine politische Entscheidung, die vernünftigerweise vom Willen aller miteinander „handelnder und verhandelnder Bürger" getroffen werden sollte, die aber de facto ausschließlich im Kompetenzbereich einiger weniger Herrschenden liegt. — Hier könnte angedeutet werden, daß eine Theorie, die von wünschbaren vernünftigen Zuständen ausginge, eine vorhandene Praxis verändern, ihr eine Richtung weisen und die von ihr beeinflußten Subjekte aus dem Zustand der Resignation herausführen könnte. Dazu ist Reflexion, nicht Anpassung, vonnöten.
Marcuse will in diesem Zusammenhang zeigen, daß die traditionellen Rechtfertigungslehren, Ideologien genannt, auch auf scheinbar wertfreie, neutrale Bereiche wie Wissenschaft und Technik übertragen werden. Solche Übertragungen haben dann, weil sie wissenschaftlich und durch einen von allen anerkannten Fortschritt abgesichert sind, eine besonders glaubwürdige Überzeugungskraft und suggerieren dort eine naturnotwendige Entwicklung, wo eventuell nur von einem Ausbau herrschaftssichernder Systeme gesprochen werden könnte.
Wer den Verlauf der Geschichte der Technik nicht mehr durchschaut, und wer die geschichtliche Entwicklung der hochzivilisierten Gesellschaften nicht befragt auf ihre Konsequenzen, ihre möglichen Auswirkungen auf die Menschen, die sie mitmachen und durch sie vielleicht einen zu hohen Preis bezahlen müssen, dem bleibt nichts als Resignation und Anpassung.

M a r c u s e zeigt an der Geschichte der Philosophie, daß die Gesellschaftstheoretiker und Philosophen den Menschen immer durch eine doppelte Dimension bestimmt haben: einmal nämlich beschreiben sie den Menschen als das Wesen, das sich der Realität optimal (also besser als das Tier) anpassen kann, auf der anderen Seite beschreiben sie ihn als das Wesen, das über die Wirklichkeit, über das Vorhandene hinausgehen und das Mögliche gleichsam als eine Realität zu erfassen imstande ist. Diese Dimension des Überschreitens war für die gesamte abendländische Geschichte von großer Bedeutung,[48] konnte man doch damit, daß man das Mögliche ernst nahm und das Vorhandene für veränderbar hielt, existierende unerträgliche Zustände zumindest theoretisch als unhaltbare, unrichtige und unmenschliche herausarbeiten.

In der heutigen Gesellschaft jedoch wird nach M a r c u s e s Meinung ein so hoher Stand an Planung, Organisation und Kontrolle erreicht, daß es diese Gesellschaft mittels der Erhöhung des Lebensstandards und der permanenten Manipulation des Bewußtseins des einzelnen durch die Massenmedien gelingt, die Dimension des Überschreitens (wir könnten auch sagen: die Stufe der Reflexion, der Kritik, etc.) immer mehr zurückzudrängen und dafür die Dimension der Anpassung erheblich zu verstärken. Resultat ist der gut verdienende, komfortabel lebende Mensch, der nur noch stark eingegrenzte Verhaltensformen besitzt, nämlich Unbekümmertheit, Gehorsam, Leichtgläubigkeit und Konsum. Resultat ist der von M a r c u s e so bezeichnete „eindimensionale Mensch".[49]

Die kurze Beschreibung von M a r c u s e s Analyse der gegenwärtigen Gesellschaft schien uns angebracht, um auf die Basis hinzuweisen, von der M a r c u s e seine Theorien entwickelt und gegen die er seine Angriffe gewendet hat. Die Entstehungsgeschichte von Theorien, von für die Gesellschaft relevanten Ideen, ist ebenso wichtig wie die fertigen Theorien selbst.

Kommen wir zu unserem Ausgangspunkt, zu den so oft benutzten und so oft mißbaruchten Begriffen Revolution und Toleranz zurück. Beide Begriffe haben mit Freiheit zu tun. Revolution will

einen als unfrei interpretierten Zustand in einen befreiten Zustand überführen. Toleranz fordert Freiheit für alle, also auch für die, die einen unfreien Zustand befestigen wollen. Revolution scheint einen eindeutig ausgerichteten Blickwinkel zu haben, kompromißlos allen denen gegenüber, die ihr widersprechen. Toleranz scheint mit dem Kompromiß zu liebäugeln, gesteht dem Gegner gleiche Rechte zu. Das Problem, das unweigerlich auftreten wird, ist: Wer kann es sich leisten, tolerant zu sein? Kann der von materiellem Elend Unterdrückte oder der im Räderwerk technologischer Apparate Manipulierte überhaupt seinen Beherrschern gegenüber tolerant sein? Und ist es nicht andererseits unschwer für den Herrschenden, dem Ausgebeuteten gegenüber tolerant zu sein, da dieser ohnehin nichts ausrichten kann gegen ihn?
Es geht in jedem Fall um Freiheit: hier Freiheit erkämpfen, dem anderen Freiheit nehmen, die dieser auf unrechte Weise für sich beansprucht — dort Freiheit lassen, dem anderen Freiheit gewähren, zugestehen, wie sie einem selbst zugestanden wird.

Die historischen Revolutionen, sagt Marcuse, wurden gewöhnlich im Namen der Freiheit befürwortet und in Gang gebracht oder vielmehr im Namen größerer Freiheit für mehr Schichten der Bevölkerung ... Menschliche Freiheit ist kein statischer Zustand und niemals ein solcher gewesen, sondern ein historischer Prozeß, der die radikale Änderung, ja Negation der etablierten Lebensweisen einschließt. Form und Inhalt der Freiheit wechseln mit jeder neuen Entwicklungsstufe der Zivilisation, die in der zunehmenden Machtausübung über Mensch und Natur durch den Menschen besteht ... Offenkundig sind die Möglichkeiten menschlicher Freiheit und menschlichen Glücks in der fortgeschrittenen Industriegesellschaft in keiner Weise mit denjenigen vergleichbar, die auf früheren Stufen der Geschichte — auch nur theoretisch — bestanden.[50]

Freiheit wandelt sich im Lauf des geschichtlichen Prozesses der verschiedenen Gesellschaftsformen. Damit ändert sich auch der Stellenwert, den Revolution und Toleranz im Bewußtsein der Individuen haben. Toleranz, heute für uns ein selbstverständlicher Begriff, mußte sich durch Jahrhunderte diese Ebene der Selbstverständlichkeit erst erkämpfen. War er damals eines der fortschrittlichsten Momente in den Freiheitskämpfen, dessen Forderungen bei den Herrschenden Empörung und Untergangsstimmung ausgelöst hat, so ist die Wirkung von Toleranz heute umstritten und in Mißverständnisse eingelagert. Toleranz scheint uns heute weit entfernt von Gewaltanwendung und Rebellion, und doch stand sie in Verbindung mit gewaltausübenden Revolutionen, die, wie Marcuse zeigt, sie überhaupt erst zu ihrer Verwirklichung, d. h. zu ihrer tatsächlichen Anwendung gebracht haben. Ihr Sein ist ein historisches, ebenso wie das der Revolution. Was sich vor der Französischen Revolution als progressiv erwiesen hatte, könnte sich heute unter veränderten gesellschaftlichen Verhältnissen als eine rückschrittliche Tendenz oder zumindest als Verschleierung von Interessengegensätzen und von unhaltbaren Zuständen zeigen. Wichtig ist, bei gegenwärtigen aktuellen Werten stets ihren historischen Charakter herauszuarbeiten, um solche Werte nicht für ewig und unabänderlich zu halten.

Marcuse geht noch einen Schritt weiter. Nicht nur, daß Normen und Werte geschichtlichen Einflüssen unterworfen sind und damit revolutionären Veränderungen, will er darstellen, sondern darüber hinaus kenntlich machen, daß solche Werte oft erst durch Revolutionen entstehen. Das heißt für Marcuse nichts anderes, als daß für bestimmte Werte, — z. B. die Menschenrechte, also Freiheit, Gleichheit, Brüderlichkeit — eine Revolution das scheinbar notwendige Mittel zu ihrer Verwirklichung ist, daß ohne revolutionäre Veränderung diese Werte sich nicht hätten aufrechterhalten lassen und somit heute nicht mehr vorhanden wären.

Die Ethik der Revolution, führt Marcuse aus, wenn es etwas Derartiges gibt, wird sich ... in Einklang nicht mit absoluten, sondern mit historischen Maßstäben befinden ... Im historischen Kontinuum stellen jedoch die Revolutionen ihren eigenen moralischen und ethischen Kodex auf und werden so zum Ursprung und zur Quelle neuer allgemeiner Normen und Werte. In der Tat entstanden die meisten heute allgemein anerkannten Werte in Revolutionen, so der Wert der Toleranz in den englischen Bürgerkriegen, die unveräußerlichen Menschenrechte in der Amerikanischen und Französischen Revolution. Diese Ideen werden zur geschichtlichen Kraft, zunächst als parteigebundene Ideen, als Instrumente einer revolutionären Bewegung zu politischen Zwecken. Ihre Verwirklichung schloß ursprünglich Gewalt ein; später nahmen sie gegen die Gewalt gerichtete, also allgemeine ethische Gültigkeit an. Auf diese Weise stellen Revolutionen sich unter sittliche Maßstäbe. — Gewalt als solche wurde von den Führern der historischen Revolutionen niemals zu einem revolutionären Wert gemacht.[51]

Was hat es denn mit diesen Werten, für die Gewalt angewendet und eine Gesellschaftsstruktur verändert werden soll, auf sich in bezug auf ihre Rechtmäßigkeit? Es gab zwar immer Menschen, die für sie kämpfen und ihre soziale Sicherheit riskieren wollten, es gab aber genauso auf der Gegenseite eine Vielzahl (manchmal eine Mehrzahl) von Parteigängern, die sich erbittert gegen neue Werte gewandt und in ihnen den Zerfall eines wohlgeordneten Kosmos gesehen haben. Für diese waren solche Neuerungen natürlich keine „Werte", sondern Unwerte, Kategorien des schmählichen Untergangs der Gesellschaft. In Hinsicht nun auf diese Wertungen zeigten sich ihre Gegner und Befürworter keineswegs tolerant gegeneinander, im Gegenteil: gerade weil sie für das Wohl der Gesellschaft argumentierten und dieses Wohl an die Spitze des Wünschbaren gestellt haben, wollten sie nicht denen gegenüber tolerant sein, die ihr Wohl bekämpften — denn ein Nachgeben in dieser grundlegenden Sache hätte bedeutet, man nähme das geforderte Ideal nicht ernst oder würde zumindest einige Abstriche an diesem Ideal zulassen.
Auf den Begriff der Toleranz angewendet heißt dies nun aber doch jedenfalls, daß es Gegner und Befürworter von Toleranz gegeben hat, und daß diejenigen, die für den neuen Wert der Toleranz eingetreten sind, wohl kaum tolerant denen gegenüber gewesen sind, die Toleranz nicht für einen Wert gehalten haben — oder es wider bessere Einsicht vielleicht gar nicht wollten, weil es ihnen gerade ohne das Vorhandensein von Toleranz nicht an den Kragen gehen konnte.
Wie steht es also, um darauf zurückzukommen, mit der Rechtmäßigkeit solcher Forderungen nach neuen Werten?[52] Zunächst sollte wohl festgehalten werden, daß immer dann, wenn Zielvorstellungen und Wünsche, die nicht mit einem vorhandenen gesellschaftlichen Zustand übereinstimmen, vorgebracht werden, der Normalzustand gesellschaftlicher und politischer Verhält-

nisse überschritten werden muß. Das Hinausgehen über das unmittelbar Vorhandene ist eine Kritik an dessen Erscheinung. Das Überschreiten des Normalzustandes hat unter dessen Blickwinkel natürlich etwas Ungesetzmäßiges an sich, unter dem Blickwinkel des zu erreichenden Zieles, des neuen Wertes aber, ist das Verlassen der Norm durchaus rechtmäßig und notwendig. Kann überhaupt dieser Dualismus von falsch und richtig, von Wert und Nicht-Wert überwunden werden? Gibt es eine Instanz, die objektiv darüber entscheiden könnte, welcher Weg zu wählen ist zum Nutzen der Gesellschaft? Wie dieser Weg zu beschreiten ist und wie er gangbar gemacht werden könnte, ob durch Reform oder Revolution, ist dann ein weiteres Problem. Für Herbert Marcuse gibt es, was diese Problematik betrifft, ein Kriterium, das allerdings nicht mit einem Begriff zu benennen ist, sondern sich aus verschiedenen historischen, ökonomschen, politischen und wissenschaftlichen Momenten zusammensetzt. Durch eine sorgfältige Analyse der vorhandenen gesellschaftlichen Situation, welche möglichst viel an objektiv aufweisbaren, nachprüfbaren „geistigen, wie materiellen, wie wissenschaftlichen und technischen" Gegebenheiten einschließen sollte, können Kriterien geliefert werden für die Antwort auf die Frage: was ist für diese Gesellschaft in der Zukunft möglich, auf welche Probleme soll und kann sie sich konzentrieren, welchen Weg soll sie einschlagen, um auf der einen Seite nicht hinter den, einmal erreichten, Zustand in die Vergangenheit zurückzufallen, und um sich auf der anderen Seite nicht in der großen Verschleierung, in der großen Illusion zu verlieren. Und damit hängt auch das Problem zusammen, mit welchen neuen Werten eine Gesellschaft diesen Weg in die notwendige Zukunft beschreiten soll, wobei zu bemerken ist, daß solche Werte nicht einfach als positive vorzustellen sind, sondern ihre Substanz in der Kritik dessen haben, was verdächtig oder unhaltbar geworden ist. — Eine tiefgreifende Analyse des gesellschaftlichen Daseins kann durchaus einige Kriterien für fortschrittliche Kategorien wie Freiheit, Emanzipation, Gerechtigkeit angeben, kann zeigen, was für dieses Dasein möglich sein wird.

Marcuse spricht oft von „objektiver Tendenz" im Zusammenhang mit Revolutionen und weist diese anhand von Rückgriffen in die Geschichte nach.

Historisch bestand die objektive Tendenz der großen Revolutionen der Neuzeit in der Erweiterung des gesellschaftlichen Spielraums der Freiheit und in der Erweiterung der Bedürfnisbefriedigung. Ganz gleich, wie sehr die gesellschaftlichen Interpretationen der Englischen und der Französischen Revolution voneinander abweichen mögen, sie scheinen darin übereinzustimmen, daß eine Neuverteilung des gesellschaftlichen Reichtums stattfand, so daß vorher unterdrückte oder benachteiligte Klassen die Nutznießer dieser Veränderung waren, wirtschaftlich und (oder) politisch. Trotz der sich anschließenden Periode der Reaktion und Restauration war das Ergebnis und die objektive Funktion dieser Revolution die Einrichtung liberaler Regierungen, eine allmähliche Demokratisierung der Gesellschaft und technischer Fortschritt. ... Die Absicht und Ideologie der Führer der Revolution und die Massen mögen ganz andere Ziele und Motive gehabt haben. Aufgrund ihrer objektiven Funktion erzielten diese Revolutionen einen Fortschritt im angegebenen Sinne, nämlich eine nachweisliche Erweiterung des Spielraums menschlicher Freiheit; sie setzten damit trotz der schrecklichen Opfer, die sie forderten, ein sittliches Recht durch und nicht bloß eine politisch-historische Rechtfertigung.[53]

Natürlich lassen sich solche objektiven Tendenzen und für eine Gesellschaft richtigen Werte in der Geschichte leichter nachweisen als in dem ganzen geistigen, politischen und ökonomischen Komplex der Gegenwart. Nichtsdestoweniger sind sie hier und heute vorhanden.

Kehren wir zum Toleranzbegriff zurück, den wir nicht als einen schon immer fertigen, sondern als einen historisch gewordenen charakterisieren müssen. Marcuse kommt zu dem Ergebnis, daß in der fortgeschrittenen Industriegesellschaft „die Verwirklichung der Toleranz Intoleranz gegenüber den herrschenden politischen Praktiken, Gesinnungen und Meinungen" verlangen würde. Damit wird die Toleranz selbst als Wert keineswegs fallengelassen, nur ihre Ausweitung und Verzerrung geradezu in ein „Zwangsverhalten", alles so laufen zu lassen wie es läuft, hervorgehoben — oder ihre Pervertierung dargestellt, die gerade dem gegenüber sich tolerant zeigt, der die Idee von Toleranz mißachtet.

Im Namen von Erziehung, Moral und Psychologie entrüstet man sich laut über die Zunahme der Jugendkriminalität, weniger laut über die Kriminalität immer mächtigerer Geschosse, Raketen und Bomben — das reif gewordene Verbrechen einer ganzen Zivilisation.[54]

Das Problem ist, ob eine Geselschaft dort nachgiebig, wohlwollend und „unterschiedslos verfahren soll, wo Freiheit und Glück selbst auf dem Spiel stehen". Die naheliegende Konsequenz in diesem Falle wäre vermutlich, daß „Toleranz zu einem Instrument der Fortdauer der Knechtschaft" gemacht werden könnte. Wenn dies in der Tat feststellbar wäre, würde Toleranz nichts anderes bedeuten als allseitige Duldung auch augenscheinlich unfreier Zustände. Sinn kann nach Marcuse Toleranz heute nur noch haben, wenn sie wieder wie „zu Beginn der Neuzeit als ein parteiliches Ziel, als ein subversiver, befreiender Begriff" aufgefaßt wird. Dies aber verlangt wieder eingehende Analyse der gesellschaftlichen Verhältnisse und der geschichtlichen Situation, um ihren Stellenwert innerhalb einer Emanzipation und die Möglichkeit ihrer Verwirklichung angeben zu können. Die Angabe ihres Standorts ist um so wichtiger, desto drängender in ihrem Namen Veränderung und Revolutionierung der Gesellschaft als Forderungen erhoben werden.

Gerade der Begriff der falschen Toleranz und die Unterscheidung zwischen gerechtfertigten und ungerechtfertigten Grenzen der Toleranz, zwischen progressiver und regressiver Schulung, revolutionärer und reaktionärer Gewalt, erforden, daß Kriterien ihrer Gültigkeit festgesetzt werden. Diese Maßstäbe müssen allen verfassungsmäßigen und gesetzlichen Kriterien (wie Notstand und anderen etablierten Definitionen bürgerlicher Rechte und Freiheiten) vorausgehen, die in einer bestehenden Gesellschaft aufgestellt und angewandt werden ...[55]

Ebenso wie die „reale Möglichkeit menschlicher Freiheit", ist auch die reale Möglichkeit von Toleranz „relativ zur erreichten Zivilisationsstufe". Es dürfen also nicht — will man nicht sinnlose Forderungen stellen — Formen und Inhalte von Toleranz und Freiheit als wünschbar bestimmt werden, für die es in der gegebenen Realität keinerlei Ansatz zur Verwirklichung gibt. Andererseits darf natürlich keine vorhandene Realität berechtigte Bedürfnisse der Individuen als unrealistisch, unvernünftig und illusionär abqualifizieren, nur weil solche Bedürfnisse sich noch nicht haben durchsetzen können — was bedeutet, daß sie noch nicht das erforderliche politische Gewicht haben, um gesellschaftlich anerkannt zu sein. Jedenfalls spricht vieles dafür, daß die realen Möglichkeiten freiheitlicher Bedürfnisse durchaus benennbar und aufweisbar sind:

Es ist möglich, die Richtung zu bestimmen, in der die herrschenden Institutionen, politischen Praktiken und Meinungen geändert werden müßten, um die Chance eines Friedens zu vergrößern, der nicht mit kaltem Krieg identisch ist, sowie einer Befriedigung der Bedürfnisse, die nicht von Armut, Unterdrückung und Ausbeutung lebt. Es ist demzufolge auch möglich, politische Praktiken, Meinungen und Bewegungen zu bestimmen, die diese Chance befördern würden, und diejenigen, die das Gegenteil täten; die Unterdrückung der regressiven ist eine Vorbedingung für die Stärkung der fortschrittlichen.[56]

Um die realen Möglichkeiten aufweisen zu können, bedarf es ausführlicher Informationen. An diese Informationen heranzukommen, setzt Aufklärung und einen Wissensstand voraus, der in der Lage sein muß, sich in dem Dschungel der Massenmedien und Scheininformationen zurechtzufinden und richtige Informationen als solche zu erkennen und auszuwählen. Diesen Wissensstand haben aber meist nur die wenigen Privilegierten, die sich eine Ausbildung an höheren Schulen und Universitäten leisten können. Die Mehrheit muß sich mit der mageren Nahrung von abstrusen Sensationsmeldungen abspeisen lassen. Und das langt bei weitem nicht, Einblick in den hochkomplizierten Apparat technologischer Gesellschaften zu gewinnen. Dem Gesetz und den Formalien der Demokratie nach ist diese Mehrheit am gesellschaftlichen Geschehen beteiligt, in der Wirklichkeit aber bleibt sie von den wichtigen politischen Entscheidungen ausgeschlossen. Die Gleichheit aller ist nicht vorhanden. — Damit ist für Marcuse die „Basis für allseitige Toleranz" zerstört. „Die Bedingungen, unter denen Toleranz wieder eine befreiende und humanisierende Kraft werden kann, sind erst herzustellen".

... die Veränderungen in den fortgeschrittenen demokratischen Gesellschaften, die die Grundlage des ökonomischen und politischen Liberalismus untergruben, (haben) auch die liberale Funktion der Toleranz verändert. Die Toleranz, welche die große Errungenschaft des liberalen Zeitalters war, wird noch vertreten und (mit starken Einschränkungen) geübt, während der ökonomische und politische Prozeß einer allseitigen und wirksamen

Verwaltung im Einklang mit den herrschenden Interessen unterworfen wird. Daraus ergibt sich ein objektiver Widerspruch zwischen der ökonomischen und politischen Struktur auf der einen Seite und der Theorie und Praxis des Gewähren-Lassens auf der anderen. Die veränderte Sozialstruktur tendiert dazu, die Wirksamkeit der Toleranz gegenüber abweichenden und oppositionellen Bewegungen zu schwächen und konservative und reaktionäre Kräfte zu stärken. Die Gleichheit der Toleranz wird abstrakt, unecht.[57]

3. PÄDAGOGISCHE INTELLIGENZ UND THEORIE DER GESELLSCHAFT

1. THEORIE

Konservatives Denken

Dem, der sich an Theorie abmüht — nicht an solcher, die bereits mit möglichen Lösungen vollgesogen ist, nicht an solcher, die längst als in ihre Anwendung umgeschlagen gilt und daher nur noch der lehrhaften Anschauung dienen kann —, wird aus praxisideologischen Gründen das nicht geleistete Resultat entgegengehalten im Sinne des Gemeinspruchs: „Das mag in der Theorie richtig sein, taugt aber nicht für die Praxis", dem Kant, das „klassische" Theorie-Praxis-Problem im Auge, einen vieldiskutierten Aufsatz gewidmet hat.
In diesem entgegengehaltenen Einwurf ist ausreichend Wohlwollen mit im Spiel, um eine gewisse Relevanz der theoretischen Arbeit durchaus zuzugestehen. Aber nur, um desto nachdrücklicher ein Hinausweisen, eine Tendenz zur Praxis sofort einzudämmen, da die nicht zu überwindende Kluft zwischen Theorie und Praxis vielen eine unbestreitbare Tatsache zu sein scheint. Einem solchen Einwurf liegt ein spezifisches Denken zugrunde, stets befürchtend, ein Mangel an Praxis stehe einem Überfluß an Theorie gegenüber. Die Rede ist davon, man solle doch auf dem Boden der Tatsachen bleiben, die Theorie nicht zum Selbstzweck betreiben und sich lieber den konkreten, sich aufdrängenden Problemen widmen, sich also an Praxis halten.
Dieses „Sichklammern an das unmittelbar Vorhandene, praktisch Konkrete" beschreibt Karl Mannheim als einen wesentlichen Charakterzug des konservativen Denkens. „Die

Folge davon ist ein neuartiges, gleichsam emphatisches Erleben des Konkreten, dessen Widerschein im damaligen Terminus konkret als eine revolutionsfeindliche Note stets auffindbar ist. Konkret zu erleben, konkret zu denken, bedeutet von nun an eine besondere Verhaltensweise, ein ausschließliches Wirkenwollen in jener bestimmten unmittelbaren Umwelt, in die man hineingestellt ist —, eine radikale Abneigung gegen jedes Mögliche und Spekulative."[58] Konservatives Denken will auf anschauliche Weise das Konkrete gegen das Abstrakte ausspielen. Der Hinweis auf das Mögliche erregt Mißtrauen, weil es noch nicht da ist. Besonders deutlich läßt sich dies zeigen an der Haltung zum Eigentum — was den Besitz von Ideologien ebenso betrifft —, der sich nicht leicht um einer Möglichkeit willen in Frage stellen läßt. Solches Denken hält stets mehr von dem, was ist, als von dem, was sein soll. Folglich bemißt es das Mögliche immer nur am Bestehenden und versteht eine Norm nur vom Sein her, während „das progressive Denken stets nur ... von der Norm aus das Daseiende sieht".[59]

Dem konservativen Denken heißt nicht gelungene Praxis: ein Nicht-Voranstellen von Praxis, ein Aussparen von eingespielten Sachzusammenhängen und vor allem ein Zuwenig an unmittelbarem Tatsachen-Dasein, was für es Depravierung des Bestehenden bedeutet, welches wiederum dadurch, daß es da ist, bereits seine Legitimation erbracht hat. Praxis soll nicht bezweifelt werden. Ein Zuviel an Theorie gibt es wohl, nicht aber an Praxis. Theorie hat sich an ihr anzuhängen, nicht ihr voranzuschreiten.

Praxis hat mit Theorie zu tun

Demgegenüber sagt Kant in seinem Aufsatz über den Gemeinspruch:

Man nennt einen Inbegriff selbst von praktischen Regeln alsdann theoretisch, wenn diese Regeln als Prinzipien in einer gewissen Allgemeinheit gedacht werden, und dabei von einer Menge Bedingungen abstrahiert wird, die doch auf ihre Ausübung notwenig Einfluß hat. Umgekehrt heißt nicht jede Hantierung, sondern nur diejenige Bewirkung eines Zwecks Praxis, welche als Befolgung gewisser im Allgemeinen vorgestellten Prinzipien als Verfahren gedacht wird.[60]

Die Praxis von der Theorie zu trennen oder die Theorie als unabhängig und der Praxis gegenüber indifferent zu charakterisieren, scheint eher einem Mangel an Theorie gleichzukommen, als daß Praxis selbst ins rechte Licht gerückt würde. Theorie selbst muß als auf Praxis angelegt aufgefaßt werden und ist es auch, wenn es sich — nach Kant — um die richtige Theorie handelt. So schließt bezeichnenderweise seine Abhandlung mit dem Satz: „Was aus Vernunftgründen für die Theorie gilt, das gilt auch für die Praxis."

Ein Zuviel an Theorie wäre in diesem Sinne kaum als Vorwurf aufzufassen, entscheidend ist, ob es sich um „richtige" oder „falsche" Theorie handelt. „Richtige" Theorie würde sich auf jeden Fall zu einer gelungenen Praxis entfalten, und Praxis müßte sich daran bemessen, ob sie mit der Theorie in Übereinstimmung ist oder sich gar nach den Weisungen von Theorie zu korrigieren hätte. Von der Theorie her läßt sich überhaupt erst eine Praxis als richtige und gelungene bestimmen, besonders auch dann, wenn es darum geht, sie zu interpretieren gegen die praxisideologischen Ansprüche derer, die eine vorhandene Praxis, nur weil sie besteht, als einzig mögliche suggerieren möchten. Eine eindeutig die Theorie voranstellende Auffassung würde Kritik an einer Praxis dort ansetzen, wo eine mißglückte oder nicht beabsichtigte Koppelung von Theorie und Praxis diese erst zur willkürlichen und unbewältigten machen müßte. Solcher Auffassung zufolge aber läge die Ursache dieser Trennung nicht in der Theorie selbst, sondern im *Nichtbefolgen* dieser angeblich richtigen Theorie. So gefaßt, läge dieser Charakterisierung die Kalamität zugrunde, Kritik an einer umstrittenen Praxis allein dadurch zu legitimieren, daß diese nicht die richtige Theorie befolgt habe. Das hieße dann allerdings, Theorie von allen Folgen und jeder möglichen Anwendbarkeit zu isolieren und jenes fatale Denken zu bestärken, das Theorie in sich für abgesichert und begründet hält und durchaus berechtigt, etwa richtiges Handeln zu beurteilen. Praxis wäre hier nicht Verwirklichung von Theorie, sondern allenfalls deren Bestätigung, die nicht einmal zwingend erfolgen müßte. Dies wäre dem Modell von Wissenschaft — etwa der Naturwissenschaft — vergleichbar, deren Anwendung nur zeigt, unter welchen Bedingungen Theorie als vernünftige und richtige erscheint. Theorie zeigt sich hier einer Anwendung gegenüber, die sich auf sie beruft, gelangweilt und gleichgültig: eine wie auch immer geartete Praxis tut ihr keinen Abbruch.

Theorie als „Gestalt von Praxis"

Kant selbst führt aus diesem Dilemma heraus, indem er über den Weg der „praktischen Vernunft", einer Vernunft also, die wesentlich handelnde ist, auf eine Theorie hinweist, die als Theorie schon a priori auf Praxis angelegt ist, die als Theorie schon eine „Gestalt von Praxis ist" (Adorno). Diese Theorie findet sich z. B. im sittlichen Handeln bei Kant und ist darin a priori in praktischer Absicht.

Damit deutet Kant das an, was über Hegel bis zur kritischen Theorie zur Diskussion über die Theorie-Praxis Vermittlung führt. Allerdings wird nun die wechselseitige Beziehung von Theorie und Praxis schärfer herausgearbeitet, womit der Schein einer unbeeinflußbaren, abgeschlossenen Theorie endgültig zerstört werden soll, ohne dadurch „theoretisches" Denken denunzieren zu müssen. Nur von „reiner" Theorie zu sprechen, scheint nicht mehr sinnvoll zu sein, wenn Theorie nicht ohne Praxis zu verstehen ist.[61] — In einer bestimmten gesellschaftlichen Situation wird so Theorie zu einer bestehenden Praxis immer in Beziehung stehen und damit auch in Abhängigkeit, was sie zu Veränderungen bringen muß, doch wird sie sich nicht von vorgegebener Praxis aufsaugen lassen, um sie so nochmals zu bestätigen und zu verdoppeln, sondern sie wird in eben dem Maße, in dem sie zur Änderung gezwungen ist, die Praxis ebenso — um ihr nicht zu verfallen — zur Änderung zu drängen suchen. Ihr Interesse geht auf Veränderung, nicht auf Verlängerung des Bestehenden.

Wie Mannheim das konservative Denken durch das „Sichklammern ans Bestehende" charakterisiert, so Horkheimer das kritische durch das Infragestellen des Bestehenden:

> Auch die Interessen des Kritischen Denkens sind allgemein, aber nicht allgemein anerkannt. Die Begriffe, die unter ihrem Einfluß entstehen, kritisieren die Gegenwart. Die Marxschen Kategorien Klasse, Ausbeutung, Mehrwert, Profit, Verelendung, Zusammenbruch sind Momente eines begrifflichen Ganzen, dessen Sinn nicht in der Reproduktion der gegenwärtigen Gesellschaft, sondern in ihrer Veränderung zum Richtigen zu suchen ist.[62]

Die Veränderung einer gesellschaftlichen Praxis bedingt eine Veränderung in der Beziehung von Theorie und Gesellschaft (und nicht nur der Theorie selbst!), eine Umstrukturierung von Praxis ändert das Subjekt und die Rolle des Denkens mit.
Eine nicht gelungene Praxis würde von hier gedeutet als Zustand der Feindschaft gegenüber Theorie, als bereits fertig interpretierter Zustand, der sich gleichgültig gegen jede Kritik zeigt, beharrlich immer nur das vorzeigend, das, weil es Gewordenes ist, eigentlich nicht mehr — wird es nur einmal allen Ernstes in Frage gestellt — vernünftig das sein kann, als was es sich vorzeigt. (Leiten ließe sich solche Praxis nicht von einem vernünftig Möglichen, sondern vom ergeben erlittenem Zufall).

Der Lehrer und die Philosophie

Die konkrete Situation der Lehrenden an Schulen und Hochschulen, also die Lage der pädagogischen Intelligenz, wird heute vielfach unter den oben genannten Aspekten als nicht gelungene Praxis empfunden. Ihre Arbeit wird gedeutet vielleicht als Pflege des Geistes in einer und gegen eine inhumane Umwelt, oder als mühsam erübte Bewahrung der Tradition, vielleicht als Heranbildung zur Fähigkeit von Kritik, als Verdrängungstätigkeit, um Wirklichkeit zu verschleiern oder als Zulieferfunktion für die Industrie — je nachdem, welche Erkenntnisinteressen dahinterstehen, welcher Standpunkt zu diesen Problemen bezogen wird, welcher wiederum vom je verschiedenen Verhältnis zu Theorie und Praxis bestimmt ist: soll mehr gedacht oder mehr getan werden und wenn beides, wie soll es aussehen?

Um die Situation noch mehr zu verengen: was kann z. B. Philosophie, die an den Schulen und Universitäten gelehrt wird, die von Lehrern im Fach Sozialkunde auch als politische Philosophie oder Gesellschaftstheorie gefordert ist — bewirken in Hinsicht auf einen Adressaten, der nicht etwa wiederum Philosophie lehren und damit sein Geld verdienen will, sondern der vielleicht meint, seine Situation analysiert und aufgeklärt zu bekommen, der seine Zeit verstehen, ein Selbstverständnis erlangen, Anweisungen gar zum rechten Leben erhalten, Kommunikation erreichen oder Politik begreifen möchte?

„Die Philosophie aber muß sich hüten, erbaulich sein zu wollen",[63] warnt Hegel. — Philosophie soll keine Anleitungswissenschaft sein und nicht dazu dienen, das Leben zu meistern. Gegen ihre Pädagogisierung wendet Horkheimer ein:

> Die bloße Tatsache, daß seine (Ortega y Gassets, J. L.) Philosophie populärer Verwendbarkeit zugänglich ist, d. h. ihr pädagogischer Charakter, vernichtet sie als Philosophie. Theorien, die eine kritische Einsicht in historische Prozesse darstellen, haben sich oft in repressive Lehren verwandelt, sobald sie als Allheilmittel verwendet werden ... Philosophie ist weder ein Werkzeug noch ein Rezept ... Ihre Definition ist identisch mit der expliziten Darstellung dessen, was sie zu sagen hat.[64]

Philosophie heute gibt keine Rezepte mehr, keine Ratschläge für eine Menschheit, die bereit wäre, die technisch kompliziertesten Wege einzuschlagen, würde ihr nur ein für allemal eine Gewißheit gegeben, die allerdings der ähneln müßte, die sich als anerkannte Realität vorfindet und darum als Gewißheit angenommen wird. — Eine wissenschaftlich-pädagogische Intelligenz, die Philosophie lehrt, welche Philosophie auf pädagogische Weise vermitteln will, scheint dem oben genannten Anspruch von philosophischem Denken nicht gerecht zu werden. Philosophie sollte sich des Pädagogischen enthalten, und doch wird ein an Schule oder Hochschule Wirkender nicht umhin können, auf irgendeine Weise pädagogisch wirken zu müssen. Seine Situation, zu einem Adressaten über eine Lehre in eine bestimmte Beziehung zu treten, läßt sich kaum kennzeichnen unter Nichtbeachtung des pädagogischen Momentes, welches nicht zuletzt in einem vorhandenen gesellschaftlichen Rahmen die Bildung eines Selbstverständnisses und damit ein Bewußtwerden der eigenen Lage im gesellschaftlichen Prozeß als ein Bedürfnis benennen und zu diesem Bedürfnis als zu etwas Erstrebenswertem anleiten könnte. Wenn der philosophische Gedanke nicht gleichgültig ist gegen das Schicksal derer, denen er gelten soll, dann müßte in der Vermittlerfunktion eines Lehrenden, welcher Stoff an einen Adressaten heranführt, eine Art pädagogischen Interesses wirksam werden. Eine Theorie, die wirksam werden will und die von einem Interesse an Veränderung des Gegebenen und an künftigen vernünftigen Zuständen geleitet ist, impliziert einmal Analyse und Erkennen der gegenwärtigen Situation, zum anderen aber Kommunikation auch in pädagogischer Absicht mit denen, die solche zukünftigen Zustände erst zu verwirklichen imstande sind.

Philosophie ist ihrem Wesen nach nicht pädagogisch, doch hat der Lehrende mit ihr zu tun in einem Bereich, in dem, um eine Vermittlung von Philosophie zu ermöglichen, pädagogische Verfahren anzuwenden notwendig ist. Der diese Diskussion angehende Vorwurf einer nicht gelungenen Praxis würde in einem solchen Rahmen für die pädagogische Intelligenz von zwei Seiten kommen: 1. sie ist nicht pädagogisch genug. 2. Sie wird der Philosophie nicht gerecht. — Hier schon kann auf die mögliche Rolle einer wissenschaftlich-pädagogischen Intelligenz wenigstens in Hinsicht auf die Widersprüchlichkeit, in der sie sich als Lehrende bereits vorfindet, hingewiesen werden: Dieser Widerspruch erscheint als nicht aufhebbar und als Kennzeichen ihrer Situation, er ist auf jeden Fall zu benennen und nicht einfach aufzulösen.

Denken heißt Negieren

Was also kann Philosophie, eingebracht in den Bereich der Lehre, leisten, welchen Sinn kann sie heute überhaupt haben?

Ist Philosophie noch nötig, dann wie von je als Kritik, als Widerstand gegen die sich ausbreitende Heteronomie, als sei's auch machtloser Versuch des Gedankens, seiner selbst mächtig zu bleiben und angedrehte Mythologie wie blinzelnd resignierte Anpassung nach ihrem eigenen Maß des Unwahren zu überführen.[65]

Philosophie sollte Kritik sein, Selbstbestimmung, Bildung zur Mündigkeit. Damit erwiese sie sich als ein wesentlich demokratischer Gedanke. Die Idee von Demokratie, aufgekommen und gewagt einst als Gedanke der Negation, daß nämlich ein herrschender Zustand abzulehnen, eine bestehende Herrschaft von Wenigen über Viele durchaus nicht vernünftig und als gegeben hinzunehmen sei, ist nur zu verstehen als eine aus Praxis erwachsene Kritik an eben dieser Praxis. Das gilt für die traditionelle Sozialphilosophie und erst recht für eine heute zu versuchende nicht anpäßlerische Gesellschaftstheorie: Negation und Widerstand gegen das Bestehende, aus dem Gedanken, einer kritisierten Praxis eine theoretische Möglichkeit entgegenzuhalten, an der Praxis evtl. zu Fall gebracht werden könnte.
Wirksam dürfte dieser Widerstand nur werden durch eine von allen gesellschaftlichen Subjekten bestimmten öffentlichen Kontrolle über solche Praxis, die einem emanzipatorischen Interesse gegenübersteht, oder solche, die durch übermäßige Strapazierung von Möglichkeiten, die sie selbst nicht beinhaltet, eine kurze illusionäre Befriedigung erreicht hat und dadurch unrealistisch geworden ist. Sie böte sich nur an als billige Ware, die, weil sie so zugänglich und griffig ist, für kurze Zeit gut verkauft werden könnte.
Eine andere Sache ist das Problem der Fähigkeit überhaupt, Theorie in Praxis umzusetzen. Tatsache ist, daß Kritik auf Seiten des Stärkeren mehr Glauben findet, nicht zuletzt deshalb, weil ihre Folgen und die Umsetzung der Theorie damit schneller und wirksamer vonstatten geht. Wer kritisiert, aber nicht die Macht hat, seiner Kritik anschaulich etwas folgen zu lassen, setzt sich dem Vorwurf aus, nur reden und zerstören zu wollen. Eine pädagogische Intelligenz, die nicht die Macht besitzt, durch Kritik die Situation zu ändern, trifft dieser Vorwurf besonders. Vermutlich schweigen darum selbst kritische Lehrer. Die Kritik, die sie sich bewahren, wird neutralisiert durch ihre Nichtanwendbarkeit. Der Anspruch von Philosophie aber etwa als „bestimmte Negation“ wird auf Eis gelegt.

Wenn überhaupt, dann wird Philosophie heute am ehesten im Bereich der Ausbildung ansetzen können, durch Reflexion eine Demokratisierung zu ermöglichen, Ansätze festzuhalten und auszubauen. Der meokratische Gedanke muß bewußt gemacht werden,[66] um Demokratie zu ermöglichen, und zugleich wäre zu zeigen, daß dem Denken selber ein Bedürfnis zur Kritik innewohnt, daß Denken schon vor seiner Bestimmtheit Negieren und Distanzieren ist gegenüber dem, dem es sich verdankt.
Hinzuweisen wäre ferner darauf, daß für Philosophie die Antworten nicht so bedeutsam sind wie die Fragen, die, aus einer wirklichen, analysierten Situation vernünftig dargestellt, in die Antworten übergehen müßten: d. h. die gründliche Analyse des Daseins zeigt zugleich, was für dieses Dasein möglich wird. – Philosophisches Denken müßte gehalten sein, nicht sich an Theorie über eine ungelöste Praxis abzumühen, sondern aus der ungelösten Praxis heraus Theorie für ihre Abhilfe zu erwägen, Theorie jedoch so von möglicher Praxis durchdrungen, daß ihr Aussprechen Parole und Wahrheit zugleich für alle die gesellschaftlichen Subjekte bedeuten würde, für die bei einer Realisierung der Theorie das subjektive Interesse aus ihrer gegenwärtigen Lage heraus objektiv mit Vernunft zusammenfallen müßte. Anzufangen wäre mit der Analyse der gesellschaftlichen Lage einer pädagogischen Intelligenz und ihrer Selbsteinschätzung, dann die Situation und die daraus folgenden Bedürfnisse und Interessen der Adressaten zu zeigen. Eine Reflexion über die Lehrenden allein würde nicht genügen, da ihre Lage nur bestimmbar ist, wenn auch die Wirkung ihrer Tätigkeit entfaltet werden kann.

2. PRAXIS[67]

Zum Selbstverständnis der Lehrer

Eine Änderung der als „falsch" oder nicht gelungen interpretierten Praxis der pädagogischen Intelligenz setzt eine theoretische Untersuchung voraus. Anhand des Beispiels der Rolle der Volksschul-, Berufsschul-, Realschul- und Gymnasiallehrer ließe sich

zeigen, daß diese allein durch die wechselseitige Einschätzung untereinander sich selbst schon einen bestimmten Standort zuweisen. Der Volksschullehrer orientiert sich am gesellschaftlichen Bild des oberen Mittelstandes und beispielsweise an dem des Gymnasiallehrers, dieser weiß sich höher eingestuft als die Volks- oder Realschullehrer und läßt das auch meist unmißverständlich durchblicken. Bestärkt wird diese gegenseitige Einschätzung durch die Haltung der Gesellschaft, vor allem der oberen Mittelschicht, ihnen gegenüber: ohne Zweifel schenkt sie dem höher eingestuften Lehrer mehr Beachtung und gesteht ihm mehr Einfluß zu auf die Erziehung als den übrigen Lehrern. Schon darum, weil ihre privilegierte Stellung im gesellschaftlichen Rahmen und die ihrer Kinder meist mit dem Gymnasium (und evtl. später der Universität) verbunden war und ist, wo sie sich endgültig und deutlich von der unterprivilegierten Klasse, mit der man in der Volksschule noch peinlich Kontakt hatte, absetzen konnte. Mit dem Gymnasium beginnt die Stufe im gesellschaftlichen Austausch, auf der man „unter sich" ist.
Hinzu kommt die unterschiedliche wissenschaftliche Ausbildung der verschiedenen Lehrertypen. Die längere Ausbildungsdauer und damit die bessere wissenschaftliche Qualifikation bringt den Lehrer an höheren Schulen nicht nur nach gängiger Meinung viel weiter in den Bereich der sog. Kopfarbeit als seine tiefer eingestuften Kollegen. Das Flair von Wissenschaft, bis zur Zahncreme-Werbung immer etwas Ernsthaftes garantierend, äußerst wichtig für alle die, die keine Macht im politischen Geschehen, dafür im geistigen Bereich die Kompensation für fehlenden Enfluß finden und damit eine gesellschaftliche Ersatzanerkennung, bleibt diesen Kollegen weitgehend vorenthalten. Zu einer wissenschaftlichen Intelligenz zählen sie eigentlich kaum.
Zur herrschenden Klasse gehören die Volksschullehrer keineswegs, dennoch haben sie nie gezögert, sich auf deren Seite zu stellen, ihre Gunst zu genießen und ihre Ideologien zu übernehmen, um sie zu den ihren zu machen. Obwohl sie nicht einmal das Selbstbewußtsein von Gymnasiallehrern oder Wissenschaftlern haben, die zwar politisch ohnmächtig, aber doch als

Bildungsträger und Wissensvermittler gesellschaftlich anerkannt sind, fühlen sie sich dennoch dieser Gesellschaft verpflichtet, und zwar — neben der Sorge um ihre Existenz — in der Hoffnung vermutlich, diese Gesellschaft werde sie doch letzten Endes anerkennen müssen und vielleicht gar den Wissenschaftlern gleichstellen. Das Verkennen ihrer Situation kommt der Abkehr von der sozialen Wirklichkeit gleich, was sich wiederum den Schülern mitteilt, deren Einsicht in die eigene Lage und deren Interesse am politischen Geschehen dadurch nicht mobil gemacht, sondern resignativ und selbstzerstörerisch abgewürgt wird.

Zur Lage der Adressaten

Das Situationsverständnis der Adressaten dieses Lehrertyps, also der Volksschüler und Berufsschüler, ist schwach ausgeprägt. Durch das Bewußtsein der politischen Ohnmacht, die sie mangels gründlicher sozialer Informationen schon in der Schule, dann erst recht auf anschauliche Weise am Arbeitsplatz begleitet, überwiegt bei ihnen die Tendenz, sich politischer Aktivitäten völlig zu enthalten. Haben sie nicht einmal am Arbeitsplatz eine Möglichkeit auf Mitbestimmung, so entfällt jede entsprechende ernstzunehmende Regung auch außerhalb dieses Bereichs. Der Weg zur Kompensation im geistigen Spiel der sog. Kopfarbeiter, was ihnen eine gewisse Achtung sichern, was ihnen Flexibilität zur lohnenden Anpassung geben und was ihnen wenigstens zum Schein Partizipation an Herrschaft bedeuten könnte, dieser Weg ist für sie zu lang — oder gar nicht erstrebenswert.
Eingeengt auf ihren unmittelbaren Arbeitsbereich, den sie nicht nach ihrer Vorstellung zu bestimmen oder zu verändern imstande sind, dessen geschichtliche Entwicklung ihnen unbekannt ist, nehmen Berufsschüler ihren Betrieb und die eigene Rolle darin schicksalhaft hin. Die Umwelt wird als verdinglicht erfahren, als unveränderbarer Tatsachenkomplex, nicht aber als Realität, die erst durch Auseinandersetzung der Individuen mit der sozialen Wirklichkeit entstanden und mittels dieser Auseinandersetzung veränderbar ist. Nur einer solchen durch Reflexion gewonnenen Einsicht, die den Betrieb als von politischen Entschei-

dungen abhängig weiß, ließe sich nicht ein durch unmittelbare Anschauung suggeriertes Gefühl der gerechten Rollenverteilung und der Stringenz der gegebenen Betriebswirklichkeit vorgaukeln. Das Pochen auf Praxis erweist sich auch hier nur als Festbeißen am Gewohnten, als Verteidigung eines Daseins, das dadurch, daß es da ist, hinreichend legitimiert scheint. Kritik wird hier als destruktiv abgelehnt, Theorie, wenn sie bestehende Praxis nicht nur verdoppeln will, als versponnen zurückgewiesen. Forderungen eines demokratischen Denkens, in der Verfassung[68] und fürs Volksimage vorbehaltlos zugestanden, werden beim einzelnen an seinem Arbeitsplatz als absurd und für den Betrieb als selbstmörderisch abqualifiziert. Der Wille zum Fortschritt und das Mitspracherecht des einzelnen, als Verwirklichung einer existierenden Verfassung, werden skeptisch auf das Gegebene zurückgebracht und an Praxis — die man immer für sich sprechen läßt, genau wie die Tatsachen, die in Wahrheit nur solange für sich sprechen, solange niemand gegen sie zu sprechen wagt — denunziert. Die existierende Praxis will sich stets als das von den sog. Sachgesetzlichkeiten verhängte Schicksal erweisen. Die von ihr den Individuen zugeteilte Klassenlage wird aus der Natur des Menschen erklärt und die bestehende Rollenverteilung so noch mehr zementiert. Aufbegehren wirkt hier unnatürlich, zerstörerisch für das mühsam Geschaffene.

Entpolitisierung

Eine Situation, aus der heraus keine Zusammenhänge mehr zu sehen möglich ist, an der kein Interesse an künftigen vernünftigen Zuständen zu befestigen, in der die eigene Existenz als gewordene nicht mehr zu erkennen und die zugewiesene Rolle als unabänderlich akzeptiert ist — eine solche Situation suggeriert den von ihr abhängigen Subjekten, sie seien ohne Geschichte. Die Folge ist ein resignatives Verhalten dem sozialen Geschehen gegenüber, dem sie um so mehr ohne Widerstand verfallen, als desto unabänderlicher sie es interpretieren. Die Anpassung an technologische und kapitalistische Normen, ohne-

hin schon weit genug gediehen, wird durch Resignation nur noch erleichtert.
Die vollständige Funktionalisierung am Arbeitsplatz führt schließlich zur Identifikation mit dem Betrieb. Das geschieht um so selbstverständlicher, je geschickter die Prämierung mittels einer klassenhaften Titulierung (Obermeister, Abteilungsdirektor etc.) entwickelt wird. Dadurch wird die wirkliche Lage, gekennzeichnet durch Mangel an Macht und Einfluß, noch weiter verschleiert. Ein falsches Bewußtsein entsteht so — flankiert durch Meinungsmanipulation von Massenmedien — hauptsächlich gerade dort, wo nichts nötiger wäre als eine richtige Einschätzung und Bewußtsein der Lage, um sie einmal verändern zu können. Die Praxisnähe, vielgelobt deshalb, weil sie angeblich eine anschauliche Lehre von der Realität geben soll, zeigt sich hier als Hindernis für die Erkenntnis gerade dieser Realität. Wo Denken und kritische Selbstreflexion erst die eigene Lage kenntlich machen und sie beurteilen könnten, da werden die Praxis und das Konkrete beschworen als die angemessene Weise, sich in der sozialen Umwelt zu begreifen. Distanz vom Gegebenen, wie sie in Theorie notwendig sich ergibt, um urteilen und entscheiden zu können, wird als Praxisferne verächtlich gemacht. Damit wird von Anfang an konservatives Denken, wie oben beschrieben, indoktriniert und dem Bewußtsein untergeschoben, das Bestehende sei genau richtig und brauche nicht verändert zu werden. Ideale sollen allein vom Bestehenden aus verstanden werden, nicht aber etwa das Vorhandene auch von einer vernünftigen Möglichkeit aus. Geistige Aktivitäten erregen dann Mißtrauen, wenn der Primat die Stabilisierung und Anerkennung ist dessen, was ist. Das Unmittelbare wird hofiert, geistige Erfahrungen sind nicht erwünscht, wohl aber Primärerfahrungen bei der Arbeit.
Die Tendenz geht immer mehr auf eine Entpolitisierung, was selbst allerdings als entscheidendes politisches Problem gesehen werden muß. Sachzwang und Tatsachenbann werden zu pauschalen Erklärungen für einen geschichtlichen Entwicklungsstand, der immer mehr als das Problem der Entpolitisierung der

Massen innerhalb eines alles umgreifenden politischen Rahmens benannt werden kann. Indoktrination durch die Massenmedien zum Beispiel wird von den Auszubildenden nicht als politisches Phänomen gedeutet.
Die Entpolitisierung von Massen macht diese leichter verwendbar. Weiter wird ihre Verwendbarkeit gewährleistet durch ihre Spezialisierung, die sie ihrem Arbeitsplatz gegenüber, weil sie auf ihn unbedingt angewiesen sind, ergeben macht. Eine polytechnische Erziehung zum Beispiel würde ihnen einen größeren Aktionsraum gestatten, was sich nicht zuletzt auf ihr Potential an eigenständigem Denken auswirken könnte. — Solange aber eine von einem Lehrenden vermittelte Bildung weder dies berücksichtigt, noch überhaupt an der Praxis der Adressaten ansetzt, wird auch sie, etwa in einer Berufsschule, passiv aufgenommen und wird auch ihr kein Einfluß auf Praxis zugetraut. Fatal wirkt sich das für die Ausgebildeten aus, da Verzicht aufs Denken für sie nur Verzicht auf Gestaltung ihres Arbeitsplatzes bedeutet.

Bewußtsein und Bedürfnis

Falsches Bewußtsein heute, in Unterscheidung zum Kapitalismus im 19. Jahrhundert, als Unterdrückung für jeden durchschaubar war, ist die streng einzuhaltende Voraussetzung für den seriösen und seriellen Verkauf der Mehrheit einer Bevölkerung. Ihnen müssen Bedürfnisse glaubhaft versagt werden, die objektiv erfüllbar sind, und da ihnen andererseits etwas geboten werden muß, sind sie dahingehend zu täuschen, sich als durchaus erfüllbar vorzustellen, was objektiv unerfüllbar ist: nämlich die heile Welt ohne Sorgen, Ängste und Leiden, nur einen Schritt entfernt, durch Leistung und etwas Geld wahrscheinlich bald zu erreichen. Daß es mindestens zwei Schritte sind, um wenigstens einen Zipfel von ihr zu ergreifen, muß verschwiegen werden. So haben Illusionen, selbst wenn sie sich fortschrittlich geben, konservativen Charakter, zumal sie sich schon fast verwirklicht sehen. Darauf verweist Adorno, wenn er sagt: „Keine höhere Gestalt der Gesellschaft ist, zu dieser Stunde, konkret sichtbar. Darum hat, was sich gebärdet als wäre es zum Greifen nah, etwas Regressives."[69] Der reale Ansatzpunkt, der sich als Hebel für die Verwirklichung einer möglichen besseren Welt erweisen sollte, wird übergangen und als erledigt abgetan. Diese künftige aufgeklärte Welt setzt aber ein aufgeklärtes Bewußtsein voraus — und umgekehrt. Möglich ist diese Realisierung nur in einem Prozeß der Wechselwirkung und durchführbar nur, wenn die Stufe der Analyse der eigenen Situation nicht übersprungen wird, was sonst wiederum als Nichtbewältigung den späteren Verlauf belasten und zurückwerfen müßte.

Der Einstieg in diesen Prozeß könnte durch die Theorie eines gewünschten und als möglich zu sehenden Zustandes erfolgen, in dessen Licht der gegebene betrachtet und für veränderbar gehalten wird. Ein Soll könnte so ein Ist beleuchten. Utopisch und illusionär wäre das Soll, würde es nicht an bestehender Praxis festgemacht und wäre es nicht in dieser „falschen" Praxis bereits erkennbar. Regressiv wäre es, nähme es diese Praxis als einzige Instanz von Wahrheit, um von ihr aus Theorie zu desavouieren.

Dadurch, daß der Gedanke an differenzierte Möglichkeiten (die für komplizierter gehalten wurden darum, weil sie nicht als direkter Umschlag von gewohnter Praxis in ihre eigene Möglichkeit zu begreifen sind) nicht vorgetrieben wird, kann sich das Interesse einer Masse nur auf begrenzte, praxisorientierte Vorstellungen beziehen. Das heißt, es treten mehr und mehr nur noch solche Interessen und Bedürfnisse auf, denen eine schnelle Befriedigung gesichert ist. Unter Interessen werden überhaupt nur noch kurzfristige verstanden, daß es andere gibt, kann das zurechtgestauchte Bewußtsein nicht mehr freisetzen. Die Lieferzeiten für Bedürfnisse werden, da es nur Bedürfnisse gibt für Waren, die auch da sind, eingehalten und sind angemessen kurz. Kritisches Potential wird möglichst schnell aufgekauft, damit es den Markt nicht stört, da ansonsten der Markt keine Angebote zeigt, für die eine Reflexion vonnöten wäre. Ansätze einer Emanzipation gehen ziemlich sicher dabei unter.

Ohne Reflexion aber, befördert durch eine Situation, in der

Reflexion nicht gefragt ist, ergibt sich keine Einschätzung der eigenen Rolle im gesamtgesellschaftlichen Prozeß und damit kein Einfluß auf diesen Prozeß. Wenn der Standort, bezogen und nur zu erkennen auf die Gesamtgesellschaft hin, unbekannt ist, also weder Gesellschaft noch eigene Lage durchschaut werden, dann kann zwar das zugehörige Bewußtsein verständlich und Wünsche (Haus, Auto, etc.) aus diesem Bewußtsein heraus selbstverständlich gerechtfertigt sein, das Bewußtsein selbst aber übersieht den Fortgang der Gesellschaft nicht und wird von ihr als falsches Bewußtsein mitgenommen.

Qualifizierungsfunktion

Nach dieser kurzen Skizzierung der Situation der Adressaten im weitesten Sinn einer pädagogischen Intelligenz, ist nun die Arbeit der Lehrenden selbst zu untersuchen und die Funktion, die sie im gesamtgesellschaftlichen Zusammenhang haben. Wobei unser Aspekt, wie schon oben betont (Anm. 67), ein bewußt einseitiger und negativer sein soll. — Besonders die Tätigkeit von Volksschullehrern in den späteren Klassen und die von Berufsschullehrern könnte unter einem ökonomischen Aspekt als Arbeit beschrieben werden, welche Schüler gut auf eine Berufspraxis vorbereiten soll. Sie erfüllen damit eine stabilisierende Aufgabe innerhalb der Bildungspolitik, die selbst letzten Endes eine gut funktionierende Reproduktion der Gesellschaft zu leisten hat. Die Verwertungsarbeit von Berufsschullehrern speziell ist angesichts der unmittelbaren Berufspraxis noch evidenter.

Die Qualifikation der Schüler ist die Voraussetzung für den Einstieg in den Beruf, gleichzeitig garantiert sie die Verwertung als Arbeitskraft im Produktionsprozeß. Unqualifizierte Arbeitskräfte finden in hochzivilisierten Ländern keinen Ort mehr, in dem sie sinnvoll eingesetzt werden könnten. Erst ein Maß an Mindestqualifikation, das in diesen Ländern verhältnismäßig hoch ist, sichert ihre Verwendung im Produktionsapparat. Natürlich gilt das auch für Wissenschaftler, die entsprechend einer komplizierteren Arbeit erst auf einem anderen Niveau ein-

gesetzt werden können. Dies sei nur angedeutet, um der Illusion zu begegnen, mit diesem Wissen sei unzweifelbar Erkenntnis, Macht, Selbsteinschätzung gegeben. Selbstverständlich bedeutet Nichtwissen Ohnmacht, doch ist, nicht nur was politische Entscheidungen betrifft, ein Wissen, das nur für den Produktionsapparat ausgerichtet und auf ihn beschränkt ist, keineswegs mit Macht gleichzusetzen. Das zeigt sich am Beispiel von Ingenieuren, deren Ohnmacht sich hinter einer scheinbaren Partizipation am Apparat verbirgt und durch ihr Image als Techniker. Politische Entscheidungen aber fällen sie nicht, ihre Sachkenntnis verbindet sich mit Unkenntnis ihrer Lage.
Auch die Illusion wäre zu zerstreuen, Volks- und Berufsschüler würden nur für sich lernen und durch die heute bestehende Ausbildung etwa ihre Bedürfnisse und Interessen befriedigen können. Tatsache ist, daß sie primär Interessen und Bedürfnisse ihrer Arbeitgeber erfüllen, die ihnen als ihre eigenen vorgestellt werden. Der sinnige Spruch „Nicht für die Schule, sondern für das Leben lernen wir“ stimmt insofern, als sie tatsächlich mittels ihres Lernprozesses das Leben ihrer künftigen Arbeitgeber in bisheriger Form zu erhalten garantieren. Erfahrungen und Interessen werden in der Ausbildung so präformiert, daß ihnen im späteren Arbeitsprozeß kaum noch etwas unvertraut vorkommt und daß sie ihre Rolle im Betrieb gleich angemessen interpretieren, nämlich in Gleichklang möglichst mit dem, was ihnen als ihre eigenen Wünsche suggeriert worden ist. Gewissenhaft sorgt der Lehrer für ein solches Präformationssystem, in dem später die sogenannten Lebenserfahrungen gemacht werden sollen. Das gilt auch für die Lehrer an Gymnasien und an den Hochschulen, die von einer anderen Seite her die Verwertung besorgen, in dem sie dieses Präformationssystem aufs Geistige verlegen und durch traditionelle Bildung bewirken, daß gerade durch die Distanz oder Nichtbeachtung des Produktionsapparates auch keine Schwierigkeiten im Apparat auftreten. Die pädagogische Intelligenz sorgt dafür, daß Bildung vom realen Geschehen ablenkt und versucht, politische Ohnmacht durch gesellschaftliche Anerkennung abzugelten. In der gesamtgesellschaftlichen Arbeit wäre

ihre Tätigkeit als Vorbereitungstätigkeit für die Anpassung von Kopf- und Handarbeitern zu charakterisieren. Da sie lediglich eine Vermittlerfunktion ausübt, braucht sie sich für eine eventuell fatale Entwicklung zum Fachidiotentum und zur Entpolitisierung nicht verantwortlich zu fühlen.
Unter dem Aufstiegsaspekt, der für den gesamten gesellschaftlichen Bereich gilt, werden Wissen und Bildung nur in Hinsicht auf eine soziale Stellung betrieben, für welche Kritik und Reflexion immer ungeeigneter erscheinen. Auch bei der Schicht der Bevölkerung, der für eine nicht erreichte soziale Stellung jeder Ausgleich in Bildung oder Wissenschaft fehlt, kann aber nicht geschlossen werden, sie würde aus diesem Mangelempfinden oder aus Empörung automatisch in kämpferische politische Bahnen gelenkt. Aufgrund ihres falschen Bewußtseins jedoch, ihrer kurzfristigen Bedürfnisse, ihrer von ihnen selbst nicht zu akzentuierenden Motivationen, mangelnder Organisation und fehlendem emanzipatorischen Interesse ist dieser Schritt nicht möglich. Die pädagogische Intelligenz bekräftigt dies: sie sorgt bei den einen für die unmittelbare Verwendung im Berufsbereich, bei den andern dafür, daß ihr reflektorisches Potential nicht die falsche Richtung nehmen kann.
Verkürzt ließe sich sagen, die besonders an Volks- und Berufsschülern geleistete Ausbildung sei „Heranbildung von Arbeitsvermögen“, welches die Voraussetzung dafür ist, daß sich die Arbeitskraft auf dem Markt als Ware anbieten und gegen Lohn austauschen kann. Der unterschiedliche Wert der Arbeitskraft ist bedingt durch die unterschiedlichen Kosten für ihre Ausbildung. Die Erziehung findet in nicht geringem Maße statt unter dem Gesichtspunkt produktionspolitischer Interessen.

Identifikation

Neben der Funktion des Lehrers, die Ausbildung der Schüler als Qualifikation von Arbeitsvermögen für den produktiven Einsatz zu gewährleisten, tritt eine weitere wichtige Aufgabe, nämlich eine Identifikation der Ausgebildeten mit den herrschenden Normen zu ermöglichen oder eine bereits vorhandene zu vertiefen, auf. Heranbildung für den produktiven Einsatz muß nicht heißen: Anlernen spezieller Handgriffe zur Bedienung von Maschinen o. ä. Der umfassendere Sinn von Ausbildung liegt darin, solches Bewußtsein und solche Verhaltensweisen zu schaffen, die als Ergebenheit und Absicherung für Wirtschaft und Politik von großem Nutzen sein können, zur Solidarisierung mit der bestehenden Ordnung, zum Respekt vor installierten Machtverhältnissen und zu institutionalisierten Rollenverteilungen führen sollen. Diese Verbeugung vor Macht und Gewohnheit verewigt die politische Unwirksamkeit der Ausgebildeten. Ihre Immobilität im politischen Bereich wirkt wiederum zurück in ihre betriebliche Situation, um dort noch einmal alle jene Werte zu erhärten und zu legitimieren, die in der Tat einen reibungslosen Ablauf innerbetrieblicher Prozesse (und damit die Stabilisierung des gesamtgesellschaftlichen Rahmens) auf längere Sicht garantieren: Werte wie Ausdauer, Fleiß, Gehorsam, Treue, Pünktlichkeit, Höflichkeit, etc. Wobei diese selbstverständlich nicht pauschal abgelehnt werden können, was allzuleicht und unverantwortlich wäre — man denke nur an die medizinische Dienstleistung, Verkehrsbetriebe usw. Sie sollten aber auf ihren Stellenwert und auf ihre Funktion innerhalb der Gesellschaft befragt werden. Der Lehrer richtet die Schüler auf solche Werte aus, weist darauf hin, daß es natürliche, im Menschen verankerte Werte sind und daß sie zu bezweifeln barbarisch wäre. Die Mächtigen werden hier bestätigt, denn ihnen liegt nichts näher als das Festhalten an den bestehenden Verhältnissen. Von ihnen ist der Lehrer eingesetzt, den Lernenden die Identifikation mit anerkannten Normen und Ideologien zu ermöglichen. Zumal die pädagogische Intelligenz nicht unmittelbar in den Produktionsprozeß eingegliedert ist, scheint gerade sie für die Funktion des Identifizierens mit Ideologien besonders geeignet zu sein.

3. THEORIE UND PRAXIS

Bedürfnisse

Im Zusammenhang mit unserem oben eingeleiteten Problem der

Beziehung von Theorie und Praxis, insbesondere in Hinsicht auf eine von uns hypostasierte umstrittene, unbewältigte Praxis, sind wir auf das Beispiel der Situation einer pädagogischen Intelligenz kurz eingegangen und haben sowohl ihre Arbeit als auch ihre Funktion unter bestimmten Aspekten im gesellschaftlichen Zusammenhang zu charakterisieren versucht. Unter dem Aspekt der Veränderbarkeit von Praxis und der Kritikfähigkeit der Theorie empfinden wir die gegebene Praxis der pädagogischen Intelligenz als unbefriedigend. Ihre Tätigkeit zementiert das Bestehende und suggeriert dessen Legitimation, die sich erst noch auf ihre Gültigkeit hin auszuweisen hätte. Ihr Bewußtsein vermittelt erborgte Ideologien, die ihrem eigenen Stand nicht entsprechen. — Wie wäre also sinnvoll ihre Aufgabe in der gegenwärtigen Situation zu gestalten und was könnte Philosophie, im Gang einer Ausbildung vermittelt, bewirken?
Vorausgesetzt wird, daß in diesem Rahmen Philosophie nur dann eine Relevanz beanspruchen kann, wenn sie als Gesellschaftstheorie verstanden wird, allerdings nicht als Theorie *über* eine vergangene oder gegenwärtige Gesellschaft — unbekümmert ihrer Leiden und ungelösten Probleme, unverbindlich in ihren Ergebnissen —, sondern als Theorie *aus* einer existierenden Gesellschaft heraus, beschwert auch mit ihren ihr eigentümlichen Ungereimtheiten, von ihr herkommend und doch sich gegen sie wendend, um sie weiterzutreiben und um gesellschaftliche Praxis nicht ihrer eigenen verhängnisvollen Schwere zu überantworten.
Zunächst wäre methodisch dem philosophischen Denken zu folgen, das schon immer gleich von Vorhandenem sich zu distanzieren nötigt. Ihm wäre die Bedürfnisstruktur derer, die vom Lehrer ausgebildet werden, gegenüberzustellen und bestehende Bedürfnisse durch deren Analyse zu verunsichern. Sinnvoll erscheint dies, da existierende kurzfristige Bedürfnisse, bedingt durch einen mangels Reflexion verengten Horizont, nicht zu emanzipatorischem Interesse führen können. Immer wieder sollte auf ein vorhandenes Präformationssystem hingewiesen werden, innerhalb dessen überhaupt nur Bedürfnissen stattge-

geben wird, was nichts anderes heißt als: man hat dort Wünsche, wo sie erlaubt sind. Bedürfnisse müssen als solche schon anerkannt sein, wollen sie befriedigt werden. Das hat mit Wissenschaft nichts zu tun, sondern ist eine Entscheidung vor aller Wissenschaft. Wissenschaft kann dann allerdings dazu dienen, getroffene Entscheidungen zu untermauern und scheinbar beweiskräftig zu machen. Nicht konstituierte Bedürfnisse, unabhängig vom Grad ihrer Dringlichkeit und objektiven Legitimität werden denunziert, weil richtig gesehen wird, daß dort die Ansätze der Liquidation von Gewohnheitsrechten und von stabilisierter Harmonie liegen müssen.

Welche Bedürfnisse führen zur Emanzipation?

Bedürfnisse nach Veränderung eines belastenden oder als unerträglich empfundenen Zustands dürfen nicht mehr als unrealistisch und daher unvernünftig abqualifiziert werden. Aufgabe einer philosophisch-pädagogischen Intelligenz wäre es, die Stringenz einer solchen Forderung zumindest zu vermitteln. Zu diskutieren und als möglich herauszustellen ist im Rahmen einer Ausbildung eine grundlegende Veränderung der bestehenden Bedürfnisstruktur, angeleitet von einer Auseinandersetzung um die Frage, welche Bedürfnisse denn überhaupt zu wirklich emanzipatorischen Interessen zu führen imstande sind.
In hochzivilisierten Staaten können aber Primärbedürfnisse wie Essen, Trinken, Schlafen, Freizeit etc. kaum in die Gestaltung eines politischen Prozesses eingreifen, sie liegen überhaupt erst vor jedem eventuell auftretenden Interesse nach Mitwirkung in gesellschaftlichen Angelegenheiten und führen nicht zu emanzipatorischen Interessen. Die Unmittelbarkeit dieser Bedürfnisse hält sie am Unmittelbaren fest.
Der philosophische Gedanke, in der Ausbildung vermittelt, sollte die materielle Dimension der Bedürfnisse als subjektivistische durchschauen und aussprechen. Allerdings müßte gleichzeitig erkannt werden, daß erst auf einer Ebene, auf der Primärbedürfnissen stattgegeben wird und eine komplizierte Bedürfnisstruktur auftritt, also in hochindustrialisierten Ländern,

emanzipatorische Bedürfnisse aufkommen können. Der Widerspruch, daß bestehende hochzivilisierte Bedürfnisse sich als unemanzipatorische erweisen und doch diese erst zu einer Emanzipation führen können, ist aufzudecken — er kennzeichnet jede Diskussion um langfristige Strategien. Eine bestehende kurzfristige *und* komplizierte Bedürfnisstruktur ist nicht einfach abzubauen, sondern als voll entwickelbar vorzustellen (um nicht durch ihre Nichtverwirklichung ihre Wünschbarkeit um so mehr zu entfachen), sodann jedoch zu befragen, von wem sie inwieweit abhängt und wessen Bedürfnis in Wahrheit, wenn es ums eigene zu gehen scheint, erfüllt wird. Weiter ist nach Interessen zu fragen, die objektiv dem eigenen Standort entsprechen, was nichts anderes heißt als Analyse des Selbstverständnisses der Lage im gesellschaftlichen Prozeß. Denn nur die der eignen Lage gemäßen Interessen, und nicht erborgte, sind zu einer Emanzipation zu führen imstande. Bildung kann deshalb nicht anders ansetzen als im Lagebewußtsein der Ausgebildeten.
Daß die Interessen, die in dem durch Bewußtsein entwickelten Selbstverständnis eingelagert sind, langfristig sind, erhellt sich schon daraus, daß das Gewahrwerden der eigenen Situation im gesellschaftlichen Ganzen die Ohnmacht am politischen Geschehen offenbart und so klar zeigt, wie hoch die Hürde ist, die übersprungen werden muß, um in der Gesellschaft an wichtigen Fragen teilnehmen und um eigene Interessen überhaupt anbringen zu können.

Selbsteinschätzung

Die Entwicklung der traditionellen Ausbildung durch eine wissenschaftlich-pädagogische Intelligenz hat eine Diskussion um das Situationsbewußtsein der Ausgebildeten bisher übergangen, um desto müheloser die hier nur andeutbare Qualifizierung und Identifizierung der Adressaten mit herrschenden Ideologien erreichen zu können. Grund dafür ist auch die für selbstverständlich gehaltene Trennung von Bildung und Ausbildung. Bildung an Gymnasien und Universitäten heißt Mangel an Kenntnissen über die Produktionsstätten, und Unerfahrenheit, was den Komplex der Produktionsverhältnisse angeht. Bildung (nicht nur im neuhumanistischen Sinn) gewährt eine Reserve der konkreten Arbeitswelt gegenüber, behält sich eine feine Ignoranz im ökonomischen Geschehen vor. Auf der anderen Seite schafft Ausbildung z. B. für Berufsschüler ein „praktisches“ Potential, fernab von jeder Bildung, das die schnelle Verwertung im Beruf gewährleisten soll: der endgültige Verkauf mittels eines unflexiblen Bewußtseins wird besiegelt.

Als Resultat wiederum eines Mangels an geschultem Denken zeigt sich eine Sprache, die nicht in der Lage ist, eine Situation angemessen zu beschreiben und kompliziertere Bedürfnisse auszudrücken. Hier läge ein Ansatz für die Arbeit des Lehrenden, nämlich zu prüfen, ob Interessen adäquat beschrieben werden, und wenn dies nicht der Fall ist, es zu ermöglichen. Über diese Schwelle hinaus würde den Auszubildenden bewußt gemacht, daß sie Anspruchsrechte haben und daß sie, würden sie diese Rechte erst einmal zu handhaben wissen, die gesellschaftliche Struktur zu ihren Gunsten ändern und unterdrückte Glücksvorstellungen als legitim und vernünftig selbstbewußt artikulieren könnten.

Im Gegensatz zu einem bestehenden, weithin belassenen Selbstgefühl oder Instinkt, das in einer politischen und kommunikativen Isolation immer nur auf sich selbst zurückgeworfen wird, führt eine durch philosophisches Denken vermittelte Bewußtseinsbildung als Erkennen von Zusammenhängen erst zur Motivation kommunikativen Handelns. Philosophie als Reflexion erweckt in den Abhängigen und vom politischen Geschehen Ausgeschlossenen im Rahmen einer Ausbildung Emanzipationsbestrebungen, die aber erst durch die Wechselbeziehung von Denken und Handeln verwirklicht werden können. Verwirklichung findet aber nur dann statt, wenn der philosophische Gedanke an einem solchen Potential festgemacht wird, das seine Transformation auch realisieren kann und will. Nur solches Potential will sich verwirklichen, das es bisher noch nicht in der Geschichte zu tun imstande war. Wenn Philosophie ihrem Anspruch auf Kritik und Demokratie genügen will und Interesse hat an ihren Folgen,

dann muß ihr klar sein, daß ihr Träger und Umsetzer nur jene Schicht sein kann, die sich ebenfalls noch nicht verwirklicht sieht und deren Überleben auf lange Sicht darin besteht, vorhandene Zustände — stehen sie ihrer Selbstverwirklichung oder besser: Selbsterweiterung im Wege — zu negieren.[70]
Durch Denken ist die Antizipation eines repressionslosen Zustandes zu leisten, um nicht vor eventuell unhaltbaren gegenwärtigen Zuständen resignieren zu müssen. Ein solches oft als utopisch denunziertes Denken erhellt die objektive Klassenlage der Adressaten ihnen selber im Ausbildungsprozeß und vermag ihnen erstmals in ihrer Geschichte — die nicht zu ihren Gunsten verlief, sondern zugunsten der Besitzenden — ein ihrer Situation adäquates Bewußtsein zu geben, was der Ansatz dafür ist, daß eine aktive politische Rolle übernommen und eine von der Geschichte vorgezeigte Entwicklung zu der eigenen gemacht werden kann. Ist diese Phase erreicht, dann werden auch nicht mehr illusionäre Ansprüche, d. h. Ansprüche, die der objektiven Lage unangemessen und darum unerfüllbar sind, gestellt und alle zugestandenen kurzfristigen Bedürfnisse als unemanzipatorische entlarvt. Eine richtige Selbsteinschätzung der unterprivilegierten Schicht legt die wahrhaft realistischen Bedürfnisse frei und läßt sich nicht abspeisen mit scheinbarer Partizipation an der Produktion (in Form von kleinen Aktienpaketen) oder Zugeständnissen an Mitbestimmung in Bereichen, die ihr ohnehin eigentlich gehören. Der Weg von einem individuellen Wunsch in einem gesellschaftlich relevanten Interessenhorizont, wo beide Interessen zusammenfallen sollen, muß schon gedanklich beschritten worden sein, um wirklich werden zu können. Die Motivation des einzelnen müßte das ermöglichen helfen, was alle wollen.[71]
Bei der von uns gemeinten Schicht, die vor ihrem Beruf einen Ausbildungsprozeß durchläuft und nur in diesem ihre Chance wahrnehmen könnte, sind nach L u k a c s die Theorie über das, was sie ihrer Situation gemäß zu tun vermögen und die daraus entfaltete Praxis nicht mehr zu trennen.

Die Überlegenheit des Proletariats der ihm sonst in jeder intellektuellen, organisatorischen usw. Hinsicht überlegenen Bourgeoisie gegenüber liegt ausschließlich darin, daß es die Gesellschaft vom Zentrum aus, als zusammenhängendes Ganzes zu betrachten und darum zentral, die Wirklichkeit verändernd, zu handeln fähig ist, daß für sein Klassenbewußtsein Theorie und Praxis zusammenfallen, daß es demzufolge sein eigenes Handeln bewußt als entscheidendes Moment in die Waagschale der geschichtlichen Entwicklung werfen kann.[72]

Wobei zu überlegen ist, ob das Proletariat heute bei uns noch eindeutig bestimmbar und vielleicht schon das Wort nicht mehr ohne weiteres verwendbar ist.

Bildung

Philosophie als wesentlich demokratisches Denken, als Negation des Bestehenden, als Distanz dem Gegebenen gegenüber, als permanente Kritik, als Theorie, die „eine Gestalt von Praxis" ist, wird nirgendwo den Ansatz ihrer Verwirklichung finden als im Bewußtsein einer Bevölkerungsschicht, die aus sich eben die gleichen Emanzipations-Kategorien entworfen hat, die allein die Beendigung der Repression und die Partizipation am gesellschaftlichen Geschehen garantieren und deshalb vernünftig sind, nämlich: Mitbestimmung an politischen Entscheidungen (was selbstverständlich eine Mitbestimmung am Arbeitsplatz impliziert), Negation der herrschenden Ideologien, Distanz von der bestehenden Ordnungsstruktur, Kritik an der sozialen Rollenverteilung und Theorie eines möglichen, vernünftigen Zustands. — Dieses zu befördern, mittels des philosophischen Gedankens, der, wird er nicht korrumpiert, schon aus sich zur Veränderung drängt, sollte Aufgabe einer pädagogischen Intelligenz sein (besonders, wenn sie im Fach Sozialkunde unterrichtet). Auf jeden Fall ist von ihr Aufklärung darüber zu geben, daß eine Realisierung der Emanzipation einer unterprivilegierten Schicht zwingend durch eine Realisierung von Philosophie geschehen muß. Bildung an Schule und Universität wäre dann auch immer Bildung zum Bewußtsein der eigenen Lage, die damit der Zufälligkeit enthoben würde und die, ist sie einmal erkannt, auf einen Sinn hin veränderbar ist.

Solche Bildung kann aber nicht auf dem Weg der Indoktrinierung oder der mechanischen Verbreitung erfolgen, sie wird nur über eine reflektorische Entwicklung in einer „freien" Kommunikation ein Potential an Selbstbewußtsein freisetzen können, hinter das nicht mehr zurückgeschritten werden kann. Dies gelingt aber nur, wenn alle vorangegangenen Etappen bekannt sind und nicht unbewältigt bleiben. Die Negation auch des Vorhergehenden darf dieses nicht liquidieren, sondern gebraucht es, in dem es sich von ihm absetzt und durch seinen Gebrauch gerade dessen neue Ermächtigung verhindert. Das ist das Problem der Beschäftigung mit der Tradition.

Im revolutionierten ist der überwundene Zustand festgehalten, weil die Einsicht des neuen gerade in der Erfahrung der revolutionären Ablösung vom alten Bewußtsein besteht. Weil die Relation zwischen aufeinanderfolgenden Systemzuständen durch eine in diesem Sinne bestimmte Negation und nicht durch ein entweder logisches oder kausales Verhältnis hergestellt ist, sprechen wir vom Bildungsprozeß. Ein gleichzeitig durch kognitive Leistungen und sedimentierte Haltungen definierter Zustand kann nur als analytisch erinnerter überwunden werden. Ein vergangener Zustand, der abgeschnitten und bloß verdrängt wäre, behielte seine Gewalt über den gegenwärtigen.[73]

Oder bei Marx:

Es wird sich zeigen, daß es sich nicht um einen großen Gedankenstrich zwischen Vergangenheit und Zukunft handelt, sondern um die Vollziehung der Gedanken der Vergangenheit. Es wird sich endlich zeigen, daß die Menschheit keine neue Arbeit beginnt, sondern mit Bewußtsein ihre alte Arbeit zustandebringt.[74]

Allein schon unter dem Gesichtspunkt, sich nicht das mühsam erarbeiten zu müssen, was längst gedacht war, erscheint die Auseinandersetzung mit der Tradition sinnvoll. Wichtiger noch ist, daß Aufklärung über die eigene Zeit und über die eigene Sache nur durch deren Geschichtsnachweis möglich wird.

Nach Hegel ist

... die Sache nicht in ihrem Zweck erschöpft, sondern in ihrer Ausführung, noch ist das Resultat das wirkliche Ganze, sondern es zusammen mit seinem Werden; der Zweck für sich ist das unlebendige Allgemeine, wie Tendenz das bloße Treiben, das seiner Wirklichkeit noch entbehrt; und das nackte Resultat ist der Leichnam, der die Tendenz hinter sich gelassen.[75]

Das, was konkret da ist, was unsere Zeit anschaulich vorstellt, ist — wenn es allein betrachtet und analysiert wird — das Unzusammenhängende, das Abstrakte. Erst die Vorgeschichte oder die Tendenz zu dieser Zeit mit ihr zusammengenommen, erscheint als die Wirklichkeit, wahr nur als ganze. Wenn heute ein gesellschaftlich relevanter Gedanke aufkommt, dann sollte besonders im Rahmen einer Ausbildung gezeigt werden, wie es dazu kam, daß etwas so und nicht anders gedacht wird — und vielleicht nicht anders gedacht werden konnte. Wichtig erscheint dies, um zu verhindern, daß ein Gedanke nur dem Zufall zugeschrieben wird.
Die Tradition als Selbstzweck zu betreiben, wie es oft in Schulen oder Universitäten eingeübt wird, zeigt eine selbstmörderische Tendenz. Es geht darum, immer wieder zu klären, daß eine Beschäftigung mit der Tradition besonders dort ansetzen müßte, wo Vergangenes mißglückte, wo es abbrach, um dort zu versuchen, die Ansätze aufzunehmen und weiterzuführen. In einem Bildungsprozeß sollte dies herausgestellt und an ihm gearbeitet werden. — Natürlich ist dieser Bildungsprozeß, in dem das eigene Potential im Rahmen der geschichtlichen Situation bewußt würde, nicht in einen unverbindlichen Freiraum zu stellen, wo mühe- und konsequenzlos mit Gedanken operiert wird, sondern in der Arbeitswelt selbst festzumachen, damit diese in den Bildungsprozeß einbezogen werden kann. Das erst wird dann überhaupt praktische Folgen haben. Nur hier im Bereich des sog. Unmittelbaren, das auf der einen Seite — durch Anschaulichkeit angeblich beweiskräftig geworden — gerade ein emanzipatorisches Interesse stets verhindert hatte, kann aber andererseits nur, allerdings in Gestalt der Vermittlung durch Reflexion, falsches Bewußtsein aufgelöst werden. Negation als blanke Skepsis, die nicht das kritisierend analysiert, über dem sie zu stehen meint, verfällt diesem erst recht. Sie kennzeichnet sich selbst als unkritisch von Anfang an. Kategorien, die sich allein aus der Arbeitswelt entwickelt und falsche Bedürfnisse initiiert haben, sind nicht unabhängig ihrer Herkunft zu entwerten. Auf kurzfristiges, nichtsdestoweniger behütetes und

empfundenes Glück wird nicht ohne weiteres verzichtet, nur weil ihm das Ideal eines globalen Glücks gegenübergestellt wird. Der Weg der bestehenden Wünsche ist nachzuzeichnen — zu analysieren, wo er begann und anzuprangern, wenn er in Nichts sich verzweigt.

Vorhandenes sollte nicht nur beschrieben werden, denn das Beschriebene fällt wieder zurück, wenn ihm nicht die Tendenz zu seiner eigenen Möglichkeit entnommen wird: Vorhandenes ist zur Wissenschaft zu machen. Es kann aber nicht darum gehen, daß dies allein von Intellektuellen geleistet und als hermetisch Fabriziertes ins Bewußtsein von Massen umgesetzt werden soll: die Kluft zu den intellektuell Unterprivilegierten und der mögliche Verstehensansatz in deren Bewußtsein müssen als Bestandteile dieser Wissenschaft mitgedacht werden. Der Gedanke muß praktisch sein,[76] ohne ein praktischer Gedanke zu sein. Er muß an der Sache bleiben, ohne Sache werden zu wollen. Es genügt nicht, etwas auf den Begriff zu bringen, um es dann reflektierend liegen zu lassen.

Philosophie hat es mit dem Glück und dem Leiden einer nicht gelungenen Menschheit zu tun, also mit dem ungelöst Begriffslosen, auf das letzten Endes alle Philosophie hinzielt. Darin liegt viel Pathos, zum Glück — kann sie sich doch so wenigstens vielleicht eines instrumentellen Mißbrauchs erwehren. Leiden, in Erkenntnis gebannt und weiter nichts, betrachtet sich wie hinter Glas und wirkt sprachlos, weil es nicht mehr zu hören ist. Nur auf die Situation der Menschen zurückbezogen, aus der sie entsprang, bleibt Philosophie dem Menschlichen treu. Sieht sie sich heute nicht mehr als Negation und Kritik, sondern als Standpunkt oder Ergebnis, dann steht sie nicht auf Seiten des Menschen, sondern auf Seiten der Sache.

Es ist heute oft die Rede vom Verlust der Humanität und von der Rehabilitation des Humanen. Rehabilitation des Humanen wäre, das Inhumane auszusprechen, besser: vom Inhumanen heute zu berichten, beispielsweise von einer Nachtschicht bei Krupp oder vom Zynismus einer „reinen" Wissenschaft, ist nicht Rehabilitation, sondern ist das Humane heute.

II. INDIVIDUUM UND GESELLSCHAFT[77]
(Zur Geschichte der politischen Ideen)

1. DER AUFSTIEG DES INDIVIDUUMS IN DER ATHENER DEMOKRATIE

Gesellschaft wurde in der Antike nicht verstanden als geworden und machbar im Sinne einer Institution zur Wahrung der Einzelinteressen (John Locke) oder im Sinne eines förmlichen Vertrages, den die einzelnen Mitglieder dieser Gesellschaft miteinander abschließen. Nach Aristoteles streben die Menschen von Natur aus zur Gesellschaft und auch bei Platon entsteht der Staat durch natürliche Übereinkunft, ganz im Gegensatz zu Hobbes: Die Natur des Menschen treibt nicht zur Gesellschaft, sondern zur Herrschaft. Damit widerspricht Hobbes der antiken Gesellschaftsauffassung, wie sie sich besonders bei den politischen Theoretikern Platon und Aristoteles darstellt.

Hier war Gesellschaft eine ursprüngliche, göttliche Ordnung, eingebettet in die ewige Ordnung des göttlichen Kosmos, der alles Sein umschließt: so auch den Menschen, der sich selbst nur erkennt in dieser ewigen Ordnung. Der Kosmosgedanke hat allerdings seit Heraklit eine Veränderung erfahren: gemäß der Heraklit'schen Lehre, daß alles Sein ein permanenter Prozeß sei, ist der Kosmos nicht mehr als statischer, sondern nur noch als dynamischer zu verstehen. Davon ist nicht nur Platon, sondern auch Aristoteles nicht unbeeinflußt geblieben. Der Kosmos zeigt — entgegen den Vorstellungen der griechischen Frühzeit — eine Verfallstendenz auf, und diese Verfallstendenz spiegelt sich nach Platon im zeitgenössischen Athen besonders deutlich wider. Der Idealstaat platonischer Prägung ist der Versuch, den Verfall zum Stillstand zu bringen. Trotz dieser Auflösungserscheinungen bleibt der Ordnungsgedanke weiterhin von Bedeutung.

Ein Individuum im modernen Sinne war der Bürger des Athener Staates gewiß nicht, und verglichen mit den selbstbewußten Heroen des Renaissancezeitalters war das antike Individuum

eher der feste Bestandteil eines festgefügten Kollektivs.
Die beginnende Individualisierung[78] des antiken Menschen wird also nur richtig zu beschreiben sein auf dem Grunde einer weiterbestehenden indiskutablen Zugehörigkeit zur Gemeinschaft und zur unauflösbaren Ordnung seiner Welt. Der Blick auf das Subjekt ist auch zugleich der Blick auf die vorhandene Gesellschaft und auf das Wechselspiel ihrer materiellen und bewußtseinsmäßigen Voraussetzungen. Dieses Subjekt ist allerdings auf dem Wege, sich aus dem vorgegebenen Schicksal zu lösen und nach seiner Identität zu fragen: Die Frage nach der Identität tritt auf mit dem Anwachsen gesellschaftlicher Macht, d. h. mit der Verfügungsgewalt auch über Eigentum.
Der Erwerb von Geld und Besitz befördert das Selbstbewußtsein und die Suche nach der Identität des bürgerlichen Subjekts.
J. J. Rousseau sah überhaupt in der Besitzergreifung den Beginn der bürgerlichen Gesellschaft:

Der erste, der ein Grundstück einzäunte und sagte: das ist mein! und einfältige Leute fand, die es ihm glaubten, war der wahre Begründer der bürgerlichen Gesellschaft. Wieviel Verbrechen, Krieg und Mord, wieviel Elend und Schrecken hätte derjenige unserem Geschlechte erspart, der die Pfähle ausgerissen, die Gräben verschüttet und seinen Genossen zugerufen hätte: hütet euch, diesem Betrüger zu glauben; ihr seid verloren, wenn ihr vergesset, daß die Früchte allen gehören, die Erde aber niemandem![79]

Zum Aufstieg und zur Identitätssuche des Individuums schreibt M. Horkheimer:

Die Geschichte des Individuums, selbst im alten Griechenland, das nicht nur den Begriff der Individualität hervorbrachte, sondern auch die Muster für die abendländische Kultur abgab, ist noch weitgehend ungeschrieben. Das Modell des aufsteigenden Individuums ist der griechische Held. Wagemutig und selbstvertrauend, triumphiert er im Kampf ums Überleben und emanzipiert sich ebenso von der Tradition wie von seinem Stamm. Für Historiker wie Jacob Burckhardt ist ein solcher Held die Verkörperung eines ungezügelten und naiven Egoismus. Während jedoch sein schrankenloses Ich den Geist der Herrschaft ausstrahlt und den Antagonismus zwischen dem Individuum und dem Gemeinwesen und seinen Sitten verschärft, bleibt er sich über die Natur des Konflikts zwischen seinem Ich und der Welt im unklaren und fällt demzufolge allen möglichen Intrigen zum Opfer. Seine furchteinflößenden Taten entspringen nicht einem persönlich motivierten Zug wie Bosheit oder Grausamkeit, sondern vielmehr dem Wunsch, ein Verbrechen zu rächen oder einen Fluch abzuwenden. Der Begriff des Heldentums ist untrennbar von dem des Opfers. Der tragische Held hat seinen Ursprung im Konflikt zwischen dem Stamm und seinen Mitgliedern, ein Konflikt, in dem das Individuum stets besiegt wird. Man kann sagen, daß das Leben des Helden nicht so sehr eine Manifestation der Individualität als ein Vorspiel zu ihrer Geburt ist durch die Vermählung von Selbsterhaltung und Selbstopfer. Der einzige der homerischen Helden, bei dem uns auffällt, daß er eine Individualität hat und die Kraft eigener Entschlüsse, ist Odysseus, und er ist zu verschlagen, um wahrhaft heroisch zu erscheinen.

Das typisch griechische Individuum kam im Zeitalter der Polis oder des Stadtstaates zur Blüte: mit der Herausbildung einer Bürgerklasse. In der athenischen Ideologie war der Staat seinen Bürgern gegenüber das Erste und das Höhere. Aber dieses Vorherrschen der Polis erleichterte eher den Aufstieg des Individuums, als daß es ihn behinderte: es bewirkte einen Ausgleich zwischen dem Staat und seinen Angehörigen, zwischen individueller Freiheit und gemeinsamer Wohlfahrt, wie er nirgendwo eloquenter geschildert wird als in der Grabrede des Perikles. In einem berühmten Abschnitt der „Politik"[80] beschreibt Aristoteles den griechischen Bürger als einen Typ von Individuum, der, zugleich mit dem Mut des Europäers und der Intelligenz des Asiaten begabt, das heißt, das Vermögen der Selbsterhaltung mit Reflexion verbindend, die Fähigkeit erwarb, andere zu beherrschen, ohne seine Freiheit zu verlieren. Das hellenische Volk, sagte er, „würde alle Nationen beherrschen können, wenn es zu einem Staate verbunden wäre" (nach der Übersetzung von E. Rolfes, Leipzig 1948). Immer wieder wurde ein ähnlicher Ausgleich der psychologischen Kräfte erzielt, wenn die städtische Kultur einen Höhepunkt erlebte, zum Beispiel im Florenz des fünfzehnten Jahrhunderts. Die Geschicke des Individuums sind immer mit der Entwicklung der städtischen Gesellschaft verbunden gewesen. Der Stadtbewohner ist das Individuum par excellence. Die großen Individualisten, die Kritiker des Stadtlebens waren, wie Rousseau und Tolstoi, hatten ihre geistigen Wurzeln in städtischen Traditionen; Thoreaus Flucht in die Wälder war mehr der Gedanke eines Liebhabers der griechischen Polis als der eines Bauern. In diesen Männern wurde das individualistische Grauen vor der Zivilisation durch deren Früchte genährt. Der Antagonismus zwischen der Individualität und ihren ökonomischen und sozialen Existenzbedingungen, wie er von diesen Autoren ausgedrückt wird, ist ein wesentliches Element der Individualität selbst. Heute wird dieser Antagonismus im Bewußtsein der Individuen durch den Wunsch verdrängt, sich der Realität anzupassen. Dieser Prozeß ist symptomatisch für die gegenwärtige Krise des Individuums, die wiederum den Verfall der traditionellen Idee der Stadt reflektiert, die in der abendländischen Geschichte fünfundzwanzig Jahrhunderte geherrscht hat.[81]

Die antike Gesellschaft beruhte auf der Sklavenarbeit. Ob die Sklavenarbeit eine notwendige unüberspringbare Phase im geschichtlichen Prozeß der Gesellschaften ist oder nicht, wollen wir hier nicht diskutieren. Wichtig ist festzuhalten, daß die öknonomische Basis der griechischen Stadtstaaten, der permanent um ihre Existenz kämpfenden Demokratien oder Scheindemokratien und der berühmten „Philosophenschulen" und „Schulphilosophien" — daß deren ökonomische Basis neben dem Handel und Verkehr von der Sklavenarbeit getragen wird. Auf diesem Unterbau erhebt sich die politische Philosophie von P l a t o n und A r i s t o t e l e s, um die Fragen kreisend nach dem Wesen des Menschen, nach dem Guten und Vollkommenen und nach dem besten Staat. Mensch und Staat werden aber nicht getrennt voneinander gesehen, sie bedingen sich wechselseitig, ihre Beziehung muß so harmonisch sein wie die Beziehung der Dinge im wohlgeordneten göttlichen Kosmos, dessen Gesetzmäßigkeit und Harmonie sich wiederfindet in der Beziehung: Individuum — Gesellschaft.

Individualität hat aber nur der, der sich als volles Mitglied der Gesellschaft, als mündiger Bürger der Stadt und als Gleichberechtigter unter Gleichberechtigten fühlt. Dazu gehören jedoch nicht die Sklaven, die Tagelöhner, die Fremden und die Barbaren, die zu öffentlichen Ämtern, zu Wahlen und zum Konsensus einer besitzenden oder gebildeten Öffentlichkeit nicht zugelassen werden. In die Harmonie von Individuum und Gesellschaft wollen sie nicht recht passen. Der Blick aufs Individuum in der Antike ist der Blick auf den in Sachen Gesellschaft mitredenden Bürger, auf das vollbürgerliche Subjekt, nicht auf die Unterdrückten oder die Marginalexistenzen. Freiheit meint Freiheit des mündigen Subjekts: Voraussetzung dieser Freiheit ist die Unfreiheit der die Lebensmittel produzierenden Unterschichten. Nun gilt zwar für die Verhältnisse in Griechenland, daß die Freiheit der Bürger auf Kosten der Unfreiheit der Produzenten ging, ebenso gilt aber, daß diese Freiheit in den wirtschaftlich und politisch weit fortgeschrittenen Städten ohne Alternative, daß es eine Freiheit auf dem Boden der Notwendigkeit war. Unter ökonomischen Gesichtspunkten schien eine gleichmäßige Verteilung des erwirtschafteten Überschusses in der Produktion auf alle Bewohner Griechenlands nicht möglich zu sein — setzt man die

Aufrechterhaltung der bestehenden demokratischen Ansätze voraus. Der Stand der Produktivkräfte der Athener Demokratie war noch nicht so weit fortgeschritten, daß er eine gesellschaftliche Aneignung der Produktion, also den Genuß für alle, hätte garantieren können.[82] So erhebt sich die Athener Demokratie auf dem Boden der Sklavenwirtschaft: dieser Zusammenhang zwischen Demokratie und Sklavenarbeit im antiken Griechenland läßt sich nicht rechtfertigen, wohl aber gibt es objektive Gründe für eine solche Beziehung.

Die materiellen Gegebenheiten werfen ihren Reflex auf das politische Handeln, auf die politischen Ideen und auf die Philosophie. In den Staatsauffassungen von Platon und Aristoteles ist die Gesellschaft streng hierarchisch aufgebaut, von den Arbeitenden und am politischen Leben Ausgeschlossenen hinauf zu den Lenkern des Staates, die sich durch höchste Weisheit, Mut und Muße auszuweisen haben. Die Eigenschaften, die von all denen gefordert werden, die für die Geschicke der Gesellschaft bestimmend sind, können sich nur unter der Voraussetzung der Muße, der freien Zeit, entwickeln. Die freie Zeit ist die Zeit der Freien, der Vollbürger, der polites, die Mitspracherecht haben in der Stadt (polis). Ursprünglich war die polis noch nicht der Stadtstaat der Athener Demokratie, sondern lediglich „die Fluchtburg der freien wehrfähigen Landbesitzer".[83] Und Vollbürger konnte sich zu dieser Zeit nur nennen, wer Landbesitz hatte und sich dem Kriegsdienst widmen konnte — und nur der hatte in der Politik mitzureden.

So gehörte für die, die sich mit der Philosophie beschäftigten, um mittels der Philosophie zum Wohl des Staates beizutragen, die Muße zu den ersten Bedingungen einer politischen Tätigkeit. Genau wie es für den, der in den alltäglichen politischen Angelegenheiten ein Wort mitreden wollte, unerläßlich war, daß er von seiner Arbeit ohne Schmälerung des Einkommens loskommen konnte. Das war aber fast ausschließlich möglich für die besitzenden Bürger, also später dann für die Landbesitzer, Sklavenhalter und begüterten Kaufleute. Den unteren Schichten der Bevölkerung, die weder zu den Besitzenden noch zu den Sklaven

oder Fremden zählten (also z. B. die kleinen Handwerker), blieb nichts anderes übrig, als ihre Interessen an die Demagogen und Parteigänger irgendeiner einflußreichen Gruppe zu delegieren, was zu Korruption und permanenten Intrigen führte.
Diese Situation, diese durch ständige Konflikte geschwächte Demokratie trafen Platon und Aristoteles an, als sie ihre Ideen und Ideale über den besten Staat zu konzipieren begannen. Nur unter Einbeziehung dieser geschichtlichen Situation ihrer Zeit läßt sich verstehen, warum ihnen eine nach hierachischen Mustern strukturierte Gesellschaft realistischer und für die Existenz des gerechten Staates zwingender erschien als die demokratische Herrschaftsform, die sie „Pöbelherrschaft" nannten. Die vorhandene Demokratie hatte Sokrates das Leben gekostet, für den Idealisten Platon war sie zu wenig an der göttlichen Ordnung und an den Ideen orientiert, für den Realisten Aristoteles stand sie nicht im Einklang mit seinem aus der Erfahrung und aus der Forschung stammenden Bild des gerechten und richtigen Staates.

2. PLATON: PHILOSOPHIE UND PRAXIS

Kritik, das wesentliche Moment philosophischen Denkens, mit dem wir heute an der vorgegebenen gesellschaftlichen Praxis ansetzen, wenn es nur um die Verbesserung der Praxis geht, finden wir auch in Platons Ansatz der politischen Philosophie: einmal Kritik an den herrschenden gesellschaftlichen Zuständen des Athener Staates, dann Kritik an dem Subjektivismus der sophistischen Philosophie. Diese von zwei Seiten unternommene Kritik ist prototypisch für die Theorie von der Gesellschaft und führt über Hobbes und Locke bis zur kritischen Theorie von der Gesellschaft heute: Auseinandersetzung mit den gesellschaftlichen Zuständen und Auseinandersetzung mit den vorherrschenden repräsentativen Theorien. So ist auch zum Beispiel die Marx'sche Philosophie nur zu verstehen, wenn wir sie sehen einmal als Reaktion auf die unhaltbare Lage des Proletariats im 19. Jahrhundert, dann als Reaktion auf die zeitgenössische Philosophie und Ökonomie.

Die Lehre der Sophisten in Griechenland lenkte den Blick von der Welt der Götter, vom Mythos und vom alles umgreifenden Schicksal ab auf das leidenschaftliche und in das politische Geschehen verstrickte Subjekt. Der Mensch ist das Maß aller Dinge, sagt der Sophist Protagoras im Platonischen Dialog „Theaitetos". Damit ändert sich selbstverständlich der Stellenwert, den das Individuum in der Beziehung Mensch—Kosmos innehat: das Individuum wird aufgewertet. Die Folgen dieses wachsenden Selbstbewußtseins schlagen sich nieder in der Zurschaustellung eigener Leistungen, im Geltendmachen von Einzelinteressen gegenüber den Zielen der Gemeinschaft und in der Formulierung neuer kühner Thesen, wie z. B. der These, daß der Gleichheitsgrundsatz nicht nur für die besitzenden Vollbürger Athens, sondern für alle Menschen, einschließlich der Sklaven und Fremden, gelten soll (so der Sophist Alkidamas). Diese neue Theorie des Subjekts kritisiert Platon, da solche Ideen nur zur Auflösung der im göttlichen Kosmos verankerten Ordnung führen können. So besonders die Lehre des Protagoras, nach der es keine allgemeine gültige Wahrheit gäbe — worauf Platon einwirft, daß, wenn es keine allgemeine Wahrheit gäbe, auch die Lehre des Protagoras über das Nichtvorhandensein von Wahrheit nicht wahr sein könnte.
Gerade dieser Subjektivismus weist nach Platon die Tendenz auf zu den Konflikten des Athener Staates, zu den Intrigen der verschiedenen Parteien und zur brutalen Befriedigung persönlicher Interessen zuungunsten der polis. Solche Verfallstendenzen sieht Platon ebenfalls in der Dichtung, welche die Nähe zu den Göttern verloren hat und damit den engen Bezug zur Wahrheit, und welche nur noch die Angelegenheiten der Menschen beschreibt und sich — besonders in den Komödien — über die Götter lustig macht. Der Subjektivismus aber ist unwahr, weil er nicht teilhat an der ursprünglichen Ordnung, in der allein die Wahrheit, das Schöne, das Gute, zu finden sind. Das Subjekt muß ausgerichtet sein auf ewig gültige Gesetze, wie sie sich in der Konstruktion des besten Staates, der vollkommenen Gemeinschaft zeigen können, es muß ausgerichtet sein auf das

Göttliche, das Wahre, die Idee. Die Dichter, die repräsentativ sind für alle die, die den Zugang zur Wahrheit des Mythos verloren haben und sich in der Vorstellung alltäglicher vergänglicher Geschehnisse erschöpfen, will Platon deshalb aus dem künftigen Staat, wie er ihn sich vorstellt, vertreiben. Das Individuum kann sich nur verstehen und darf sich nur begreifen von der seit Urzeiten in den Kosmos festgefügten Gemeinschaft her. Die Interessen und Wünsche des Subjekts einer solchen Gemeinschaft fallen zusammen mit dem Interesse der Gemeinschaft selber.

Das ist also die eine Seite des Ansatzes der platonischen politischen Philosophie: Kritik am zeitgenössischen Denken. Die andere Seite ist die oben erwähnte Kritik an den Zuständen des Athener Staates. Damit befinden wir uns im übrigen mitten in der Theorie-Praxis-Problematik: wir haben auf der einen Seite Kritik an der herrschenden Theorie, auf der anderen Seite Kritik an der herrschenden Praxis. Was letzteres anbetrifft, heißt es bei Platon (Politeia 473 b):

„Zunächst also, wie es scheint, müssen wir versuchen zu finden und aufzuzeigen, was etwa jetzt in unseren Staaten schlecht behandelt wird, weswegen sie nicht so verwaltet werden, und wie ein Staat zu dieser Art der Verfassung gelangen könne mit der mindest möglichen Veränderung ...". Platon geht aus von der vorhandenen Praxis, er beschreibt nicht ausschließlich den Idealstaat, wie er nach seiner Theorie auszusehen hätte. Das gegebene gesellschaftliche Dasein, in dem sich Platon vorfindet, wird nicht ignoriert zugunsten unverbindlicher Gesellschaftskonstruktionen, sondern wahrgenommen und analysiert, allerdings unter dem Vorzeichen der Negation dieses gesellschaftlichen Daseins.[84]

Seine Forderung zielt auf eine enge Verbindung von gegebener Praxis und fundierter Theorie, welche die unhaltbare Praxis möglicherweise verändern könnte (Politeia 437 c—d): „Wenn nicht ... entweder die Philosophen Könige werden in den Staaten oder die jetzt so genannten Könige und Gewalthaber wahrhaft und gründlich philosophieren und also dies beides zusam-

menfällt, die Staatsgewalt und die Philosophie, ... eher gibt es keine Erholung von dem Übel für die Staaten ...“ — Der, der im Staat handelt, soll auch zu dem werden, der auf jede Weise über alles nachdenkt, und der, der nachdenkt, soll zu dem werden, der gleichzeitig im Staate handelt. Denken und Handeln, Wissen und Tun sollen zusammenfallen, Theorie und Praxis in der Gesellschaft zur Einheit werden. Die Parallele hierzu finden wir bei Marx wieder, und zwar in der Einleitung zur Kritik der Hegelschen Rechtsphilosophie. Auch dort geht die Forderung dahin, Wissen und Tun, Theorie und Praxis im Lebensprozeß der Gesellschaft in Einklang zu bringen. Träger dieser Praxis, also die Machthaber im Staate im Sinne Platons, sollen allerdings nicht die Könige sein oder die Regenten — denen eine auf Praxis günstig sich auswirkende Einflußmöglichkeit nicht mehr zugetraut wird — sondern die Produzenten des bürgerlichen Lebensprozesses, also das Proletariat. Die Forderung nach der Verbindung von Philosophen und Machthabern bleibt bestehen, nur sollen nach Marx die Machthaber nicht mehr auf der Seite der herrschenden Klasse zu suchen sein. (Noch eindeutiger zeigt sich das Theorie-Praxis-Problem dann bei Adorno: „Denken ist ein Tun, Theorie eine Gestalt von Praxis; allein die Ideologie der Reinheit des Denkens täuscht darüber.“).[85]
Es geht Platon um die Konstruktion des bestmöglichen Staates, der im Einklang mit den Gesetzen der Natur sein und den Bedürfnissen der Menschen Rechnung tragen sollte; denn er ist aus den Bedürfnissen der Menschen entstanden. Der Mensch kann nicht als einzelner existieren, sondern kann seine Bedürfnisse nur im Zusammenleben mit anderen befriedigen, deshalb kommt es zur Staatsbildung. Es gab in der Frühzeit schon einmal einen Idealstaat, von dem die Menschen aber, da sie sich nicht mehr an die Weisungen der Götter hielten, abgefallen sind. Nur die Übereinstimmung mit der göttlichen Harmonie garantiert das wahre Leben, das vernünftige Zusammenleben im Staat. Aus dieser Harmonie, die eins ist mit der Natur, leitet Platon ein ziemlich streng hierarchisches Naturrecht ab. Die Menschen sind nicht gleich, wie es etwa die Sophisten behaupten, sondern

auf natürliche Weise unterschieden in Menschen mit geringen Eigenschaften und Fähigkeiten bis hinauf zu den Lenkern des Staates, die sich durch Vollkommenheit an Geist und Charakter auszeichnen. Es ist wichtig, die Fähigkeiten und Tugenden des Menschen zu untersuchen; denn sie spielen für die Existenz des Staates die entscheidende Rolle. Der Staat ist nämlich ein Organismus von gleicher Struktur wie der einzelne Mensch, der Staat ist der „Mensch im Großen". Daraus ergibt sich die untrennbare Verbindung von Individuum und Gesellschaft, die ihn umschließt: er kann seine Fähigkeiten und Tugenden nur entwikkeln in der Gesellschaft, und er muß seine Fähigkeiten entwikkeln; denn der wahre, wirkliche Mensch ist nur der, der sich selbst zu verwirklichen imstande ist.

Die Tugenden leitet Platon aus den Seelenkräften des Menschen ab. Der begehrlichen Kraft in der Seele entspricht die Tugend der Besonnenheit, der mutigen Kraft die Mannhaftigkeit, der vernünftigen Kraft die Weisheit und der höchsten und vollkommensten Kraft die Gerechtigkeit. So wie der Mensch seine verschiedenen Kräfte und Fähigkeiten braucht, um ein richtiges Leben führen zu können, so braucht auch der Staat die verschiedenen Bereiche seines Organismus, um ein gerechter und vollkommener Staat zu sein. Wie der Mensch den Nahrungstrieb nötig hat, so der Staat die von der Klasse der Bauern, Handwerker und Kaufleuten getragene Wirtschaft. So entsprechen Mut und Wille beim Menschen der Klasse der Krieger und Wächter beim Staat und so der Vernunft als Lenkerin des Willens beim Menschen die Philosophenkönige als Lenker der Krieger und Wächter. Wie beim Menschen eine der Seelenkräfte die vorherrschende sein kann, so natürlich auch beim Staat. Wenn die Klasse der Krieger zum Beispiel die herrschende ist, dann werden wahrscheinlich Zwist und Konflikte das Leben im Staat bestimmen, wenn die Klasse der Philosophen, dann vermutlich Vernunft und Einsicht. Das platonische Staatsideal zielt auf den Staat der Gerechtigkeit; denn die Gerechtigkeit ist die höchste und allgemeinste der Tugenden. In diesem Staat der Gerechtigkeit bringt jedes Individuum die ihm eigentümliche Fähigkeit und Stärke zur Vollkommenheit, ohne dadurch die Fähigkeiten der anderen Mitglieder der Gesellschaft unterdrücken zu müssen; denn der Staat der Gerechtigkeit repräsentiert die natürliche harmonische Ordnung, deren Gesetzmäßigkeiten für den ganzen Kosmos gelten. Das Individuum und die speziellen Klassen der Gesellschaft verstehen sich und ihre Funktion nur im Rahmen des Ganzen, nur in Bezug auf die Gesamtgesellschaft. Der gerechte Staat, der in sich die Harmonie allen Seins verwirklicht, bildet die in ihm lebenden Subjekte zu ebenfalls „gerechten" und „harmonischen" Menschen.

Die Gerechtigkeit ist noch höher zu veranschlagen als die Vernunft, die Gerechtigkeit ist sozusagen die soziale Tugend überhaupt. Während die anderen Tugenden im Individualbereich zumindest ansetzen und kurzfristig ihr Ziel sehen können, hat die Gerechtigkeit ihren Sinn überhaupt nur in dem Bereich, der über die Individualität hinausführt: im Staat. Was für die Gerechtigkeit von vornherein gilt, trifft für alle übrigen Tugenden tendenziell zu, da auch die „niederen" Tugenden, wenn sie sich zur Vollkommenheit ausbilden, der Ebene des Allgemeinen, der Ebene der Gerechtigkeit, sich annähern. Der wahre, letzte Sinn aller Tugenden entfaltet sich so erst im Bereich des Allgemeinen, in der Politik. Platon beschränkt sich folglich nicht auf die Analyse des Glücks und der Tugend des einzelnen, sondern weist darauf hin, daß die Vollkommenheit des Glücks und der Tugend nur auf dem sozialen Gebiet zu finden ist, das alle gleichermaßen angeht. Das Ideal des einzelnen liegt im Allgemeinen, das Ideal der Ethik in der Politik. Das Streben des einzelnen zum Guten und Vollkommenen findet seine Erfüllung in dem „Mensch im Großen", und das ist der Staat.[86] Die platonische Lehre vom Glück und von der Tugend vollendet sich in der platonischen Lehre vom besten Staat.

Platons Idealstaat ist ohne Geschichte, genau wie seine Idee vom Guten, Vollkommenen und Wahren. Die Wahrheit ist zeitlos, ebenso der wahre Staat. Die sozialen Schichtungen beruhen auf den Gesetzen der Natur, die Autorität der Natur findet sich in dem aristokratisch geordneten Staat wieder. Allerdings handelt es sich nicht mehr um die Aristokratie des Blutes, die sich durch das Erbe fortpflanzt, sondern um die Aristokratie des Geistes und der Fähigkeiten. Alle Bürger haben gleiche Ausgangschancen, in der langen Phase der Erziehung werden die Fähigkeiten voneinander geschieden und jede Fähigkeit findet ihre Entsprechung in einer bestimmten sozialen Schicht. Durch Besitz darf sich niemand vom anderen unterscheiden, alles gehört allen gemeinschaftlich. Es herrscht die Autorität der Vernunft. Das tragende Moment beim Funktionieren des politischen Lebens ist also nicht der Konsensus der unterschiedlichen Bürger, sondern die Autorität. Die unteren Schichten arbeiten und produzieren die Lebensmittel, haben aber keinen Einfluß auf das politische Geschehen. Es herrscht zwar bei den oberen Ständen in Platons Idealstaat eine Art Kommunismus, doch ist dies „kein Kommunismus der Arbeit, sondern der Nicht-Arbeit" (Ernst Bloch).

Quellentexte

Platon: Staat (368e — 372c)

Gerechtigkeit, sagen wir doch, findet sich an einem einzelnen Manne, findet sich aber auch an einer ganzen Stadt. — Freilich, sagte er. — Und größer ist doch die Stadt als der einzelne Mann? — Größer, sagte er. — Vielleicht also ist wohl mehr Gerechtigkeit in dem Größeren und leichter zu erkennen. Wenn ihr also wollt, so untersuchen wir zuerst an den Staaten, was sie wohl ist, und dann wollen wir sie so auch an den einzelnen betrachten, indem wir an der Gestalt des Kleineren die Ähnlichkeit mit dem Größeren aufsuchen. — Das dünkt mich sehr richtig gesagt, sprach er. — Und nicht wahr, sagte ich, wenn wir in Gedanken eine Stadt entstehen sehen, so würden wir dann auch ihre Gerechtigkeit und Ungerechtigkeit mit entstehen sehen? — Vielleicht wohl, sagte er. — Und wenn dies geschehen ist, dürfen wir wohl erwarten, das bequemer zu sehen, was wir suchen? — Bei weitem. — Dünkt euch nun, daß wir versuchen müssen, dies durchzuführen? Denn ich glaube freilich, es wird kein kleines Geschäft sein. Erwägt also. — Es ist schon erwogen, sprach Adeimantos. Tue nur ja nicht anders.

(11. Entstehung der Stadt aus dem Bedürfnis. Die notwendigsten Berufe zu seiner Befriedigung)

Es entsteht also, sprach ich, eine Stadt, wie ich glaube, weil jeder einzelne von uns sich selbst nicht genügt, sondern vieler bedarf. Oder glaubst du, daß von einem andern Anfang aus eine Stadt gegründet wird? — Von keinem andern, sagte er. — Auf diese Weise also, wenn einer den andern, den zu diesem und den wieder zu jenem Bedürfnis, hinzunimmt und sie so, vieler bedürftig, auch viele Genossen und Gehilfen an einem Wohnplatz versammeln, ein solches Zusammenwohnen nennen wir eine Stadt. Nicht wahr? — Allerdings. — Einer aber teilt dem andern mit, wenn er ihm etwas mitteilt, oder empfängt in der Meinung, daß dies für ihn selbst besser sei. — Freilich. — Wohlan, sprach ich, laß uns also in Gedanken eine Stadt von Anfang an gründen. Es gründet sie aber, wie sich zeigte, unser Bedürfnis. — Was wohl sonst! — Aber das erste und größte aller Bedürfnisse ist die Herbeischaffung der Nahrung des Bestehens und Lebens wegen. — Auf alle Weise. — Das zweite aber die Wohnung; das dritte Bekleidung und dergleichen. — So ist es. — Wohlan denn, sprach ich, wie wird die Stadt uns genügen für alle diese Erfordernisse? Nicht wahr, der Ackersmann ist *einer*, einer der Baumeister, ein anderer der Weber? Oder wollen wir gleich auch den Schuhmacher hinzufügen oder sonst einen von denen, die für den Leib arbeiten? — Freilich wohl. — So bestände also die notdürftigste Stadt aus vier oder fünf Männern. — So scheint es. — Wie nun? Soll jeder von diesen sein eigenes Werk allen gemeinsam darbieten; wie zum Beispiel der Ackersmann als *einer* Nahrung für viere herbeischaffen und vierfache Zeit und Mühe wenden auf die Hervorbringung des Getreides und es dann den andern mitteilen oder, um diese sich nichts kümmernd, nur für sich allein den vierten Teil dieses Getreides ziehen in dem vierten Teil der Zeit, von den übrigen dreien aber einen auf den Bau des Hauses verwenden, einen andern, um sich Kleidung, noch einen, um sich Schuhe zu machen, und nicht durch Verkehr mit andern sich Weitläufigkeit machen, sondern allein für sich selbst das Seinige alles verrichten? — Und Adeimantos sagte: Vielleicht, o Sokrates, ist wohl das erste leichter als das andere. — Das ist auch, sprach ich, beim Zeus, nichts Wunderbares; denn ich bemerke schon selbst, indem du es sagst, daß zuerst jeder einzelne dem andern nicht sehr ähnlich geartet ist, sondern von Natur verschieden und jeder zu einem andern Geschäft geeignet. Oder meinst du nicht? — Ich auch. — Und wie? Wird jemand wohl etwas besser verrichten, wenn er als einer vielerlei Künste ausübt, oder wenn einer nur eine? — Wenn einer nur eine, sagte er. — Aber ich denke, auch das ist deutlich, daß, wenn einer die rechte Zeit für eine Sache vorübergehen läßt, sie ihm zugrunde geht. — Deutlich freilich. — Denn ich denke, was zu verrichten ist, pflegt nicht auf die Muße dessen, der es tun soll, zu warten; vielmehr muß dieser dem, was getan werden soll, ordentlich nachgehen und nicht nur beiläufig. — Notwendig. — Hiernach also wird alles reichlicher zustande kommen und schöner und leichter, wenn einer *eines* seiner Natur gemäß und zur rechten Zeit, mit allem andern unbefaßt, verrichtet. — Auf alle Weise freilich. — Wir brauchen also, o Adeimantos, viel mehr Bürger als vier zu den Erfordernissen, die wir anführten. Denn der Ackersmann, wie es scheint, wird sich nicht selbst den Pflug machen können, wenn er recht gut sein soll, noch auch die Hacke und die andern zum Ackerbau gehörigen Werkzeuge. Ebensowenig der Baumeister, und auch dieser bedarf vielerlei. Desgleichen der Weber und der Schuhmacher. Oder nicht? — Richtig. — Wenn nun also auch Holzarbeiter und Schmiede und viele solche Handwerker Genossen unseres Städtchens werden: so werden sie es schon bedeutend machen. — Allerdings. — Aber es wird immer noch nicht sehr groß sein, wenn wir auch noch Rinderhirten, Schäfer und die andern, die mit dem Vieh zu tun haben, hinzufügen, damit doch die Ackersleute zum Pflügen Ochsen haben und die Baumeister zum Anfahren sich mit den Ackersleuten zusammen des Zugviehs bedienen können und die Weber und Schuhmacher Häute und Wolle haben. — Auch klein, sprach er, ist die Stadt nicht mehr, wenn sie dies alles hat. — Aber, sprach ich, die Stadt an einem solchen Orte anzulegen, wo sie gar keiner Zufuhr von auswärts bedürfte, möchte fast unmöglich sein. — Unmöglich freilich. — Also wird sie auch noch anderer bedürfen, die ihr aus, anderen Städten zuführen, wessen sie bedarf. — Das wird sie. — Jedoch wenn der Diener leer hinkommt, nichts mitbringend, was jene bedürfen, von denen geholt werden soll, was sie selbst brauchen; so wird er auch leer wieder abziehen. Nicht wahr? — Das dünkt mich. — Also müssen sie zu Hause nicht nur für sich selbst genug schaffen, sondern auch was und wieviel sie jenen bringen müssen, welche ihnen mitteilen sollen, wessen sie bedürfen. — Das müssen sie. — Mehrere Ackersleute also und andere Handwerker brauchen wir in unserer Stadt. — Mehrere freilich. — Und auch wohl die anderen Diener, welche alles einführen und ausführen. Dies sind aber die Handelsleute. Nicht wahr? — Ja. — Also auch Handelsleute brauchen wir? — Freilich. — Und wenn der Handel zur See geführt wird, werden wir noch gar mancher andern bedürfen, die dessen kundig sind, was zum Seewesen gehört. — Gar mancher gewiß. —

(12. Notwendigkeit der Krämer und Tagelöhner. Das Leben in dieser Stadt)
Wie aber nun in der Stadt selbst? Wie sollen sie einander mitteilen, was jeder gefertigt hat, weshalb sie doch eigentlich die Gemeinschaft eingegangen sind und die Stadt gegründet haben? — Offenbar, antwortet er, durch Kauf und Verkauf. — Hieraus wird uns also ein Markt und die Münze als bestimmtes Zeichen zum Behuf des Tausches entstehen. — Allerdings. — Wenn nun der Landmann, der etwas von seinen Erzeugnissen zu Markte bringt, oder auch ein anderer Arbeiter, nicht zur selben Zeit da ist wie die, welche seine Ware einzutauschen begehren: so wird er, seine eigentliche Arbeit vernachlässigend, auf dem Markte sitzen. — Ganz und gar nicht, sagte er, sondern es finden sich schon welche, die dies sehend sich selbst zu diesem Dienste bestimmen, welches in wohleingerichteten Städten fast immer die körperlich Schwächsten sind, die nicht taugen, irgendein anderes Geschäft zu verrichten. Diese müssen das auf dem Markt abwarten und das eine für Geld eintauschen von denen, die etwas verkaufen wollen, den andern aber wieder gegen Geld vertauschen, die etwas zu kaufen nötig haben. — Dieses Bedürfnis nun, sagte ich, erzeugt uns die Krämer in der Stadt. Oder nennen wir die nicht Krämer, die des Kaufs und Verkaufs wegen dienstleistend auf dem Markt sich niederlassen, die aber in die Städte umherreisen, Handelsleute? — Allerdings. — Es gibt aber auch noch, wie ich glaube, andere Dienstleistende, die von seiten des Verstandes wohl nicht sehr in die Gemeinschaft gezogen zu werden verdienen, aber hinreichende körperliche Stärke haben zu allerlei schweren Arbeiten, welche denn den Gebrauch ihrer Kräfte verkaufen und den Preis derselben Lohn nennen, selbst aber, wie ich denke, Tagelöhner genannt werden. Nicht wahr? — Allerdings. — Ein ergänzender Teil der Stadt sind also, wie sich zeigt, auch

die Tagelöhner. — Das scheint wohl. — Ist uns nun wohl, o Adeimantos, die Stadt schon so weit herangewachsen, daß sie vollständig ist? — Vielleicht. — Wo ist nun aber wohl in ihr die Gerechtigkeit und die Ungerechtigkeit? Und mit welchem von denen, die wir betrachtet haben, zugleich entstanden? — Das sehe ich eben nicht, sagte er, o Sokrates, wenn nicht etwa irgend in einem gegenseitigen Verkehr eben dieser untereinander. — Vielleicht, sprach ich, hast du daran ganz recht, wir müssen wenigstens zusehen und es nicht aufgeben. Zuerst nun laß uns erwägen, auf welche Weise wohl die so Ausgerüsteten leben werden. Nicht wahr, sie werden Getreide und Wein ziehen, Kleider und Schuhe machen und Häuser bauen, dabei im Sommer zwar oft unbeschuht und ziemlich entblößt arbeiten, im Winter aber hinlänglich bekleidet und beschuht. Und nähren werden sie sich, indem sie aus der Gerste Graupen bereiten und aus dem Weizen Mehl und dies kneten und backen und so die schönsten Kuchen und Brot auf Rohr und reinen Baumblättern vorlegen und selbst mit ihren Kindern schmausen, auf Streu von Taxus und Myrten gelagert, Wein dazu trinkend und bekränzt den Göttern, lobsingend, und werden sehr vergnüglich einander beiwohnen, ohne über ihr Vermögen hinaus Kinder zu erzeugen aus Furcht vor Armut oder Krieg. —
Platon: Staat (473 b — e)

(18. Das Königtum der wahren Philosophen als Bedingung für die Verwirklichung dieses Staates)
Zunächst also, wie es scheint, müssen wir versuchen zu finden und aufzuzeigen, was etwa jetzt in unseren Staaten schlecht behandelt wird, weswegen sie nicht so verwaltet werden, und wie ein Staat zu dieser Art der Verfassung gelangen könne mit der mindest möglichen Veränderung, wenn es sein kann, nur in einem Stück, wenn nicht, in zweien, wenn nicht, doch in so wenigen und so geringfügigen als möglich. — Allerdings freilich, sagte er. — Durch eine einzige Veränderung nun, sprach ich, glaube ich zeigen zu können, daß er sich dazu umwandeln werde, freilich durch keine kleine, auch nicht leichte, aber doch mögliche. — Durch welche? sagte er. — Nun gehe ich gerade darauf los, sprach ich, was wir der größten Welle im voraus verglichen. Es soll also gesagt werden, und sollte es mich auch mit Schmach und Gelächter ordentlich wie eine aufsprudelnde Welle überschütten. Sieh aber zu, was ich sagen will. — Rede nur, sagte er. — Wenn nicht, sprach ich, entweder die Philosophen Könige werden in den Staaten oder die jetzt so genannten Könige und Gewalthaber wahrhaft und gründlich philosophieren und also dieses beides zusammenfällt, die Staatsgewalt und die Philosophie, die vielerlei Naturen aber, die jetzt zu jedem von beiden einzeln hinzunahen, durch eine Notwendigkeit ausgeschlossen werden, eher gibt es keine Erholung von dem Übel für die Staaten, lieber Glaukon, und ich denke auch nicht für das menschliche Geschlecht, noch kann jemals zuvor diese Staatsverfassung nach Möglichkeit gedeihen und das Licht der Sonne sehen, die wir jetzt beschrieben haben. Aber dies ist es eben, was mir schon lange Bedenken macht zu reden, weil ich sehe, wie es gegen aller Menschen Meinung angeht.
(zit. n. d. Übers. v. Schleiermacher, Reinbek 1962)

3. ARISTOTELES: DER MENSCH IST EIN VON NATUR ZUR GESELLSCHAFT STREBENDES WESEN

Auch für Aristoteles stellt sich die Gerechtigkeit als die für die Belange der Gesellschaft und für das politische Zusammenleben der Bürger grundlegende Tugend dar. Die Tugenden sind die Weiterentwicklungen vorhandener natürlicher Veranlagungen, die aber ebenso wie bei Platon erst in der Gemeinschaft zu ihrer Vollendung gelangen können. Das Ziel des Menschen ist seine Natur, ist die Übereinstimmung mit sich selbst,[87] ist seine Selbstverwirklichung. Dieses Ziel, diese Vollkommenheit seiner selbst, kann er nur erreichen im richtigen Staat. Wie der Mensch eine naturgemäße Bildung ist, so auch die ersten Gemeinschaften und der Staat. Mensch und Staat stehen in untrennbarer Beziehung zueinander, der Mensch ist „von Natur ein nach der staatlichen Gemeinschaft strebendes Wesen (zoon politikon)".

Da nach Aristoteles das Ganze ursprünglicher ist als der Teil, muß auch der Staat von Natur aus ursprünglicher sein als der Mensch, der nur ein Teil des Staates ist. Es kann also keinen Menschen geben, der nicht auf natürliche Weise schon an der Gemeinschaft mit allen seinen Anlagen und Fähigkeiten beteiligt ist. Wer nicht den Staat nötig hat, ist entweder ein Tier oder ein Gott. Wer nicht ein zoon politikon ist, hat keine Gerechtigkeit und kennt auch die Bedeutung dieser Tugend nicht. Denn das „Recht ist die Ordnung der staatlichen Gemeinschaft" und Gerechtigkeit findet sich nicht außerhalb des Staates, sondern stammt erst von diesem her.

Der richtig geordnete Staat ist der gerechte Staat. Erst in diesem gerechten Staat erreicht der Mensch das ihm eigentliche Ziel: seine Natur, seine Selbstverwirklichung. Das wahre Leben des einzelnen wird überhaupt erst in der Gesellschaft möglich und in der richtigen Gesellschaft (= gerechter Staat) wirklich. Das führt letztlich zur Hegelschen Staatsauffassung, nach der die Ziele der Menschen langfristig und auf Dauer nur verwirklicht werden können in einem auf der Grundlage des Rechts stehenden Staat. Nach H e g e l muß die Emanzipation des Bürgers der Neuzeit eine institutionelle Grundlage bekommen, wenn sie zur Wirklichkeit gelangen will. Diese institutionelle Grundlage garantiert allein der Staat. So ließe sich in dieser Richtung die aristotelische Theorie des gerechten Staates in die Vorgeschichte des modernen Staatsgedankens eingliedern. Noch weiter bis in die moderne Gesellschaftstheorie läßt sich der Aristotelische Gedanke, daß erst in der gerechten Gemeinschaft das gute Leben möglich ist, auf den Satz von A d o r n o bringen: „Es gibt kein richtiges Leben im falschen . . .“.[88] Es geht dabei immer wieder um den Gedanken, daß wahres individuelles Leben nur möglich ist in der wahren Gesellschaft. Das Glück des Individuums in einer unbefriedeten, von Klassengegensätzen und Herrschaftsinteressen geprägten Gesellschaft ruht notwendigerweise auf dem Unglück anderer Individuen. Individuelles einsames Glück kann nicht von Dauer sein, wenn es umgeben ist vom öffentlichen Unglück vieler.

Das Ziel des Menschen, die Verwirklichung seiner selbst, bleibt im Dunkeln, wenn dieses Selbst noch nicht einmal erreicht worden ist. Folgen wir der Auffassung des A r i s t o t e l e s , daß die Einheit von Individuum und Gesellschaft eine untrennbare ist, dann ergibt sich: das Sein des Menschen ist ein gesellschaftliches. Um es noch präziser zu fassen, greifen wir vor auf die 6. Feuerbachthese von M a r x , in der es heißt: „Aber das menschliche Wesen ist kein dem einzelnen Individuum innewohnendes Abstraktum. In seiner Wirklichkeit ist es das Ensemble der gesellschaftlichen Verhältnisse.“[89]

Die Aristotelische Auffassung von dem nach staatlicher Gemeinschaft strebenden Wesen (zoon politikon) wird hier vertieft: der Mensch strebt nicht nur nach der Gesellschaft, sondern der Mensch *ist* Gesellschaft. Wenn also die Gesellschaft von unhaltbaren Zuständen durchherrscht ist, dann ist auch der Stand des einzelnen nicht haltbar wie er sich vorzeigt, dann ist auch das Selbst des Menschen, das es zu verwirklichen gilt, noch nicht einmal erreicht. Mit anderen Worten: der Mensch muß überhaupt erst einmal ein vernünftiges Sein haben, bevor er daran

geht, es zu entfalten. Ein vernünftiges Sein entsteht aber nur in einer vernünftigen Gesellschaft.
Neben die für Platon und Aristoteles besonders wichtige Tugend der Gerechtigkeit tritt bei Aristoteles die ebenfalls zentrale Tugend der Freundschaft. Der Mensch kann im Gegensatz zum Tier zwischen dem Guten und dem Schlechten unterscheiden, er weiß, daß die Wahrheit im Guten liegt. In seinem Streben nach Wahrheit braucht der Mensch die Tugend der Freundschaft, die ein *gemeinsames* Streben nach allem Guten und Schönen verbürgt. Auch dieser Tugend ist, genau wie der Gerechtigkeit, ein soziales Moment wesentlich. Es kann hier darauf verwiesen werden, daß sowohl bei Platon wie auch bei Aristoteles in ihren Lehren vom Menschen und vom Staat das ethische Ideal stets im Bereich des Sozialen zu suchen ist. Die Analyse über das Wesen des Menschen, über seine Tugenden und Fähigkeiten, geschieht im Lichte der das Wesen des Menschen bestimmenden Gesellschaft. Beide Philosophen legen dar, daß die Vollendung der individuellen Fähigkeiten nur im Leben der Gemeinschaft erreicht werden kann, die Ethik des einzelnen wird zur Ethik des Staates.
Aus der Tugend der Freundschaft, die Aristoteles ziemlich stark betont, kann schon in etwa zumindest auf die Größe des von ihm vorgestellten richtigen Staates geschlossen werden: gemeint ist kein großes Staatsgebilde wie etwa das Riesenreich Alexanders des Großen oder das antike Griechenland, sondern der kleine, begrenzte, überschaubare Rahmen der Stadt, der polis. In einem großen Staatsgefüge sind die Beziehungen zwischen den Bürgern nicht mehr zu überblicken, und gerade das gemeinsame freundschaftliche Streben zum Guten und Schönen schafft doch überhaupt erst die Voraussetzungen für den von allen Bürgern akzeptierten Staat. Die Freundschaft braucht den persönlichen Rahmen der polis, den Freundeskreis im Größeren, das gleichgesinnte Kollektiv, das sich auf den kleinen Stadtstaat beschränken muß und sich in Platons Idealstaat verlieren würde. Ernst Bloch begründet:

Und so sehr Freundschaft das Kollektive vorerst ersetzen wollte, so deutlich wurde sie, zum Unterschied von Einsamkeit, gerade in Zeiten ungebrochener Polis-Gesinnung dieser verbunden. Stammt doch die ausgeführteste Freundesfeier von Aristoteles, als einem Denker, der den Menschen als Zoon politikon bestimmte, ja die Freundschaftsethik durchaus in die des Staates einmünden ließ. Zwar dem Staat gab er keine Utopie, wohl aber der Freundschaft, mit einem Schönheitsbild, das die vorhandene herausarbeitet. Das achte und neunte Buch der Nikomachischen Ethik ist dieser konkreten Idealisierung gewidmet, so nämlich, daß das Zoon politikon vor allem doch und primär in der Freundschaft ein menschliches ist. Dieser als dem Archiv und Ruhekissen des Mit-Uns ist es wesentlich, „daß man sich gegenseitig wohlwolle und Gutes wünsche, ohne daß einem diese gegenseitige Gesinnung verborgen bleibe". Letzteres bedeutet, daß Freundschaft dort beginnt, wo sie sich bewährt, das heißt in den meisten Fällen, wo sie sich etwas kosten läßt; weshalb Aristoteles sowohl in der Nikomachischen Ethik wie selbst in seiner Politik (II, 5) das Sprichwort anführt, das für Klosterkommunismus nachher oft verwendete: „Freunden ist alles gemeinsam" oder „Freundesgut, gemeinsam Gut". Allerdings springt diese Gleichheit, als Element der Freundschaft, über den kleinen Kreis nicht hinaus; Aristoteles empfiehlt das Privateigentum schon deshalb, weil sonst die Tugend der — Freigebigkeit wegfalle. Der Freundeskreis selbst ist wegen seiner Vollendung ohnehin kleiner als die geringste Polis: „Freundschaft im vollkommenen Sinn kann nicht mit vielen sein, so wenig man gleichzeitig in viele verliebt sein kann." Und Freundschaft, als sozale Vollendung, steht über Liebe: „Denn es gibt auch Liebe zum Unbeseelten, zum Wein, zum Gold; Freundschaft dagegen lebt nur zwischen Menschen, setzt die Erwiderung voraus." Zuletzt wird aus dem Ideal des kleinen Kollektivs sogar der Kitt des großen gezogen, auf verblüffende Art: „Freundschaft ist es auch, die die Staaten erhält und dem Gesetzgeber mehr am Herzen liegt als die — Gerechtigkeit. Denn die Eintracht ist offenbar mit ihr verwandt, und auf diese ist das hauptsächliche Augenmerk der Staatslenker gerichtet, während sie die Zwietracht als eine Feindschaft am meisten zu verbannen bemüht sind" (Nik. Eth. VIII, 1). Was die Gerechtigkeit nur fordert, das leistet ohne Zwang die Freundschaft; sie bewirkt jene Eintracht, worin eine Verletzung der gegenseitigen Rechte nicht mehr vorkommt, also selbst zum Gedanken an Gerechtigkeit kein Anlaß mehr ist. Wieder, wie beim Grundsatz des inter amicos omnia communia, läuft also Aristotelische Utopie in den Freundschaftszirkel vor dem Staat; die politische Übereinstimmung, ein streitloses Gut, welches bereits die Sklavenhaltergesellschaft nicht zeigen konnte, fand in der Freundschaft sein Schutzhaus.[90]

Wie Platon so geht auch Aristoteles, und dieser auf noch sorgfältigere Weise, d. h. mehr noch auf Empirie begründet, auf die politischen Zustände seiner Zeit ein — besonders auch auf die ökonomischen Bereiche. Die zeitgenössische Politik beurteilt er sehr pessimistisch, er wendet sich ab von der praktischen Politik und sieht sein Ziel im reinen absichtslosen Erkennen des Kosmos. Auch der Staat ist für ihn nur ein Gegenstand der Erkenntnis wie jeder andere Gegenstand, den man wissenschaftlich analysieren kann. Wichtig ist für ihn die wissenschaftliche Theorie über die Politik[91] und die exakte Herausarbeitung der Ethik und Anthropologie, nicht so sehr eine Erziehungslehre oder politische Pädagogik, wie wir sie in Platons Staatslehre finden können. Die Aristotelische Staatslehre orientiert sich im Gegensatz zu Platon sehr stark an den Tatsachen: so ist die Grundlage seiner Staatstheorie eine umfangreiche von Schülern zusammengetragene Sammlung von 158 Verfassungen (griechischen und nichtgriechischen). Der Hinweis auf die Empirie entspricht überhaupt seiner wissenschaftlichen Methode und reicht von seinen naturwissenschaftlichen Studien über die Ökonomik bis zur Ethik und politischen Philosophie. Wie die Aristotelische Philosophie im Ganzen, so ist auch seine Staatsauffassung wissenschaftlich fundierter als die Theorien Platons. Platon forderte die Abschaffung des Eigentums, Aristoteles plädiert für die Beibehaltung des Eigentums in einem Staat, der gerade unter wirtschaftlichen Aspekten davon profitiert, wenn die unter ihm gefaßten Gruppen, also z. B. die Familien, möglichst ihre Selbständigkeit behalten und damit auch ihr Eigentum und ihren Eigentumserwerb. Die Geschichte der polis wird im wesentlichen bestimmt durch die wirtschaftlich Selbständigen, die den Konsensus im politischen Handeln bilden. Allerdings hat die staatliche Führung dafür zu sorgen, daß der Unterschied zwischen den Reichen und den Armen nicht zu groß wird. Aus einem allzu großen Gegensatz zwischen den verschiedenen Schichten der wahlfähigen Bürger, zu denen die Sklaven nicht zählen, müßten notwendig Konflikte entstehen, die nur zu Lasten des Staates gehen könnten. Das Eigentum soll also in privater Hand, sein Gebrauch aber der Gemeinschaft der polis zugänglich sein. „Natürlich" ist für Aristoteles nicht der Kommunismus Platons, sondern eine von der Sklaverei, vom Privateigentum und vom gemeinsamen Streben nach dem Guten getragene Gesellschaft.

Was den Gegensatz zwischen reich und arm betrifft, so ist er für Aristoteles schon aus dem Grunde unhaltbar, da jedes Ideal nur die Mitte zwischen zwei Extremen sein und jeder Idealzustand im Staat nur darin bestehen kann, sich in der rechten Mitte zwischen zwei unhaltbaren Zuständen zu befinden. Dies gilt sowohl für die Tugenden als auch für das Ideal der richtigen Verfassung: jede Tugend ist die rechte Mitte zwischen zwei Lastern. (So liegt z. B. die Tapferkeit zwischen Feigheit und Tollkühnheit.) Gemäß diesem Ideal des richtigen Maßes, in Entsprechung wiederum mit der Harmonie des griechischen Kosmosgedankens, kennzeichnet Aristoteles als die staatstragende Schicht bezeichnenderweise den starken Mittelstand, der ihm die Stabilität der polis am ehesten zu garantieren scheint. Wenn er auch im Bereich der Ökonomie im Gegensatz zu Platon das Privateigentum bejaht, so tritt er doch wie Platon für eine gemeinschaftliche staatliche Erziehung der Mitglieder der polis ein. Dazu gehören Geburtenkontrolle, nötigenfalls Abtreibung und vor allem die Kindererziehung.
Welche Staatsform kann aber die Stabilität, die Prosperität und die beste Erziehung gewährleisten, d. h. welche Verfassung dient am meisten dem Wohl der Bürger? An der äußeren Form des Staats läßt sich nicht unmittelbar seine Beschaffenheit ablesen. Die Herrschaft des einzelnen kann gut sein als Königtum oder schlecht als Despotie, und die Herrschaft vieler erscheint günstig als Republik (politeia) und ungünstig als Pöbelherrschaft (Demokratie). Wenn die Regierung das Gute und das Wohl aller im Auge hat, dann ist sie gut — gleichgültig, welche Staatsform im Augenblick vorherrscht. Seinem Tugendideal entsprechend tendiert Aristoteles bereits zu einer Art gemischter Verfassung, welche die wichtigen Elemente sowohl der Monarchie als auch der Aristokratie und Republik in sich aufnehmen sollte. Zentrales Moment dieser ausgewogenen Staatsform ist nicht die formale Bestimmung eines Kriteriums, das in einem Gesetz ein für allemal zur Ruhe kommen könnte, sondern das Ausfüllen und Vollenden einer Tugend, die im Bereich des politischen Handelns ihren größten Aktionsradius hat: gemeint ist die Tu-

gend der Klugheit (phronesis), des praktisch-klugen Handelns in den gesellschaftlich relevanten Angelegenheiten. Die Diskussion um diese praktische Klugheit in den politischen Belangen des griechischen Stadtstaates weist auf den Rahmen hin, den heute Habermas als den „Horizont der handelnden und verhandelnden Bürger" bestimmt. Der Mensch strebt nach Aristoteles zum Guten, der Mensch aber nicht als Einzelwesen, sondern als zur Gesellschaft sich ausrichtendes Wesen (zoon politikon). Die Wissenschaft, die das höchste Gut zum Gegenstand hat, ist gleichzeitig die Wissenschaft vom richtigen Handeln. Die Schau des Guten, Wahren (Theorie) und das tugendhafte Handeln (Praxis) gehören zusammen, gehören zu einer Wissenschaft, der Wissenschaft vom höchsten Gut, welche nur im Bereich der Gemeinschaft erreicht werden kann. Diese Wissenschaft vom gemeinsamen Streben zum Guten ist die politische Wissenschaft, die Wissenschaft vom Wesen und von den Möglichkeiten der das richtige Leben der Bürger garantierenden Polis.

Zur Wissenschaft von der Polis gehört bei Aristoteles auch die Wirtschaftslehre. Seine im ersten Buch der „Politik" unternommene Untersuchung über die Erwerbskunde, Haushaltungskunde, Gelderwerbskunst, Tauschhandel, Zinswesen und Staatsmonopole bestätigen die enge Verbindung seiner Staatsauffassung mit der Ökonomie (auf deren Analyse Platon bezeichnenderweise nicht viel Wert legte) und kennzeichnen die an der Empirie sich orientierende aristotelische Wissenschaftsmethode. Gerade die für die heutige Ökonomie relevante Unterscheidung zwischen einer Wirtschaft nach dem Bedarfdeckungsprinzip (Ökonomik) und einer Wirtschaft nach dem Gewinnmaximierungsprinzip (Chrematistik) treffen wir bei Aristoteles bereits an. Eine Anmerkung von Marx aus dem „Kapital" (4. Kapitel) soll dies verdeutlichen:

Aristoteles stellt der Chrematistik die Ökonomik entgegen. Er geht von der Ökonomik aus. Soweit sie Erwerbskunst, beschränkt sie sich auf die Verschaffung der zum Leben notwendigen und für das Haus oder den Staat nützlichen Güter. „Der wahre Reichtum besteht aus solchen Gebrauchswerten; denn das zum guten Leben genügende Maß dieser Art von Besitz ist nicht unbegrenzt. Es gibt aber eine zweite Art der Erwerbskunst, die vorzugsweise und mit Recht Chrematistik heißt, infolge deren keine Grenze des Reichtums und Besitzes zu existieren scheint. Der Warenhandel gehört von Natur nicht zur Chrematistik, denn hier bezieht sich der Austausch nur auf das für sie selbst (Käufer und Verkäufer) Nötige." Daher, entwickelt er weiter, war auch die ursprüngliche Form des Warenhandels der Tauschhandel, aber mit seiner Ausdehnung entstand notwendig das Geld. Mit der Erfindung des Geldes mußte sich der Tauschhandel notwendig zum Warenhandel entwickeln, und dieser, im Widerspruch zu seiner ursprünglichen Tendenz, bildete sich zur Chrematistik aus, zur Kunst, Geld zu machen. Die Chrematistik nun unterscheidet sich von der Ökonomik dadurch, daß „für sie die Zirkulation die Quelle des Reichtums ist. Und um das Geld scheint sie sich zu drehen, denn das Geld ist der Anfang und das Ende dieser Art von Austausch. Daher ist auch der Reichtum, wie ihn die Chrematistik anstrebt, unbegrenzt. Wie nämlich jede Kunst, der ihr Ziel nicht als Mittel, sondern als letzter Endzweck gilt, unbegrenzt in ihrem Streben ist, denn sie sucht sich ihm stets mehr zu nähern, während die Künste, die nur Mittel zum Zwecke verfolgen, nicht unbegrenzt sind, da der Zweck selbst ihnen die Grenze setzt, so gibt es auch für diese Chrematistik keine Schranke ihres Ziels, sondern ihr Ziel ist absolute Bereicherung. Die Ökonomik, nicht die Chrematistik, hat eine Grenze ... die erstere bezweckt ein vom Gelde selbst Verschiednes, die andere seine Vermehrung ... Die Verwechslung beider Formen, die ineinander überspielen, veranlaßt einige, die Erhaltung und Vermehrung des Geldes ins Unendliche als Endziel der Ökonomik zu betrachten. (Aristoteles, DeRep., edit. Bekker, lib. I, c. 8 und 9 passim.)[92]

Quellentexte

Aristoteles: Politik

UNTERSCHIEDE DER STAATSVERFASSUNGEN *(politeía)*
DRITTES BUCH

1. (a) Nachdem aber dies festgestellt ist, schließt sich hier zunächst die weitere Untersuchung an, ob man mehrere Verfassungen *(politeía)* oder nur eine anzunehmen hat, und wenn mehrere, welche dies sind und wieviele und welches ihre Unterschiede sind. Nun ist ja Verfassung die Ordnung *(taxis)* des Staates *(polis)* in bezug auf die Staatsmänner *(arché)* und vor allem in bezug auf das oberste von allen, denn das oberste von allen ist die Regierung *(políteuma)*, und diese wiederum ist die Verfassung. *(b)* Zum Beispiel in den demokratischen Verfassungen ist das Volk *(demos)* oberste Staatsgewalt, in den Oligarchien dagegen die Wenigen, und eben deshalb nennen wir dort die Verfassung eine andere als hier, und ganz nach demselben Gesichtspunkt werden wir auch über alle anderen Verfassungen urteilen. (c) Demgemäß muß denn nun die Grundlage fürs erste der Zweck ausmachen, um dessentwillen der Staat sich gebildet hat, und sodann die

Frage, wieviel Arten des Regierens es für den Menschen und seine Lebensgemeinschaft gibt. Da haben wir aber in den Anfängen unserer ganzen Erörterung, in denen die Bestimmungen über die Hausverwaltung *(oikonomía)* und das Verhältnis des Herrn zum Sklaven *(despoteía)* getroffen wurden, auch gesagt, daß der Mensch von Natur ein nach der staatlichen Gemeinschaft strebendes Wesen *(zóon politikón)* ist. Und aus diesem Grunde treibt es denn die Menschen, auch ganz abgesehen von dem Bedürfnis gegenseitiger Unterstützung, zum Zusammenleben. Damit soll jedoch nicht gesagt sein, daß nicht auch der gemeinsame Nutzen sie zusammenführt, insoweit einem jeden sein Teil zukommt an der Vollendung des Lebens. Vielmehr ist dies gerade das eigentliche Ziel *(telos)*, das sie alle gemeinsam und jeder einzelne für sich dabei verfolgen, jedoch auch schon um der bloßen Erhaltung des Lebens willen treten sie zusammen und halten an der staatlichen Gemeinschaft *(politikė koinonía)* fest. Denn im Leben liegt, wie es scheint, eben schon selber ein Teil des Guten, solange nicht die Art, wie man lebt, allzu drückende Lasten mit sich bringt. Sieht man doch, daß die große Mehrzahl der Menschen aus Liebe zum Leben viel Ungemach zu ertragen bereit ist, so daß doch wohl in demselben schon ein gewisses Glück und eine natürliche Süßigkeit liegen muß.

2. (a) Aber auch die in Frage stehenden Arten des Regierens sind nicht schwer zu unterscheiden, denn schon im gewöhnlichen Verkehr pflegen wir häufig die Bestimmungen über sie zu treffen. Die Herrschaft des Herrn über den Sklaven *(despoteía)* nämlich, obwohl in Wahrheit der Vorteil des Sklaven von Natur und des Herrn *(despótes)* von Natur derselbe ist, wird dennoch im eigentlichen Sinne zum Vorteil des Herrn und zu dem des Sklaven nur zufällig *(katá symbebekós)* ausgeübt, nämlich nur insofern, als die Herrschaft nicht aufrechterhalten werden kann, wenn der Sklave zugrunde geht. *(b)* Die Regierung dagegen über Weib und Kind und das ganze Haus die wir die Hausverwaltung nennen, besteht um der Regierten oder, wenn man lieber sagen will: um des gemeinsamen Wohles beider Teile willen, doch an sich nur um desjenigen der Regierten und nur abgeleiteterweise auch um der Regierenden willen, wie wir ja ein ähnliches Verhältnis auch bei anderen Künsten *(téchne)*, wie z. B. der Heilkunst und der Gymnastik wahrnehmen. Denn nichts hindert ja den Gymnastikmeister, zuweilen auch selber einer von den Athleten zu sein, so gut wie der Schiffsführer immer auch zugleich selber einer der Schiffsleute ist; Gymnastikmeister und Schiffsführer haben nun aber das Wohl derer, die sie regieren, im Auge; sofern sie aber selbst einer von diesen sind, kommt in abgeleiteter Weise der Vorteil derselben au chihnen mit zugute, denn der eine ist eben auch ein Schiffsmann und der andere wird, obwohl er Gymnastikmeister ist, doch selber einer der Athleten. Hiernach war denn auch in bezug auf die Regierungsämter im Staat, wo derselbe auf der Ebenbürtigkeit und Gleichheit der Bürger gegründet ist, das Verlangen der letzteren, daß die Bekleidung der Ämter unter ihnen abwechsele, früher der Natur der Sache entsprechend darauf gerichtet, daß man abwechselnd dem Staate diene und daß für das Wohl eines jeden auch wieder einmal ein anderer sorge, gleichwie er selbst vorher als Regierender für das Beste dieses anderen gesorgt habe;

jetzt aber möchte jeder wegen der Vorteile, die ihm aus Staatsmitteln durch sein Amt erwachsen, gern für immer an der Regierung bleiben, und es ist gerade, wie wenn die Leute alle kränklich wären und der Besitz der Ämter ihnen die Gesundheit brächte, denn dann würden sie sich auch wohl nicht mehr um sie reißen. *(c)* Hieraus erhellt denn nun, daß alle diejenigen Verfassungen, welche den gemeinsamen Nutzen im Auge haben, richtige sind nach dem Recht *(díkaion)* schlechthin, diejenigen dagegen, welche nur den eigenen Vorteil der Regierenden, fehlerhafte und sämtlich bloße Abarten der richtigen Verfassungen, denn sie sind despotisch, während doch der Staat eine Gemeinschaft von freien Leuten ist.

VERFASSUNGSFORMEN

1. An diese Feststellungen schließt sich nun unmittelbar jene Betrachtung selber an, wieviele Verfassungen es gibt und welches dieselben sind. Und zwar beginnen wir dabei mit den richtigen Verfassungen, denn sind diese erst festgestellt, so müssen sich daraus auch ihre Abarten ergeben. Da nun Staatsverfassung *(politeía)* und Staatsregierung *(políteuma)* ein und dasselbe bedeuten, die Staatsregierung aber die oberste Gewalt *(kyrion)* der Staaten *(polis)* ist, so muß diese Gewalt entweder von einem oder von wenigen oder von der Mehrzahl des Volkes repräsentiert werden. Wenn dieser eine oder diese wenigen oder die Mehrzahl des Volkes bei ihrer Regierung das allgemeine Wohl im Auge haben, so ergeben sich in allen drei Fällen richtige Verfassungen, wenn aber nur den eigenen Nutzen des einen oder der wenigen oder der großen Mehrzahl, dann bloße Abarten, denn entweder verdienen die Teilnehmer gar nicht den Namen von Staatsbürgern *(polítes)*, oder aber sie müssen auch alle Anteil an den Vorteilen haben. Diejenige Art von Alleinherrschaft nun aber, welche auf das Gemeinwohl ihr Augenmerk richtet, pflegen wir Königtum *(basileía)* zu nennen, die Herrschaft von wenigen, aber doch immer von mehr als einem Aristokratie, sei es nun, daß dies heißen soll Herrschaft der Besten oder daß es bedeutet, ihr Zweck sei das Beste des Staates und der Gemeinschaft; wenn endlich die Mehrzahl des Volkes den Staat mit Rücksicht auf das Gemeinwohl verwaltet, so wird dies mit dem gemeinsamen Namen aller Verfassungen, nämlich Politeia benannt. Dies mit Recht: denn daß ein einzelner oder eine Minderzahl sich durch besondere Tugend *(areté)* auszeichnet, kann leicht vorkommen, daß aber eine größere Zahl es zu jeder Art von Tugend im strengen Sinne bringt, ist schon eine schwierige Sache ,und am ehesten ist dies noch möglich in bezug bloß auf die kriegerische Tüchtigkeit, denn das ist eine Tugend der Massen. Daher ist auf Grund dieser Verfassung die oberste Staatsgewalt bei der wehrhaften Bevölkerung, und diejenigen, welche an den Staatsrechten teilhaben, sind hier die Waffentragenden.

2. Die Abarten der genannten Verfassungen sind nun aber: vom Königtum die Tyrannis, von der Aristokratie die Oligarchie und von der Politeia die Demokratie. Denn die Tyrannis ist eine solche Art von Alleinherrschaft, welche lediglich zum Vorteil des Monarchen, Oligarchie eine solche Herrschaft, welche zu dem der Reichen, und Demokratie eine solche, welche zu dem der Armen geführt wird, und auf das, was dem ganzen Gemeinwesen frommt, sieht keine von ihnen.[92a]

4. NICCOLO MACHIAVELLI UND FRANCIS BACON: DAS PROBLEM DER MACHT (Ein Vergleich)

Die Art und Weise des gesellschaftlichen Lebensprozesses in einer bestimmten historischen Phase wirkt sich notwendig auf das politische Denken aus. Der Großkaufmann, d. h. das Handelskapital mit dem nüchternen Sinn für die Realität, für das Praktische, das spätestens seit dem 14. Jahrhundert allmählich den Markt zu beherrschen begann und das Handwerk abhängig machte, wurde immer bestimmender für den Konsens der auf dem Markt miteinander redenden und handelnden Bürger. Die Wünsche und Ziele der Bürger, die Bedürfnisse der Gesellschaft, wurden zunehmend realer, praktischer. Dem entsprach sowohl die immer nüchterner, rationeller werdende Arbeit, die zur Mechanisierung tendierte, als auch das materieller werdende Denken der Theoretiker, das zur Umsetzung in die praktische Lebenswelt neigte. Das gilt sowohl für Niccolo Macchiavelli als auch für Francis Bacon.

Was die Mechanisierung und die gesellschaftlichen Verhältnisse dieser Zeit anbetrifft, führt F. Borkenau aus:

Nicht aus der Auseinandersetzung des Menschen mit der Natur, aus der Auseinandersetzung des Menschen mit der entstehenden neuen Gesellschaft ist die Verallgemeinerung des mechanistischen Weltbildes erwachsen. ... Die Mechanisierung der Arbeit (der Produktivkräfte) und des gesellschaftlichen Lebens (der Produktionsverhältnisse) sind ein und derselbe Prozeß des Durchdringens des Kapitalismus. Es ist jedoch wie in allen Perioden auch in der Manufakturperiode die Seite der Produktionsverhältnisse, die die theoretische Verallgemeinerung dessen hervorruft, was in der Technik zunächst als bloßes Gedankenmaterial vorliegt. Gegen die Technik einer Zeit, d. h. gegen den naturbedingten Austauschprozeß zwischen dem Menschen und seiner Umgebung, kann sich freilich kein Weltbild behaupten. Aber was aus dem Denkmaterial der Technik wird, hängt von dem Verhältnis der Menschen zueinander ab. So wird nicht das sporadische Auftreten der ersten Manufakturen Ursache der Durchsetzung der mechanistischen Weltanschauung, sondern die gewaltige Umwälzung der gesellschaftlichen Verhältnisse, die sich an der Wende vom 16. zum 17. Jahrhundert vollzieht. Italien hat an ihr nur vorübergehend Anteil; so erstickt dort auch die mechanistische Forschung schnell unter den Schlägen der Gegenreformation. In Frankreich aber bedeutet die Jahrhundertwende das Ende der Religionskriege, in Holland Gewinnung und Sicherung der republikanischen Freiheit. In England ist der Umschwung weniger schroff und ebenso die Umbildung der Weltanschauung. Auch hier aber bedeutet das Ende des Existenzkampfes der Nationen unter Elisabeth einen Wendepunkt. In allen drei Ländern kommt in diesem großen Wendepunkt die industrielle Bourgeoisie und die ihr verwandte Klasse der Gentry zuerst als selbständige Kraft ins Treffen und bald in den Vordergrund. ... Diese historische Wendung geht zeitlich der Entstehung des mechanistischen Weltbilds unmittelbar voran; sie hat sie herbeigeführt.[93]

Besonders das Problem des Verhältnisses von Politik und Macht hatte es den beiden materialistisch-praktischen Denkern angetan. Es handelte sich um eine Zeit des Umbruchs. Die alten, vom mittelalterlichen Geist getragenen Gedanken wurden abgelöst und durch neue ersetzt. So nahmen die naturwissenschaftlichen Umwälzungen, verbunden mit den Namen Galilei, Kepler, Leonardo da Vinci, Gilbert, beispielsweise ihren Ausgangspunkt in dieser Epoche. Wie kaum ein anderer politischer Philosoph trug der Italiener Machiavelli zur Prägung der politischen Ansichten der Renaissance bei. Noch heute ist das abwertende Schlagwort „Machiavellismus" bekannt. Er war einer der ersten, der den Versuch machte, Politik durch empirische Methoden rational zu erfassen. Dieses Bestreben findet sich noch stärker bei dem Engländer Bacon, der die Einbeziehung technisch-naturwissenschaftlicher Komponenten einbrachte. Bedingt durch die Charakteristika, den Menschen mit seinem Willen in das Zentrum der Politik zu setzen und Politik durch erkenntniswissenschaftliche Methoden zugänglich zu machen, lassen sich die Theorien beider Denker als Repräsentanten materialistischer Staatskonzeption einreihen.
Das Hereinbrechen und die Verbreitung der neuen Gedanken der Renaissance, geprägt und getragen vom Humanismus, mag verschiedene Gründe gehabt haben: eine der wesentlichsten Ursachen war mit der politischen Konstellation Italiens und seiner Umgebung in diesen Jahrhunderten gegeben. Die Vertreibung griechischer Gelehrter durch die Türken, die Säkularisierung der katholischen Kirche, die im Vergleich zur Antike beträchtliche Ohnmacht Italiens waren auf der politischen Seite Faktoren, die den Siegeszug der neuen Ideen begünstigten.
War im Mittelalter die Geschichte noch im Sinne eines göttli-

chen Heilsplanes aufgefaßt worden, so setzte sich an die Stelle dieser festgeschlossenen mittelalterlichen Weltanschauung eine neue Auffassung von Gott, der Natur und dem Menschen allmählich durch. Die Erforschung des Altertums ist der auffälligste Aspekt dieser Periode, kann aber nicht als typisch angesehen werden, weil sich auch in der vorhergehenden Zeit Menschen mit dem Versuch beschäftigten, das Wesen der Antike zu ergründen; erinnert sei nur an die Generationen von Mönchen in den verschiedensten Klöstern, die sich mit antiken Texten befaßten. Zu leugnen ist hingegen nicht, daß die Antike mit anderen Augen gesehen wurde. Aus der Kampfstellung gegen die mittelalterliche Kultur heraus sammelte man das antike Material, um, auf dieses aufbauend, zu neuen kulturellen, politischen und wissenschaftlichen Ergebnissen zu kommen. Es war das durch die neuen politisch-ökonomischen Lebensverhältnisse gewonnene Selbstbewußtsein und das Streben nach Individualität, das die vorgegebenen Werte beseitigen wollte und andere Formen der Erziehung, des menschlichen Zusammenseins, der gesellschaftlichen Ordnung und des Verhältnisses des Menschen zu der Natur, schaffen wollte. Die neuen Gedanken suchten mit glaubwürdigem Pathos die Schönheit der Schöpfung zu erfassen und forderten zugleich einen Anteil des Menschen an ihrer Gestaltung. Der Mensch wurde vollends zum Individuum[94], das seine Taten unabhängig von göttlichem Zutun verrichtete; die vielen Persönlichkeiten aus Kultur, Wissenschaft und Politik, wie etwa Michelangelo, Kopernikus oder die Medici, die diese Zeit in überreichem Maße hervorbrachte, mögen dies exemplarisch belegen. Der Individualismus mit seiner Diesseitsreligion, der die Freiheit des Handelns propagierte, ist ein wesentlicher Aspekt dieser Periode. Ausbreitung fanden die Gedanken vor allem durch die Arbeit der Humanisten. Sie übersetzten, verbreiteten und kommentierten die antiken Schriften, was dank einer der folgenschwersten Erfindungen in der Geschichte der Menschheit, der Buchdruckerkunst, erst ermöglicht wurde.

Der Umbruch der Wissenschaften, der sich auch im täglichen Leben manifestierte, etwa durch die Einführung neuer Kriegs- und Bautechniken oder durch Neuerungen im handwerklichen Bereich, stand im Prozeß der Wechselwirkung mit der Neigung, die „studia humanitatis", die Geisteswissenschaften, bevorzugt zu betreiben.

Das Ziel wissenschaftlichen und humanistischen Strebens wurde darin gesehen, die Macht des Menschen über sich selbst und die ihn umgebende Wirklichkeit immer mehr zu erweitern, die vielfältigen menschlichen Bedürfnisse immer besser zu befriedigen und das Fortschreiten des menschlichen Individuums und der menschlichen Gesellschaft zu immer größerer Vollkommenheit und Freiheit zu fördern.

Macchiavelli, dessen Lehre ebenso wie die Bacons ohne den jeweiligen geschichtlichen Hintergrund undenkbar ist, erlebte die desolate Lage seines Landes, zerfallen in untereinander rivalisierende Mittel-, Klein- und Städtestaaten, immer wieder aufs Neue despotische Alleinherrscher hervorbringend, ohnmächtig ausländischen Pressionen und Interventionen ausgesetzt.

Die Ursache dieser Zerfallserscheinungen sieht H. Grossmann, der sich hierin der einschlägigen Forschung anschließt, in der fatalen Entwicklung des gesellschaftlichen Lebensprozesses im Italien des 14. und 15. Jahrhunderts:

> Die bisherige wirtschaftsgeschichtliche Forschung vertrat die Auffassung, daß die industriekapitalistische Entwicklung Italiens, die im 14. Jahrhundert einsetzte und sich bis in die zweite Hälfte des 15. Jahrhunderts in mächtig aufsteigender Linie entwickelte, nach der Entdeckung Amerikas und nach der Sperrung der osteuropäischen Handelswege durch die Türken einen gewaltigen Rückschlag erfuhr: infolge der Verlagerung der Achse des Welthandels vom Mittelmeer an den atlantischen Ozean trat Italien in eine Rückbildung des Kapitalismus ein, — aus welchem Zersetzungsprozeß die spezifischen Merkmale der geistigen Haltung der Spätrenaissance zu erklären seien.[95]

Machiavelli erlebte die Vertreibung der Medici aus Florenz im Jahre 1494 durch die Franzosen, die folgende Regierung Savonarolas und dessen Flammentod. Aktiv konnte

er an exponierter Stelle als Sekretär des „Rates der Zehn" in Florenz an den politischen Geschicken teilnehmen. Besuche in- und ausländischer Herrscher machten ihn mit den Belangen anderer Länder bekannt und führten ihm die Machtlosigkeit Italiens nur noch krasser vor Augen. 1512 erlebte er das Ende der Republik Florenz, herbeigeführt durch die Spanier, und sah das Scheitern der von ihm rekrutierten Miliz.
In einer ungleich günstigeren Situation befand sich England ein Jahrhundert später zur Zeit des Francis B a c o n : durch die kluge, pragmatische Politik E l i s a b e t h s hatte es einen unaufhaltsamen Aufstieg zu verzeichnen. Der große Sieg über die Armada im Jahre 1588 sicherte Englands außenpolitische Unabhängigkeit. Schon längst vorher hatte sich dank der Regelung der kirchlichen Frage (M a r i a S t u a r t) die innere Lage konsolidiert. Die Wirtschaft blühte auf, bedingt durch die insulare Position gelang es England, wie kaum ein anderes Land vom aufkommenden Seehandel zu profitieren.
B a c o n wuchs in der realistischen Atmosphäre des Elisabethanischen Hofes auf. Der ausgebildete Jurist bekleidete später mehrere Staatsämter, seine Aktivität weitete sich auch auf eine parlamentarische Tätigkeit aus. Unter J a k o b II. avancierte er zum Lordkanzler. Wenn sein politisches Engagement es ihm zeitlich zuließ, widmete er sich naturwissenschaftlichen Forschungen.

Gemäß der Bedeutung des Wortes „Renaissance", das gewöhnlich als Wiedergeburt der Antike gedeutet wird,[96] war das Weltbild M a c h i a v e l l i s geprägt durch den Rückblick auf das klassische Altertum,[97] aus dessen Entwicklung er die Eigengesetzlichkeiten politischer Strömungen herauskristallisierte, um sie mit der ihn umgebenden politischen Realität zu einem Ganzen zusammenzusetzen. Als Widerpart gegen die mittelalterlich-christliche Weltauffassung schafft M a c h i a v e l l i mit seinem Werk eine Basis für die Lehre von der Staatsraison und einem politischen Realismus in Europa. Die Motivation M a c h i a v e l l i s zur Abfassung seiner Schriften ist in deren Konzeption als Anleitungsbücher ersichtlich. Sein Ausgangspunkt ist gegeben durch die Erkenntnis von der Unveränderlichkeit der Natur des Menschen; infolgedessen ändern sich die Grundvoraussetzungen des politischen Handelns im Laufe der Zeit nicht; die Geschichte wird als Abfolge ständig wechselnder, doch typisch wiederkehrender Situationen aufgefaßt. Deshalb konnte nach Meinung Machiavellis der Politiker sowohl aus gegenwärtigen als auch und vor allem aus Ereignissen der Geschichte lernen.

Da die Geschichte das Werk der Menschen ist und diese immer dieselben Triebe und Affekte haben, müssen daraus mit Notwendigkeit dieselben Wirkungen hervorgehen.[98]

Immer wieder zitiert Macchiavelli Beispiele aus der Geschichte und aus seiner Zeit, um daraus Gesetze des politischen Handelns abzuleiten.
Er kommt zu dem Schluß, daß Politik etwas von Menschen Machbares sei. Seiner „virtu", seiner Einsicht, Kraft, Weisheit, Aktivität obliegt es, die in der Zeit wirkenden Notwendigkeiten (necessita) und Grenzen zu erkennen und diese „necessita" in seine „virtu" einzubauen, um sie der „fortuna", dem wegen der Komplexität der Dinge jenseits der Erkenntnis Liegenden, dem Zufall also, entgegenzusetzen und diesem zu trotzen.
Um dem Schicksal zu gebieten, rät Macchiavelli zur Tat, „denn fortuna ist ein Weib und wer sie bezwingen will, muß sie schlagen und stoßen. Und als Weib ist sie stets den Jünglingen hold, weil sie unbedenklicher und gewalttätiger sind und ihr dreister befehlen."[99]
Während „necessita" die in den Dingen selber liegenden Grenzen bezeichnet, zugleich daseinsbeschränkend und Mittel zur Daseinsbeherrschung ist und rational erkannt werden kann, ist der Begriff virtu, stärker noch als der Begriff fortuna, ein vieldeutig schillernder, jeweils nur im Zusammenhang verständlicher. Virtu kann sowohl in einem Herrscher als auch in einem Volke vorhanden sein; einmal geballt, ein anderes Mal schwach. Im Begriff virtu spiegeln sich all die Faktoren, die ein Volk poli-

tisch groß und mächtig machen. Nach Machiavellis Vorstellung wandert die virtu im Laufe der Geschichte von einem Volk zum anderen.
Politik ist nichts Metaphysisches, sondern etwas, das der Mensch mittels seiner virtu lenken kann. Eingeschränkt wird die virtu allerdings dadurch, daß sie mit den sich ergebenden Situationen übereinstimmen muß, das heißt: die Zeit muß reif sein für diese oder jene Tat.
Eine weitere Einschränkung liegt Machiavelli zufolge in der Natur des Menschen. Glück oder Unglück des Menschen hängen von seiner Anpassungsfähigkeit gegenüber Zeitgeist und geltender Ordnung ab, somit wird der Mensch bei vollkommener Anpassung an die ihn umgebenden Lebensumstände über sein Schicksal gebieten können. Da aber in der Praxis so geartete Menschen nicht zu finden sind, bleibt ein großer Spielraum für das Wirken der fortuna.[100] Um zu vermeiden, daß sich der Staat allzu schnell der von Machiavelli erkannten Entwicklung aller Staaten anpaßt, haben sich Sitte, Gesetz, Macht und Erziehung dem Staatszwecke, der Staatsraison unterzuordnen. Dieser Gang der Dinge wurde von Machiavelli folgendermaßen beschrieben:

> Die Länder pflegen meistens bei ihren Veränderungen von der Ordnung zur Unordnung zu kommen und dann von neuem von der Unordnung zur Ordnung überzugehen. Es ist der Natur der menschlichen Dinge nicht gestattet, stille zu stehen. Wie sie daher höchste Vollkommenheit erreicht haben und nicht mehr steigen können, müssen sie sinken. Ebenso, wenn sie gesunken sind, durch die Unordnung zur tiefsten Niedrigkeit herabgekommen und also nicht mehr sinken können, müssen sie notwendig steigen. So sinkt man stets vom Guten zum Übel und steigt vom Übel zum Guten. Denn die Tapferkeit gebiert Ruhe, die Ruhe Müßiggang, der Müßiggang Unordnung, die Unordnung Verfall. Ebenso entsteht aus dem Verfall Ordnung, aus Ordnung Tapferkeit, hieraus Ruhm und Glück.[101]

Die Kritik an Machiavelli entzündete sich daran, daß man ihn einen Apologeten unmoralischer Mittel in der Politik hieß. Logisch ist seine Lehre insofern aufgebaut, als der Florentiner sich eine pessimistische Grundhaltung zum Ausgangspunkt macht, indem er darauf hinweist, daß der, welcher einem Staatswesen Gesetze und Verfassung geben muß, davon auszugehen hat, daß alle Menschen schlecht sind und stets bösen Neigungen folgen.[102] Nach Machiavelli ist es dennoch möglich, aus diesem an sich schlechten „Menschenmaterial" einen aktiven, staatstragenden Körper zu machen. Die Kluft, die sich auftut, soll durch die Erziehung überbrückt werden. Durch ihre Praktizierung, wie er sie in der Miliz seiner Vaterstadt selbst durchführte, hofft er die virtu zu gewinnen. Das Ingangsetzen des Erziehungsprozesses kann nur durch eine Person erfolgen, die dazu die nötigen Voraussetzungen, von denen an anderer Stelle noch die Rede sein wird, schafft. Die Zubilligung positiver Eigenschaften war für Machiavelli verknüpft mit dem erfolgreichen Ablauf der Erziehung. Unter diesen Umständen wird ein Volk ein beständigeres und zutreffenderes Urteil fällen als ein Alleinherrscher, denn die Handlung kommt über einen Dialog zustande und der beste Vorschlag wird sich durchsetzen.

Bacons Staatsdenken entsprang seiner Zeit, es war von der machiavellistischen Staatsraison und der Situation Englands geprägt, hinzu kam in Ansätzen eine Beeinflussung durch sein von den Naturwissenschaften geprägtes Weltbild, denn er glaubte, daß der von ihm gefundene neue Weg im Bereich der Naturwissenschaft sich auf das Gebiet der Politik erfolgreich anwenden ließe.[103] Dadurch sollte die Politik ihrer Zufälligkeit entkleidet und mit wissenschaftlichen Methoden transparent gemacht werden.

„There are two kinds of kingdom offered as the reward of solving them (The Sphings riddles): one over nature, another over man. For the command over things natural, . . . is the one proper and ultimate end of true natural philosophy."[104]

Die Wissenschaft gibt dem, der ihre Rätsel löst, die Herrschaft über die Natur und über die Menschen. Die gesamte diesseitige Welt meinte Bacon durch naturwissenschaftliche Gesetze beschreiben zu können, er hob sie ab von einer transzendenten, davon unabhängigen Welt. Für ihn hatten die Gesetze auch dann Bestand, wenn die Existenz anderer, außerirdischer Mächte geleugnet wurde.[105]

Damit setzte sich Bacon in Gegensatz zur mittelalterlichen Interpretation der Ordnung, die die im Diesseits sich manifestierenden Dinge göttlichem Wollen und Lenken zuschrieb. Bacon setzte in der Natur liegende Gesetzmäßigkeiten dagegen, nur derjenige, der die wirkenden Kräfte erkennt und sein Handeln an ihnen orientiert, darf hoffen, erfolgreich zu sein.[106] Auch unmoralische Handlungen können daher wirkungsvoll sein, da sie nach den Naturgesetzen zulässig sind. Ausdrücklich pries er Machiavelli, dem es darauf ankam, zu sagen, wie sich die Menschen tatsächlich verhalten und nicht, wie sie sich verhalten sollten.[107] Gute Gesinnung allein ist bei einer Handlung nutzlos,[108] lediglich der Erfolg einer Handlung ist entscheidend — daher maß Bacon das Tun an der praktischen Verwertbarkeit. Diese Aussage steht im Gegensatz zu seinen in dem Werk „Neu-Atlantis" gemachten Ausführungen. Dort herrscht ein Geist der Humanität (besser: einer auf Technik basierenden Humanität), den zu erreichen Ziel der Zivilisation ist. Dieser Gedanke bleibt beschränkt auf das oben zitierte Werk und fand keinen Eingang in seine sonstigen Ausführungen. So war der auf Expansion bedachte, seine Macht erweiternde Staat für Bacon die Verkörperung des Idealstaates. Die konkrete Manifestation seiner Vorstellung fand er im Beispiel des Römischen Weltreiches und in dem Tudorstaat seiner Zeit. Damit aber England in der Lage sein sollte, ein dem Römischen Weltreich gleichwertiges Imperium zu schaffen, forderte Bacon als eine Voraussetzung die Vereinigung mit Schottland.[109] Die insulare Lage, verbunden mit seiner Position als Seemacht, prädestinierte die Insel zur Errichtung eines gewaltigen Reiches.[110] Bacon erkannte als einer der ersten die Möglichkeiten und Reichtümer, die die neuentdeckten Erdteile boten. Die Ausdehnung eines Staates, im Falle Englands die Ausdehnung über das Meer, war für Bacon ein Handeln in Einklang mit den Naturgesetzen: ebenso wie der einzelne einen Trieb nach Macht besitzt und versucht, sich kleinere Kräfte unterzuordnen, so hat auch der Staat einen naturhaften Machterweiterungsdrang. Er sah in der Machtanwendung und ihrer Ausweitung nichts Unmoralisches oder Verwerfliches, denn diesem Trieb nachzukommen bedeutet lediglich ein Handeln gemäß den Naturgesetzen.

Drei Gemeinsamkeiten fundamentaler Art lassen sich im Denken Niccolo Macchiavellis und Francis Bacons feststellen.

1. Im Zentrum ihrer politischen Überlegungen stand der Themenkreis der Macht, sie propagierten Staatsraison. Wohlfahrt und Prosperität des Staates war ihnen oberster Maßstab, das politische Handeln sowie der Staatsaufbau waren diesem Ziel verpflichtet.

2. Ihr Vorhaben, die politischen Geschehnisse ihrer Zufälligkeit zu entkleiden und dafür kausale Zusammenhänge einzuführen. Die Staatskunst war ihnen ein von transzendenten Mächten freies, von autonomen Kräften beherrschtes Gebiet, sie war menschlichen Ursprungs und menschlicher Einwirkung zugänglich. Machiavelli benutzte den Rückblick auf die Geschichte der Antike, um empirisch zu beweisen, daß der Mensch mit seiner virtu, mit seiner Kraft und seinem Geschick Politik und Geschichte macht. An dieser Absicht ändert auch die relativ starke Stellung der fortuna, der unberechenbaren Komponente, nichts. Ihr mittels Vorsorge zu begegnen war ein Punkt kluger Politik. Bacon fügte ein naturwissenschaftliches Element hinzu, er postulierte Gesetze im Bereich des Staatlichen und setzte sie gleichberechtigt neben die Naturgesetze.

3. Sowohl den Italiener als auch den Engländer zeichnete ein schonungsloser Realismus aus; die Welt so zu sehen, wie sie ist, und nicht, wie sie sein sollte, war ihr Bemühen. Bacon warnte daher vor Voreingenommenheiten (Idole),[111] die aus Überlieferung, aus Umgebung und aus menschlicher Natur gespeist werden. Diese realistische Auffassung brachte als Konsequenz mit sich, daß auf Kosten von Gerechtigkeit und Menschlichkeit eine Politik propagiert wurde, die sich das Staatswohl zur obersten Maxime gesetzt hatte, das sich im Laufe der Entwicklung immer mehr von den ureigensten Interessen der Mitglieder abhob und zu einem Wert verdinglichte. Betrachtete Machiavelli den Verlauf der Geschichte, so sah er das Aufblühen und zugleich

den darin vorgezeichneten Verfall der Staaten; die Nationen entwickelten Größe und verloren sie wieder. Das möglichst lange Beibehalten der virtu und das lange Hinauszögern des irgendwann doch einmal kommenden Verfalls sah er als Hauptaufgabe von Politik und Staatsaufbau an.[112] Die Unsicherheit in der Politik und im Leben, welche ihn umgab, läßt sich unschwer aus dieser Anschauung erkennen.

Optimistischer, analog zur Lage seines Landes, sah Bacon die Aufgaben der Politik. Auch England sollte Kraft und Macht entwickeln, jedoch war diesem Lande eine offensive Aufgabe gestellt, nicht die defensive, das nackte Überleben betreffende wie in Italien; anderen Völkern den eigenen Willen aufzudrängen, und nicht, sich freizumachen von fremdem Wollen, war nächster Schritt der Entwicklung.

Das Menschenbild der genannten Denker weicht, obwohl dasjenige des Macchiavelli von Bacon gelobt wurde, voneinander ab. Machiavelli hatte ein zweifaches, auf den ersten Blick paradoxes. Im Grund- oder Urzustand wurden die Menschen von ihm staatsuntauglich genannt, wovon jeder Gründer oder Erneuerer von Staaten auszugehen hatte. Bacon teilte diese Meinung, die Masse war für ihn ein mit keinem Intellekt ausgestatteter, stattdessen von Affekten beherrschter, durch Zwangsmittel steuerbarer Faktor der politischen Bühne. Im Unterschied zu Machiavelli, der durch Erziehung staatstaugliche und staatstragende Bürger meinte schaffen zu können, glaubte Bacon nicht an die Wandelbarkeit des menschlichen Charakters.

Die Staatsauffassung beider Theoretiker kann unmittelbar aus dem oben skizzierten Menschenbild abgeleitet werden. Bacons Idealstaat war der hierarchisch aufgebaute, der mit Gliedern versehene Staat, der dem seiner Meinung nach dem Menschen immanenten Trieb des Unter- und Einordnens entgegenkam. Wie sehr ein solchermaßen geordnetes Gemeinwesen machtpolitisch zum Wachsen in der Lage war, zeigte Bacon der Staat, in dem er lebte, der Tudorstaat. Verwunderlich war es daher nicht, daß er die Monarchie als kraftvollste und daher

anzustrebende Gesellschaftsorganisation ansah, zumal er der Ansicht war, daß England dereinst ein dem Römischen Reich vergleichbares Imperium besitzen würde.
Der leistungsfähigste Staat in Machiavellis Augen dagegen war die Republik, der es nach vorausgehender, erzieherisch wirkender Diktatur eher gelingen sollte, sich den Wechselfällen des politischen Lebens anzupassen. Analog dazu stellte Machiavelli die römische Republik der Antike als Vorbild dar, während Bacon besonders den römischen Adoptivkaisern und den Tudorherrschern seine Referenz zollte. Diese Anschauungsdiskrepanz läßt Rückschlüsse auf die ihrer Meinung nach jeweilige historische Aufgabe ihrer Heimatländer zu, sich orientierend an den römischen Vorbildern.
Das Erringen der Herrschaft über die Natur sah Francis Bacon als wichtigstes Ziel menschlichen Strebens an. Herrschaft über die Natur bedeutete ihm nicht nur Hebung der Wohlfahrt des Menschen, sie bedeutete auch Herrschaft über den Menschen, war doch der Mensch ein Teil der Natur und somit ihren Gesetzen unterworfen. Die gewonnenen Erkenntnisse und Methoden mußten sich folgerichtig auch auf den Bereich der Gestaltung des menschlichen Zusammenlebens übertragen lassen. Politik hoffte er bei wachsendem Erfahrungs- und Erkenntnisstand mit Methoden, wie sie im Bereich der jungen Naturwissenschaft seiner Ansicht nach ebenfalls Anwendung finden sollten, betreiben zu können.
Die Beschäftigung mit der Wissenschaft sollte mittels Induktionsmethode erfolgen. Dabei standen die bereits erwähnten Idole nur im Wege. Das durch seine propagierte Methodik gewonnene Material wünschte Bacon systematisch einzuordnen, um auf diese Weise auf den Ursprung, auf die Gesetze der Natur zu stoßen, deren Anwendung Erfindungen zur Folge haben müsse.
Die menschliche Gesellschaft der Zukunft sollte durch die Ausflüsse der neuen Wissenschaft entscheidend geprägt und umgestaltet werden. Politik, von der er meinte, daß sie in seinen Tagen am besten von Männern betrieben werde, die rücksichts-

loses Vorgehen im konkreten Fall auszeichnet, wurde in der Gesellschaft Bacon'scher Zukunftsversion mit philantrophischen Inhalten gefüllt.

Zu seiner Zeit war die Wohlfahrt und Macht des Staates oberstes Ziel politischer Überlegungen; die Technik sollte dies ändern, die Menschen in eine andere Situation bringen, in der die Wohlfahrt des Individuums in das Zentrum der Machtausübung rükken sollte. Der Erkenntnisstand, von politisch-ökonomischen Faktoren, von Religion und Naturwissenschaft geprägt, hatte den Herrschern und Beamten in seinem utopischen Staat „Neu-Atlantis" die Einsicht vermittelt, daß Sinn aller Politik und allen Forschens Wohlfahrt und Besserstellung der Menschen ist.

Der konstruktive Part, den Bacon bei der Formung der neuen Gesellschaft der Wissenschaft zuwies, und die Ablehnung aller dogmatischen Beeinflussung läßt Bacons Ideen auch in unseren Tagen, in denen neue naturwissenschaftliche Erkenntnisse in unser von der Technik umgestaltetes Leben noch neue, größere Impulse bringen, interessant erscheinen, verbunden mit dem Teil seiner Erkenntnis, daß Wohlfahrt Ziel der Technik sei. Der Aspekt, daß Technik Herrschaft über den Menschen bedeute, hat auch heute noch nichts an Aktualität verloren.[113]

Die Organisation des Staates hatte sich sowohl im Denken Machiavellis als auch im Denken Bacons an der machtpolitischen Effektivität zu messen. Der Staat muß sich im feindlichen Umfeld bewähren, eine besonders wichtige Rolle kam daher dem Staatsaufbau zu. Die Meinungen der beiden Männer über die kraftvollste Staatsform divergieren beträchtlich: Macchiavelli trat ein für die Republik, Bacon hingegen für die Monarchie. Der Italiener meinte, daß die von ihm favorisierte Staatsform befähigt sein müsse, den unterschiedlichen Anforderungen der Zeit gerecht zu werden. Sie sei prädestiniert, die fähigsten Männer an die Spitze zu stellen und im Volk durch die Existenz der Freiheit größtmögliche virtu zu erzeugen. Das Hinführen zu einer funktionierenden Republik bedingte nach Meinung des Florentiners einen vorausgehenden Erziehungsprozeß, ausgelöst und durchgeführt von einer Diktatur, in der sich die Einsicht manifestieren sollte, daß das Ziel in Form einer Republik zum Wohle des Staates erreicht werden sollte (Die Empfehlungen im Gutachten über die Verfassung von Florenz, die Machiavelli für die Medici anfertigte, gehen in diese Richtung). Der Diktator sollte Erziehungsmittel, bestehend aus Gesetz, Militär und Religion, schaffen bzw. einsetzen, um hiermit die Bevölkerung zu einer „republikfähigen" zu erziehen.

Mochte der Diktator auch bester Garant für die Einigung Italiens und die Beseitigung fremder Herrschaft sein, so entging es Macchiavelli doch, daß Macht im Besitze eines Menschen von diesem im Regelfalle nicht wieder abgegeben wird und zu Mißbrauch verleitet.

Bacon hingegen glaubte, daß der Staat sich nicht auf den verstandesmäßigen Akt der Vertragsschließung gründen dürfe, wie es in Machiavellis Lehre indirekt der Fall ist; denn im republikanischen Stadium bejahen die Bürger ihren Staat verstandesmäßig, bedingt durch die intellektuelle Einsicht, daß auf diese Weise die Prosperität der Gemeinschaft am besten gesichert sei. Wie die Familie hierarchisch geordnet sei, so müßte nach Meinung des Engländers auch der Staat hierarchisch geordnet sein. Der auf Emotionen beruhenden Verbindung der verschiedenen Gemeinschaftsorgane könne mittels dieser Staatsform am zweckmäßigsten entsprochen werden. Nach außen mit absoluter Machtfülle ausgestattet, sollte der Monarch im Innern stark genug sein, die Parteien zum Ausgleich zu bringen. Eine solche Stellung hatten die Tudorherrscher inne, besonders Elisabeth verstand es meisterhaft, die Stellung der Krone zur Geltung zu bringen, ohne den Institutionen, wie etwa dem Parlament, die Illusion des Machtausübens zu rauben, wie es Jakob I. tat, als er sich weigerte, das Parlament einzuberufen. Diese Politik war ganz in Bacons Sinne, er forderte keine wirkliche Bindung des Monarchen an irgendein Staatsorgan, glaubte aber Rücksichtnahme auf traditionelle Gegebenheiten erwarten zu können. Das Parlament konnte lediglich die Aufgabe haben, unpopuläre Entscheidungen des Herrschers zu sanktionieren, womit der Eindruck erweckt werden sollte, die Maßnahmen kämen nicht vom Herrscher direkt. Der Adel, dem die mittleren Sprossen auf der Staatsleiter zukamen, sollte durch exekutive Funktion ebenfalls einen Schutz des Herrschers vor dem Unmut des Volkes gewährleisten.

Die Vorliebe für den hierarchisch-patriarchalischen Aufbau des Staates hat Bacon auch in seinem von der Technik umgestalteten „Neu-Atlantis" nicht verlassen. Ebenso wie in dieser Schrift wünschte er auch für die praktische Politik seiner Tage einen — auch naturwissenschaftlich ausgebildeten — Fürsten, der, von klugen Ratgebern umgeben und diesen gegenüber aufgeschlossen, seine Entscheidungen fällt.

Die Republik hingegen, der Machiavelli anhing, mußte eine statische, den Kern bewahrende und zugleich dynamische, anpassungsfähige Verfassung besitzen. Besonderes Augenmerk sollte auf den Schutz der Freiheit gerichtet werden, dazu schlug Machiavelli die Gründung einer Institution vor, die nur das Bewahren der Freiheit zum Ziele haben sollte.

Eine Art Gewaltenteilung, die Bacon in seinem Staat nicht vorsah, erhoffte der Florentiner sich durch die Interessenkollisionen von Parteien. Zugleich erblickte er im Parteienkampf eine der Ursachen für die Entwicklung der virtu, sah er doch den Grund der Größe Roms in dem Umstand der Kämpfe zwischen Patriziern und Plebejern begründet. Er glaubte an die Herausbildung guter Gesetze durch Parteienkämpfe, gute Gesetze wiederum dienten zur Erziehung (die auch im republikanischen Stadium noch andauern muß), und Erziehung läßt Beispiele hervorragender Tüchtigkeit entstehen.

Die von der Politik vorgefundenen Handlungsweisen wurden von Niccolo Macchiavelli und Francis Bacon in nüchterner Betrachtungsweise in die jeweilige Theorie eingebaut. Da die Politik nur nach utilitaristischen Gesichtspunkten bewertet wurde, mußte sie völlig aus dem Bereich der moralischen Bewertung herausgelöst werden. (In Bacons Theorie finden Ethik und Politik im technisch durchgeformten Zukunftsstaat wieder zusammen, Ethik wird dort Ziel der Politik.) Zwar räumten beide grundsätzlich ein, daß das Handeln im Einklang mit den Gesetzen und der Moral opportuner sei, aber diese Aussage wurde nur getroffen, weil sie darin wiederum die Nützlichkeit, den pragmatischen Aspekt, sahen.

In Übereinstimmung war ihnen das Wohl des Staates, eingeschlossen die Macht, wichtigstes Ziel aller Staatskünste, und sind Staatswohl und Wohl unter diesem Aspekt beinahe beiläufig des Menschen in der Lehre Machiavellis kongruent. Machiavelli, der die Zeitläufe skeptischer beurteilte als der optimistischere Bacon, sah das Entgegenstemmen des Staates gegen die in diesem Bereich die immanenten Verfallstendenzen als dringlichste Aufgabe an. Alle Bereiche des Lebens, die erfolgversprechend in den Dienst des Staates eingesetzt werden konnten, forderten Macchiavelli und Bacon einzusetzen.

Bacon und Machiavelli sahen in erster Linie den kriegerischen Aspekt, die Kriegstüchtigkeit des Volkes, welche ihnen als Grundlage für eine erfolgreiche Politik erschien.

Als Mittel zur Weckung der Tapferkeit sollten das Gesetz und die Religion dienen, denn die Furcht vor den Menschen und vor der Gottheit erzeugten nach Meinung des Italieners virtu auf dem Schlachtfelde. Er trat der in seinem Lande vorherrschenden Existenz von Söldnerheeren entgegen und setzte sich ein für ein aus Bürgern des Staates bestehendes Heer, welches zugleich auch für die Erziehung des Volkes herangezogen werden sollte. Ein eigenes Heer bringt nach Machiavellis Überzeugung im Kampfe um das Überleben unschätzbare Vorteile, denn nur der Staat, der sich auf eigene Kräfte verlassen kann und nicht auf den Unsicherheiten der wechselnden Koalitionen entspringende angewiesen ist, wird ein ernstzunehmender Faktor in der Rechnung der anderen Staaten sein und zugleich ein attraktiver Bündnispartner, bei dem man das Hintergehen aus Angst vor seiner Stärke unterläßt.

Auch Francis Bacon setzte sich ein für das aus eigenen Reihen rekrutierte Heer. Er war mit Machiavelli einig, daß nur die dauernde Übung dem Heere seine ganze Schlagkraft

geben würde. Als einer der ersten erkannte er die in der maritimen Lage Englands liegenden Möglichkeiten zur imperialistischen Expansion und forderte, bedingt durch diese Erkenntnis, die Unterstützung des Flottenausbaus.
Der dauernd auf Expansion bedachte Staat verkörperte für Machiavelli wie für Bacon den Idealstaat: Machiavelli forderte deshalb die Festlegung dieses Programmsatzes in der Verfassung, denn Staaten, die sich bislang in der Geschichte in Bezug auf kriegerische Expansion zurückgehalten hatten, waren rasch untergegangen.
Die Staatsraison forderte die Einbeziehung des Gesetzes als Instrument zur politischen Machtentfaltung. Machiavelli sah in ihr in erster Linie ein erzieherisches Mittel, welches, für alle gleichermaßen angewandt, Furcht erzeugen und einen positiven Einfluß auf das Volk haben sollte. Neben dem erzieherischen Aspekt kam dem Gesetz aber auch die Funktion der Freiheitssicherung zu. Der Jurist Francis Bacon wollte ebenfalls die Gesetzgebung in den Dienst des Staates stellen, daher war ihm daran gelegen, die Unabhängigkeit des „common law" zu beseitigen, standen doch Gesetz und Staat seiner Ansicht nach im gleichen Verhältnis wie Muskel und Gehirn. Eine unabhängige Rechtsprechung war unnatürlich und daher zu verwerfen.
Machiavelli gedachte der Religion ebenso wie dem Gesetz die Stellung einer Erzieherin einzuräumen, es war ihm gleichgültig, um welche Religion es sich dabei handelte, solange ihre Wirkung darin bestand, dem Volke Furcht und Tapferkeit zu vermitteln. Der von der Religion erzeugte psychologische Druck sollte zugunsten des Staates eingesetzt werden. Durch die christliche Religion und deren Auslegung hätte Italien den kraftlosen Zustand, in dem es sich zu seiner Zeit befand, erreicht, die Religion hätte mit der auf das Jenseits ausgerichteten Erlösungshoffnung zur Verweichlichung geführt.
An Bacons Stellungnahme zur Religiosität kann man bemerken, daß seine diesbezüglichen Erfahrungen andere waren. Er betrachtete den Glauben zwar als verbindendes Mittel für

den Staat und als benutzbares Werkzeug, wußte jedoch um die Sprengkraft, die in religiösen Fragen liegen konnte; deshalb tolerierte er abweichende Meinungen, solange diese sich nicht gegen den Staat richteten. Die Zukunftsschrift „Neu Atlantis" weist ein tolerantes Christentum auf, welches sich in Verbindung mit der Technik die Hebung der Wohlfahrt des Menschen zur Aufgabe gemacht hat. Ein Geist der Humanität und des Altruismus, der eine Verbindung mit der von einer Intelligenzschicht erforschten Natur und deren Anwendung eingegangen ist, beherrscht seinen Zukunftsstaat, der für E. Bloch das Beispiel einer technischen Utopie ist.

Quellentexte

Kleinere Schriften des Lord Bacon

SPHYNX, ODER DIE WISSENSCHAFT

Erklärt aus den Wissenschaften

Es heißt, daß die Sphynx ein vielgestaltiges Ungeheuer mit dem Antlitz und der Stimme einer Jungfrau, den Flügeln eines Vogels, und den Krallen eines Greifen war. Sie wohnte auf dem Gipfel eines Berges in der Nähe der Stadt Theben, und belauerte zugleich die Landstraßen. Ihre Gewohnheit war, im Hinterhalt zu liegen, die Reisigen anzufallen und ihnen, wenn sie dieselben in ihrer Gewalt hatte, gewisse dunkle und verwickelte Rätsel aufzugeben, die sie, wie man wähnte, von den Musen erhielt; und wenn nun ihre unglücklichen Gefangenen diese Rätsel nicht lösen und deuten konnten, so fiel sie mit großer Grausamkeit während ihrer Unschlüssigkeit und Bestürzung über sie her, und riß sie in Stücke. Nachdem diese Plage eine geraume Zeit geherrscht hatte, boten endlich die Thebaner ihr Reich demjenigen an, der ihre Rätsel zu lösen wußte, da es kein anderes Mittel zu ihrer Besiegung gab. Ödipus, ein scharfsinniger und kluger Mann, der, obgleich lahm, doch von einer so großen Belohnung gereizt ward, ging auf die Bedingung ein, und stellte sich heiter und getrosten Mutes dem Ungeheuer, das ihn alsbald fragte, »welches Geschöpf jenes sei, das vierfüßig geboren, darauf aber zweifüßig, dann dreifüßig, und schließlich wieder vierfüßig würde?« Ödipus entgegnete mit Geistesgegenwart, daß es der Mensch sei, der bei seiner Geburt und im Säuglingsalter auf allen Vieren herumkrieche, um sich fortzubewegen; aber bald nachher aufrecht auf seinen beiden natürlichen Füßen schreite; später im Greisenalter dreifüßig mit einer Krücke gehe, und endlich, von hohem Alter gebeugt, vierfüßig ans Bett gefesselt läge. Als er durch diese richtige Lösung den Sieg errungen hatte, erschlug er das Ungetüm, und führte es, indem er den Leichnam auf einen Esel legte, im Triumpf davon; worauf er der Übereinkunft gemäß zum König von Theben ausgerufen wurde.

Dies ist eine feine, lehrreiche Sage, und scheint zur Kennzeichnung der Wissenschaft, namentlich in ihrer Verbindung mit der Praxis, erdacht worden zu sein. Denn die Wissenschaft darf ohne Abgeschmacktheit ein Ungeheuer genannt werden, insofern sie von Unwissenden und Unbewanderten mit Staunen und Wunder betrachtet wird. Ihr Äußeres und ihre Gestalt sind vielfältig, in Anbetracht der ungemeinen Mannigfaltigkeit der von ihr erwogenen Gegenstände; ihre Stimme und ihr Antlitz werden als weiblich dargestellt, wegen ihres prunkhaften Äußeren und ihres Redeflusses; die Schwingen werden hinzugesetzt, weil die Wissenschaften nebst ihren Erfindungen in einem Augenblicke umlaufen und entfliegen: denn das Wissen wird wie ein, von einer Fackel auf die andere übertragenes, Licht sofort aufgefangen und weit umher verbreitet; scharfe und gebogene Krallen werden ihr mit Feinheit beigemessen, weil die Grundsätze und Schlüsse der Wissenschaft in den Geist eindringen, sich seiner bemächtigen, ihn festhalten, und am Bewegen und Entschlüpfen verhindern.
Dies bemerkte der göttliche Philosoph, als er sagte: »Die Worte des Weisen sind tief eingetriebene Spieße und Nägel«[114]. Ferner erscheint alle Wissenschaft wie auf einer Höhe, gleichsam auf dem Gipfel schwer zu erklimmender Berge zu liegen; denn man denkt sich die Wissenschaft mit Recht als etwas Hohes und Erhabenes, das auf die Unwissenheit von oben herniederblickt, und gleichzeitig nach allen Seiten hin einer weiten Aussicht genießt, wie es auf Bergesgipfeln zu geschehen pflegt. Die Wissenschaft soll die Landstraßen belauern, weil sich auf der ganzen Reise und Wallfahrt durchs menschliche Leben Gelegenheit zur Betrachtung darbietet.
Die Sphynx, so heißt es, legte den Menschen verschiedene schwierige Fragen und Rätsel vor, die sie von den Musen empfing; und so lange diese Fragen im Besitz der Musen bleiben, mögen sie sehr wohl keine Grausamkeit im Gefolge haben; denn so lange kein anderes Ziel der Betrachtung und Forschung als das der Erkenntnis vorhanden ist, wird der Verstand weder beklemmt noch in Engen und Beschwerden getrieben, sondern dehnt sich aus, schweift in die Ferne, und findet selbst an Zweifeln und Abweichung ein gewisses Vergnügen; sobald aber die Musen ihre Rätsel der Sphynx, das heißt, der Praxis, überliefert haben, welche zur Tat, Wahl und Entscheidung reizt und drängt, dann geschieht es, daß sie folternd, grausam und unerträglich werden und, wenn man sie nicht löst und deutet, den menschlichen Geist wundersam verwirren und quälen, nach allen Richtungen hin spalten und vollständig zerstückeln. Allen Rätseln der Sphynx sind deshalb zwei Bedingungen beigefügt, nämlich: Vernichtung für Diejenigen, die sie nicht lösen, und Herrschaft für Diejenigen, die es vollbringen. Denn wer die vorgelegte Aufgabe faßt, erreicht sein Ziel, und jeder Künstler bemeistert seine Arbeit.
Die Sphynx besitzt nicht mehr als zweierlei Rätsel, deren eines sich auf das Wesen der Dinge, das andere auf das Wesen des Menschen bezieht; und dementsprechend besteht der Preis der Lösung in zweierlei Herrschaft — der Herrschaft über die Natur und der Herrschaft über den Menschen. Denn das wahre und endgültige Ziel der Naturwissenschaft ist die Herrschaft über Naturerzeugnisse, Naturkörper, Heilmittel, Maschinen und zahllose andere Dinge, obwohl die Schulgelehrtheit, zufrieden mit dem,

was sich von selbst darbietet, und aufgebläht von ihren eigenen Vernunftschlüssen, sowohl Dinge wie Werke vernachlässigt und gewissermaßen verachtet.
Allein das dem Ödipus aufgegebene Rätsel, dessen Lösung ihm das thebanische Königreich eintrug, hatte das Wesen des Menschen im Auge; denn wer einen vollen Einblick ins menschliche Wesen getan und es erforscht hat, kann gewissermaßen sein eigenes Schicksal beherrschen, und scheint zur Erlangung von Macht und Herrschaft geboren zu sein. Demgemäß stellt Virgil die Künste der Herrschaft als die eigentlichen Künste der Römer dar[115]. Es war daher äußerst passend von Augustus Cäsar, das Bildnis der Sphynx in sein Siegel aufzunehmen, mag es nun zufällig oder absichtlich geschehen sein; denn er vor Allen war in der Politik höchst bewandert, und löste im Verlauf seines Lebens mit großem Glück eine Menge neuer Rätsel mit Bezug auf das Wesen des Menschen; und hätte er dies nicht mit großem Geschick und kühnem Griffe getan, so würde er sich häufig drohender Gefahr, wenn nicht gar dem Verderben ausgesetzt haben.
Mit außerordentlicher Feinheit wird in der Sage hinzugefügt, daß der Leichnam der Sphynx nach ihrer Erlegung auf einen Esel gelegt wurde; denn nichts ist so spitzfindig und dunkel, daß es nicht von der schwerfälligsten Fassungsgabe begriffen würde, sobald es einmal klar, deutlich und allgemein verständlich gemacht worden ist.
Wir dürfen nicht außer Acht lassen, daß die Sphynx von einem Lahmen und Schwachfüßigen überwunden wurde; denn die Menschen sind in der Auflösung der Rätsel der Sphynx allzuvorschnell, was zur Folge hat, daß, wenn sie die Oberhand behält, ihre Geister mehr von Streitigkeiten gefoltert und zerrissen, als durch Werke und Erfolge mit Macht belehnt werden[117].

5. THOMAS HOBBES: HERRSCHAFT UND GESELLSCHAFT

> „Unzweifelhaft [würde] jedes Menschen Natur, wenn die Furcht ihn nicht hinderte, stärker zur Herrschaft als zur Gesellschaft treiben."[117]

Thomas H o b b e s (1588—1679) lebte in einer Zeit, in der sich England in tiefgreifendem Umbruch befand. Außenpolitisch strebte es nach Unabhängigkeit vom Festland, und die innenpolitische Situation war gekennzeichnet durch den konfessionellen Bürgerkrieg, aber auch durch eine Phase wirtschaftlicher Prosperität, die zum Aufstieg des Bürgertums und zu neuem Selbstbewußtsein der bürgerlichen Individuen führte. So nimmt auch das Denken des politischen Philosophen H o b b e s seinen Ausgang von diesem bürgerlichen Individuum.

Er ist ein Denker der Aufklärung und als einer der ersten Philosophen der Neuzeit überhaupt zu apostrophieren. Sein philosophisches System zeichnet sich aus durch den logischen Unterbau und die Methode der Mathematik und Naturwissenschaft. Philosophische und politische Probleme will er *more geometrico* (= nach der Art der Geometrie) analysieren und darstellen. Seine Methode beschreibt er im Vorwort seines Werkes „De Cive“:

Was meine Methode anbelangt ... so begann ich mit dem Stoff (matter) der Zivilregierung (civil government) und ging von diesem zu ihrer Entstehung und Form und zum ersten Anfang der Gerechtigkeit weiter. Denn alles wird am besten durch die Ursachen verstanden, die es bewirken. Denn ebenso wie in einer Uhr oder in einer anderen kleinen Maschine dieser Art der Stoff, die Gestalt und die Bewegung der Räder nicht gut bekannt sein können, außer sie wird auseinandergenommen und in ihren Teilen betrachtet; ebenso, sage ich, erfordert eine gründlichere Untersuchung der Rechte der Staaten und der Pflichten der Untertanen, zwar nicht, daß man sie auseinandernimmt, aber doch, daß man sie betrachtet, als seien sie aufgelöst.[118]

H o b b e s überträgt wohl als erster mit aller Konsequenz das neue wissenschaftliche Denken — das naturwissenschaftlich-mathematisch orientierte Denken G a l i l e i s, D e s c a r t e s', M e r s e n n e s — in den Bereich der politischen Philosophie. Diesen Ansatz stellt M. H o r k h e i m e r dar:

Galilei hatte alles Geschehen auf mechanisches Geschehen, und zwar auf Bewegungen kleinster Stoffteilchen zurückgeführt. Auch der komplizierteste Vorgang, die Veränderung großer Massen, läßt sich nach ihm auf die Bewegung von Atomen zurückführen. Entgegen der mitteralterlichen Auffassung ... die Ruhe sei der ursprüngliche und gleichsam angemessene Zustand aller Dinge, war die Lehre Galileis, daß gleichförmige und geradlinige Bewegung der einfachste physikalische Begriff sei, daß, allgemein betrachtet, Ruhe und Bewegung überhaupt als relativ angesehen werden müßten, eine welthistorische Tat ... Damit wurde der Gott des Aristoteles, der selbst unbewegte Beweger der Welt, der erste Anstoß und zugleich der Erhalter der Bewegung, wenigstens in der Naturphilosophie überflüssig.[119]

Zwar ist H o b b e s' Auffassung nicht atomistisch, weil ihm klein und groß nur relative Begriffe sind, in bezug auf das zu untersuchende Subjekt, aber der Naturzustand wird rein physikalisch analysiert. Der Naturzustand bei H o b b e s ist ein hypotheti-

sches, nach logischen Sätzen aufgebautes Konstrukt, das nicht den Anspruch erhebt, einer geschichtlichen Situation zu entsprechen. C. B. Macpherson[120] konnte jedoch eindrucksvoll nachweisen, daß Hobbes' Menschen im Naturzustand zu bestimmten Verhaltensweisen neigen, wie sie nur in einer entwickelten, von Macpherson „Eigentumsmarktgesellschaft" genannten, Gesellschaft charakteristisch sind.
Die Natur besteht aus bewegten Körpern. Bewegung bedeutet Hobbes der stetige Ortswechsel der Körper.[121] Wie alles seinen Bestand in der Bewegung hat, so sind auch die Individuen Körper in Bewegung, „matter in motion".[122]
Horkheimer charakterisiert diese sich bewegenden Systeme wie folgt:

Jedes dieser Individuen reagiert in unbedingter Notwendigkeit auf äußere Bewegungen. Von innen her gesehen stellen sich die menschlichen Reaktionen als bestimmte Erlebnisse, Gefühle und Triebregungen dar. Hobbes' Anthropologie beruht auf dem Grundgedanken, daß alle Affekte, aufgrund deren wir handeln, streng notwendige Wirkungen mechanischer Vorgänge in unserem Körper und weiterhin in der Außenwelt sind. Die Funktionen des menschlichen Körpers werden durch das Herz in Bewegung gesetzt und gehalten. Dieses selbst erhält für seine Tätigkeit fortwährende Anstöße durch gewisse Stoffe beim Einatmen. Das Herz pumpt das Blut durch den Körper und erhält so die Organe in ihrer Tätigkeit. Was den Blutumlauf fördert, verursacht Lust, was ihn hemmt, Unlust.[123]

Irgendwelche ethische Kategorien existieren nicht in dem von Hobbes analysierten Naturzustand. Hobbes ist der einzige konsequente Denker des mechanischen Materialismus des 17. Jahrhunderts, weil er allein die Bewegungsübertragung zwischen rein quantitativ bestimmten Korpuskeln (Partikel) als die einzige Ursache des Geschehens anerkennt.[124]
Als erster seit Demokrit fügt er den mathematisch-mechanischen Materialismus zu einem zusammenhängenden System.[125]
Mit dieser Methode des Denkens befindet sich Hobbes auf der Höhe seiner Zeit. Wie wichtig die richtige Methode für die Erkenntnis der Wirklichkeit ist, sucht schon Bacon zu verdeutlichen, indem er die Methode mit einer Laterne vergleicht, die den Reisenden den Weg erhellt. In der Lage eines Wanderers,

der in der Finsternis vom Weg abkommt, befindet sich der Wissenschaftler, der nicht die richtige Methode besitzt. Kriterium für die Richtigkeit der Methode ist das Ausgehen von den allgemeinen Entwicklungsgesetzen der Natur, der Gesellschaft und des Denkens und deren Anwendung auf die Erkenntnis. Marx kritisiert die Methode des mathematisch-mechanischen Materialismus in ihrer Fortenwicklung als menschenfeindlich (was aber nicht heißt, daß er ihren Stellenwert innerhalb des geschichtlichen Prozesses unterschätzen würde):

Unter den der Materie eingeborenen Eigenschaften ist die Bewegung die erste und vorzüglichste, nicht nur als mechanische und mathematische Bewegung, sondern mehr noch als Trieb, Lebensgeist, Spannkraft, als Qual — um den Ausdruck Jakob Böhmes zu gebrauchen — der Materie. Die primitiven Formen der letztern sind lebendige, individualisierende, die spezifischen Unterschiede produzierende Wesenskräfte. In Bacon, als seinem ersten Schöpfer, birgt der Materialismus noch auf eine naive Weise die Keime einer allseitigen Entwicklung in sich. Die Materie lacht in poetisch-sinnlichem Glanze den Menschen an.... In seiner Fortentwicklung wird der Materialismus einseitig. Hobbes ist der Systematiker des Baconischen Materialismus. Die Sinnlichkeit verliert ihre Blume und wird zur abstrakten Sinnlichkeit des Geometers. Die physische Bewegung wird der mechanischen oder mathematischen geopfert; die Geometrie wird als die Hauptwissenschaft proklamiert. Der Materialismus wird menschenfeindlich. Um den menschenfeindlichen, fleischlosen Geist auf seinem eigenen Gebiet überwinden zu können, muß der Materialismus selbst sein Fleisch abtöten und zum Asketen werden. Er tritt auf als ein Verstandeswesen, aber er entwickelt auch die rücksichtslose Konsequenz des Verstandes.[126]

Daß die damals fortschrittliche Methode des mechanischen Materialismus durch die Hereinnahme der historischen Dimension erweitert und durch die Dialektik modifiziert wird, soll im Teil III erörtert werden.

Es gibt für den Menschen nach Hobbes keine Willensfreiheit. Stets sind es Ursachen, die den aus sich selbst heraus definierten Menschen in Bewegung halten. Jedes Handeln ist strikt auf das Ich bezogen und nicht auf ein Gegenüber, ist also keineswegs sozial. Jede Bewegung, jedes Handeln zielt nur auf Gewinnung von Lust und Vermeidung von Unlust. Der Mensch wird — von seinen Sinnen angetrieben — zum gierigen Raubtier (Homo homini lupus). Es gibt keinerlei geistige oder moralische Beschränkung in diesem durch die Sinne in Bewegung umgesetzten Wollen.

Hier wird die Parallele zum Denken Galileis deutlich, das zeigt, daß Naturphänomene nach Ursache und Wirkung beschrieben werden müssen. Auch Hobbes fragt nach Kausalzusammenhängen und nicht danach, ob der Mensch frei oder unfrei geboren ist. Er beobachtet den Menschen, wie er ist, und stellt fest, daß er als Einzelwesen ums Dasein kämpft. Er bleibt aber nicht dabei stehen, sondern sucht nach den Ursachen und kommt zu dem Ergebnis, daß nicht die Vernunft oder eine Idee vorgängig sind, sondern daß einzig das Dasein vor der Vernunft ist. Dabei darf der Einfluß der Wirren des konfessionellen Bürgerkrieges und die völlige Isolation des Individuums in dieser Situation auf sein Menschenbild nicht übersehen werden.

Ausgehend vom abstrakt autonomen, von jeglicher gesellschaftlichen Bindung losgelösten Individuum konstatiert Hobbes das natürliche Recht auf alles, ohne irgendwelche Verpflichtungen oder Rücksichtnahmen auf das soziale Gebilde (es gab ja im Hobbesschen „Naturzustand" noch keine Gesellschaft). Gerade dieser Gedanke völliger Autonomie des Individuums, also die alleinige Besinnung auf das Subjekt und dessen Definition aus sich selbst heraus ohne irgendwelche Verpflichtung, verbunden mit seiner typischen realistisch-pessimistischen Betrachtungsweise, ist das völlig Neue und Revolutionäre im Denken Hobbes'.

Die Negation jeglicher Verpflichtung des Menschen ist die Negation jeder a priori gegebenen Autorität, und jene Negation ist es, die das Subjekt in den Mittelpunkt rückt und auch tradierte Abhängigkeiten, Privilegien und Herrschaftsverhältnisse verneint. Diese äußerst individualistische Konstruktion benötigt Hobbes für die spätere absolutistische Gestalt des Leviathan,[127] der aus dem Naturzustand deduziert wird.

Wird diese individualistische Autonomie als allgemein — also für jedes Individuum zutreffend — vorausgesetzt, wie Hobbes dies tut, dann folgt daraus die prinzipielle Gleichheit der Individuen. Aus der prinzipiellen Gleichheit folgt dann logisch, daß jeder das Recht auf alles hat, also auch jeder das Recht auf dasselbe Objekt — und wenn diese Objekte eben nur im begrenzten Umfang vorhanden sind, also Knappheit herrscht, wie dies auch Hobbes annimmt, dann folgt daraus zwingend das Konkurrenzprinzip in seiner brutalsten Ausformung, nämlich im Krieg aller gegen alle („bellum omnium contra omnes"). Daß dieses durch reine Deduktion zu erzielende Ergebnis auch der beobachteten Realität des Bürgerkrieges ähnelt, mag Hobbes' Überzeugung von der Richtigkeit seiner Annahme bestärken, daß der Mensch von Natur aus von seinen Begierden bewegt und angetrieben wird und keinerlei altruistische Züge kennt. Hobbes ist Materialist und es liegt nahe, daß ihn seine Beobachtungen im Bürgerkrieg zu seinen pessimistischen Annahmen bezüglich des Menschenbildes bewogen.

Der Mensch nach Hobbes ist im Grunde kein soziales Wesen, sondern souverän, ohne moralische oder ähnliche Bezüge zu seinesgleichen. Hier steht er ganz im Gegensatz zu Aristoteles' „zoon politikon".

Nicht appetitus socialis ist eine Grundeigenschaft der menschlichen Körper, die sich zur Gesellschaft assoziieren, sondern rücksichtsloser Egoismus; homo homini lupus lautet ja der berühmte und berüchtigte Satz von Hobbes.[128] Das bereits im Altertum aufgekommene Sprichwort „Der Mensch ist des Menschen Wolf" (Ovid) greift Hobbes wieder auf. Er sieht die Tragödie des menschlichen Lebens nicht als Folge der Klassengegensätze und -konflikte, sondern als Folge der Gegensätze und Konflikte zwischen Persönlichkeit und Gesellschaft. Aus dieser Sicht wären zwei extreme Schlüsse denkbar:
— Die Verabsolutierung der persönlichen Ansprüche des Individuums. Es ist die Forderung nach völliger „Freiheit" der Persönlichkeit von der Gesellschaft (bürgerlich-individualistische und anarchische Konzeptionen). — Die gegenteilige Forderung, die auch Hobbes vertritt, zielt auf den Verzicht der Persönlichkeit auf jedwede Selbständigkeit. Der Staat ist die „einzige Persönlichkeit", die keine andere neben sich duldet.

Aus marxistischer Sicht ist der Konflikt zwischen Persönlichkeit und Gesellschaft das Ergebnis bestimmter gesellschaftlicher Verhältnisse, vor allem jener, die auf dem Privateigentum an den Produktionsmitteln beruhen.

Im Naturzustand ist der Mensch völlig frei in seinen Handlungen. Es ist jene mechanisch verstandene Freiheit der Bewegung in Raum und Zeit, die Hobbes meint, und nicht die moralische, geistige oder innere Freiheit, die vor allem in der idealistisch konzipierten Philosophie eine bedeutende Rolle spielt. Also auch hier zeigt sich ein rein materialistisches Verständnis der Freiheit bei Hobbes. Auch bei Hobbes ist Freiheit nur unter einem Aspekt der Notwendigkeit zu verstehen. Dazu heißt es im Leviathan:

> Auch die Notwendigkeit findet sich mit Freiheit vereint. Denn die freien Handlungen der Menschen gleichen oftmals dem Wasser, das nicht nur frei, sondern mit natürlicher Notwendigkeit das Flußbett hinabströmt. Die menschlichen Taten sind frei zu bezeichnen, weil sie des Menschen Willen entspringen. Dennoch muß man sie notwendig nennen, denn jeder menschlichen Willensäußerung, jeder Begierde und Neigung des Menschen, liegen Ursachen zugrunde ...[129]

Gemeint sind die physiologischen Grundlagen, die — als innere Determinaten menschlichen Handelns im Sinne der Selbsterhaltung, der Aufrechterhaltung des Gleichgewichts der Körperfunktionen — der Freiheit eine Richtung weisen bzw. sie mit Notwendigkeit einschränken. Wichtig ist dabei, daß diese physiologische Einschränkung im Sinne der Selbsterhaltung die einzige Beschränkung der Freiheit des Individuums im Naturzustand ist. Es ist auch konsequent, weil davon ausgegangen wird, daß die Selbsterhaltung als das oberste Ziel aller menschlichen Bestrebungen gilt und eine Freiheit, die sich gegen die Erhaltung des Individuums richtete, sich nicht in die Konstruktion einpassen ließe. Auch bei Marx findet sich die Determination der Freiheit durch Notwendigkeit, nur ist es bei ihm die Notwendigkeit des politisch-ökonomischen Unterbaus.

Hobbes' wissenschaftlicher Materialismus, die Zurückführung des Menschen auf sich selbst und die Implikation, daß der Mensch ein sich ständig bewegendes System ist, das sich selbst steuert, bildet einen wesentlichen Bestandteil seiner politischen Philosophie und insbesondere für die Ableitung der politischen Pflichten im gesellschaftlichen Zustand. Nach Macpherson benötigt Hobbes außer dem mechanischen Postulat auch noch das Postulat aus seiner „Markt-Prämisse“,[130] „daß die Bewegung eines jeden Individuums notwendig der Bewegung jedes anderen entgegensteht“, für die Ableitung der politischen Pflichten und der Gesellschaft.[131]

Hier stellt sich dann die Frage: Wie gelangt Hobbes zur Installation eines staatlichen Zustandes, mit Individuen, die nur ihr Recht auf alles kennen und keinerlei gesellschaftliche oder ethische Bindungen anerkennen?

Aus der Hobbes'schen Analyse des Menschen im Naturzustand folgt notwendig die Tendenz zum Kriegszustand, also zum Zustand, in dem allgegenwärtige Furcht vor anderen Individuen herrscht. Der Schluß, daß der Naturzustand (Kriegszustand) dem von seinen Bedürfnissen geleiteten und furchtsamen Wesen Mensch widerspricht, liegt nahe.

> „Was ihn zum Frieden treibt, ist seine Furcht vor dem Tode, sein Verlangen nach Dingen, die ihm sein Leben angenehm machen können, und die Hoffnung, sie durch Anstrengung zu erlangen.“[132]

Die permanente Bedrohung des Lebens im Naturzustand treibt das Individuum zur Überwindung dieses Zustandes an. Es geht also nicht um die Verwirklichung eines Ideals oder um die Rückführung des durch die Zivilisation verdorbenen Menschen in den wahren, ursprünglichen Zustand der Güte, wie etwa bei Rousseau, sondern um das praktische Problem, wie es möglich wäre, dem Individuum Sicherheit zu gewährleisten. Nicht das Streben nach individueller Freiheit im Staat ist das Ziel der Bemühungen von Hobbes, sondern deren Beschneidung auf ein Mindestmaß um der Sicherheit willen. Der Wunsch nach dem nackten Überleben, nach Sicherheit und Frieden bringt den Menschen dazu, sich einem zentralen Gewaltmonopol zu unterwerfen, das über die Erhaltung des Friedens wacht.

In den modernen Naturrechtstheorien wird sowohl die Entstehung der Gesellschaft als auch die des Staates auf einen Vertrag zurückgeführt. So heißt es bei Hobbes:

Jeder einzelne sagt gleichsam: Ich gebe mein Recht, über mich selbst zu bestimmen, auf und übertrage es diesem anderen Menschen oder dieser Versammlung — unter der alleinigen Bedingung, daß auch du ihm deine Rechte überantwortest und ihn ebenfalls zu seinen Handlungen ermächtigst. Wenn sich Menschen so zu einer Person vereinigen, bilden sie einen *Staat*, der Lateiner sagt Civitas. Dies ist die Geburt des Großen Leviathan, oder vielmehr (um ehrerbietiger zu sprechen) des sterblichen Gottes, dem allein wir unter dem ewigen Gott Schutz und Frieden verdanken. Durch die (ihm von jedem einzelnen im Staate zuerkannte) Autorität und die ihm übertragene Macht ist er nämlich in der Lage, alle Bürger zum Frieden und zu gegenseitiger Hilfe gegen auswärtige Feinde zu zwingen.[133]

Gesellschaft und Staat sind weder von Natur gegeben noch eine Schöpfung Gottes. Bei Hobbes heißt es, daß das Zusammenleben der Tiere von der Natur her in ihnen angelegt ist, daß der Menschen jedoch nur ein Vertragswerk und daher ein künstliches Werk ist.

Hobbes stellt sich den Übergang in den staatlichen Zustand so vor, daß alle Individuen untereinander sich vertraglich darauf einigen, auf ihre uneingeschränkten Rechte (Naturrecht) zu verzichten zugunsten des Souveräns (Herrscher oder Versammlung), der allein im Besitze aller Rechte bleibt („der übriggebliebene Wolf", E. Bloch).

Ein Staat gilt als gegründet, wenn eine Vielzahl von Menschen sich einigt und durch Vertrag eines jeden mit einem jeden übereinkommt, daß jeder — sowohl der, der dafür, als auch der, der dagegen gestimmt hat — alle Handlungen und Urteile jedweden Menschens oder jedweder Versammlung von Menschen, denen durch die Mehrheit das Recht verliehen wird, ihrer aller Person zu vertreten (d. h. ihre Vertretung zu sein), in derselben Weise autorisieren soll, als wenn sie seine eigenen wären — und zwar mit dem Ziel, friedlich miteinander zu leben und vor anderen Menschen geschützt zu sein.[134]

Der Gesellschaftsvertrag wird nicht mit dem Souverän direkt abgeschlossen, sondern er ist nur der „begünstigte Dritte" (Willms), woraus sich einschneidende Konsequenzen ableiten lassen, die im Leviathan Kap. 18 aufgeführt sind. Genannt sei hier nur, daß „der Vorwurf eines Vertragsbruches niemals den Herrscher treffen" kann, daß „die Handlung des Herrschers einem Untertan gegenüber kein Unrecht sein" kann.[135]

Sind Hobbes' Postulate durchweg individualistisch, liberal, so kann auch dem hier Angedeuteten schon gesagt werden, daß seine Ableitungen absolutistischen Charakter tragen. Das liberale Konstrukt dient der Begründung für den absoluten Herrscher, der als einziges Individuum im Staat seine Rechte behält. Hier sei noch auf eine Problematik der Hobbes'schen Philosophie eingegangen: die Doppeldeutigkeit des Naturbegriffes.[136] Einmal wird versucht den Naturzustand als rein kausales Geschehen abzuleiten, was Hobbes durch seine pessimistische Sicht des Menschen, das Postulat der Gleichheit der Individuen (Gleichheit in zweierlei Hinsicht: „gleiche Fähigkeit und gleiche Hoffnung ein Ziel zu erreichen"[137]) und der Hereinnahme der Marktraison in seinen Naturzustand überzeugend gelingt.

Zum anderen wird das rationale Handeln des Menschen nach gegebenen Normen ebenfalls als natürlich bezeichnet. Relativ einfach ist die Lösung dieses Problems, wenn die Natur kausal bestimmt wird und davon abgehoben die gesellschaftliche Norm (Gesellschaftsvertrag) als positive Satzung darübergestülpt wird. (Wie z. B. bei Descartes, Althusius, Cusanus).[138]

Hobbes versucht nun eine Synthese zwischen diesen sich diametral gegenüberstehenden Grundauffassungen. Es ist der Versuch, nicht nur den Naturzustand nach naturwissenschaftlichen Kategorien zu entwerfen, sondern auch die juristische Norm des staatlichen Zustandes nach der gleichen Methode zu deduzieren.

Kausal leitet Hobbes von physiologischen Postulaten die Souveränität des Individuums, das Naturrecht auf alles, was er begehrt, ab. Alles zu tun, sich alles anzueignen, worauf Lust besteht ohne Rücksicht auf den anderen, bedeutet rationales, rechtes (im Sinne des Naturrechts) Verhalten. Aber der freie Entschluß, dieser Rechte zu entsagen, und zwar für immer, ist ebenfalls rationales Handeln. Borkenau sieht dann auch in diesem Problem einen Widerspruch: „In der Welt der Verderbnis soll das soziale Bewußtsein nicht selbst ein Trieb sein und doch das stärkste aller Motive."[139] In diesem Widerspruch, d. h. in der Tatsache, daß Hobbes, um den Bürgerkrieg zu überwinden, eine seiner Ausgangssituation übersteigende These entwarf, zeigt sich nach Koselleck gerade seine Größe als geschichtlich denkender Philosoph:

Als ein Geschichtsdenker, dem es darum ging, den Bürgerkrieg zu überwinden, hat er eine Antwort gefunden, die die Ausgangssituation übersteigt. Der bereits von den Zeitgenossen erhobene Einwand, daß Hobbes aus dem, was ist, ableite, was sein soll, daß er aus einem Naturzustand, in dem die Menschen einander Wölfe sind, den geordneten Staat entspringen lasse, ein Einwand, der Dilthey veranlaßte, von der „impetuosen Subjektivität" des Hobbes zu sprechen, beweist gerade die Geschichtlichkeit seines Denkens. In der Geschichte ergibt sich immer mehr oder weniger, in jedem Fall anderes, als in den Vorgegebenheiten enthalten ist; darin ist ja gerade ihre Aktualität begründet. Hobbes dachte geschichtlich sogar in hervorragendem Maße, als er den logisch paradoxen Sprung aus dem Naturzustand des Bürgerkrieges in den perfekten Staat vollzog. Hobbes brachte zur Sprache, was das siebzehnte Jahrhundert ausgezeichnet hat. Die Kraft seines Denkens erweist sich an dem prognostischen Element, das ihm inhärent ist.[140]

Hobbes ist überzeugt, die Pflicht zu moralischem Verhalten von der bestehenden Wirklichkeit mit verbreiteter Furcht logisch abgeleitet zu haben, d.h. die Deduktion des Sollens vom Sein geleistet zu haben, und zwar ohne Einführung einer äußeren (göttlichen oder mystischen) Instanz, sondern aus immanenter Vernunft, nämlich der Vermeidung der Furcht und Unsicherheit.[141]

Quellentexte

Thomas Hobbse: Leviathan

Die natürlichen Bedingungen des Menschseins, menschliches Glück und Unglück

Die Menschen sind von Natur aus gleich, sowohl in ihren körperlichen als auch in den geistigen Anlagen. Es mag wohl jemand erwiesenermaßen stärker sein als ein anderer oder schneller in seinen Gedankengängen, wenn man jedoch alles zusammen bedenkt, so ist der Unterschied zwischen den einzelnen Menschen nicht so erheblich, daß irgend jemand Veranlassung hätte, sich einen Anspruch daraus herzuleiten, den ein anderer nicht mit dem gleichen Recht geltend machen könnte. Man nehme nur die Körperstärke: Selbst der Schwächste ist stark genug, auch den Stärksten zu vernichten; er braucht sich nur einer List zu bedienen oder sich zu verbinden mit anderen, die in derselben Gefahr sind wie er.

Im Bereich der geistigen Fähigkeiten scheint mir die Gleichheit noch offensichtlicher zu sein — eine Ausnahme bilden nur die Künste, die sich des Wortes bedienen, vor allem die Wissenschaften, die nämlich verlangen, daß man allgemeingültige Regeln abzuleiten in der Lage ist, eine Fähigkeit, die nur wenige und dann nur begrenzt auf einzelne Denkbereiche besitzen, denn sie ist nicht angeboren und kann auch nicht — wie die Klugheit — durch einfaches Schlußfolgern erworben werden. Denn Klugheit ist nichts als Erfahrung, und diese wird allen in gleicher Weise zuteil, wenn sie nur irgendeiner Sache die gleiche Aufmerksamkeit schenken. Es lebt nur jeder in dem Irrglauben, die eigene Weisheit sei größer als die aller übrigen, und so allein mag meine Behauptung unglaubhaft scheinen. Nur ganz wenige ist er bereit, anzuerkennen — sei es ihres Ruhmes wegen, sei es, weil ihre Ansichten mit den seinen übereinstimmen. Denn so ist die Natur des Menschen: er mag zwar zugestehen, daß es geistreichere, redegewandtere oder gebildetere Menschen geben mag als ihn selbst, er wird aber schwerlich glauben wollen, daß es viele gibt, die ihm an Weisheit gleichkommen. Seinen eigenen Verstand nämlich sieht er ganz aus der Nähe, den der anderen dagegen nur von fern. Allein, dies ist eher ein Beweis für die Gleichheit der Menschen als für ihre Ungleichheit. Denn von der gerechten Verteilung einer Sache zeugt im allgemeinen nichts offenkundiger, als daß ein jeder mit seinem Anteil zufrieden ist.

Dieser Gleichheit der Fähigkeiten entspringen die gleichen Hoffnungen, ein Ziel zu erreichen. So werden zwei Menschen zu Feinden, wenn beide zu erlangen versuchen, was nur einem von ihnen zukommen kann. Um ihr Ziel zu erreichen (welches fast immer ihrer Selbsterhaltung dient, nur selten allein der größeren Befriedigung ihrer Bedürfnisse), trachten sie danach, den anderen zu vernichten oder ihn sich untertan zu machen. Hier öffnet sich das Feld für einen Angreifer, der nicht mehr zu fürchten hat, als die Macht eines Einzelnen. Derjenige nämlich, der ein gutes Stück Land bepflanzt, besät oder gar besitzt, wird fürchten müssen, daß andere mit vereinten Kräften kommen, um ihn nicht nur seines Brotes, sondern auch seines Lebens oder seiner Freiheit zu berauben. Und der Angreifer selbst ist wieder durch andere gefährdet.

Die Folge dieses wechselseitigen Argwohns ist, daß sich ein jeder um seiner Sicherheit willen bemüht, dem anderen zuvorzukommen. So wird er sich so lange gewaltsam oder hinterrücks des anderen zu bemächtigen suchen, bis ihn keine größere Macht mehr gefährden kann. Das verlangt nur seine Selbsterhaltung und wird deshalb allgemein gebilligt. Schon weil es einige geben mag, die bestrebt sind, aus Machtgier und Eitelkeit mehr an sich zu reißen, als zu ihrer Sicherheit notwendig wäre. Die aber, die glücklich wären, sich in schmalen Grenzen zu begnügen, würden schnell untergehen, wenn sie sich — ein jeder für sich — verteidigen würden und nicht danach trachteten, durch Eroberungen ihre Macht zu vergrößern. Folglich muß dem Menschen die Ausweitung seiner Macht über andere, zu der ihn sein Selbsterhaltungstrieb zwingt, erlaubt sein.

Das Zusammenleben ist den Menschen also kein Vergnügen, sondern schafft ihnen im Gegenteil viel Kummer, solange es keine übergeordnete Macht gibt, die sie alle im Zaum hält. Ein jeder ist darauf bedacht, daß die anderen ihn genauso schätzen, wie er sich selbst. Auf jedes Zeichen der Verachtung oder Geringschätzung hin ist er daher bestrebt, sich höhere Achtung zu erzwingen — bei den einen, indem er ihnen Schaden zufügt, bei den anderen durch das statuierte Exempel. Er wird dabei so weit gehen, wie er es wagen darf — was dort, wo es keine Ordnungsgewalt gibt, zur wechselseitigen Vernichtung führt.
So sehen wir drei Hauptursachen des Streites in der menschlichen Natur begründet: Wettstreben, Argwohn und Ruhmsucht.
Dem Wettstreben geht es um Gewinn, dem Argwohn um Sicherheit, der Ruhmsucht um Ansehen. Die erste Leidenschaft scheut keine Gewalt, sich Weib, Kind und Vieh eines anderen zu unterwerfen, ebensowenig die zweite, das Geraubte zu verteidigen, oder die dritte, sich zu rächen für Belanglosigkeiten wie ein Wort, ein Lächeln, einen Widerspruch oder irgendein anderes Zeichen der Geringschätzung, das entweder ihm selbst oder aber seinen Kindern oder Freunden, seinem Vaterland, seinem Gewerbe oder seinem Namen entgegengebracht wird.
Und hieraus folgt, daß Krieg herrscht, solange die Menschen miteinander leben ohne eine oberste Gewalt, die in der Lage ist, die Ordnung zu bewahren. Und es ist ein Krieg, den jeder Einzelne gegen jeden führt. Der Krieg zeigt sich nämlich nicht nur in der Schlacht oder in kriegerischen Auseinandersetzungen. Es kann vielmehr eine ganze Zeitspanne, in der die Absicht, Gewalt anzuwenden, unverhüllt ist, ebenso Krieg sein. Und deshalb ist der Begriff der Zeit mit der Natur des Krieges ebenso untrennbar verbunden wie mit dem Begriff des Wetters. Macht doch nicht allein ein Regenschauer das schlechte Wetter aus, sondern ebensosehr die tagelange Regenneigung. Und gleichermaßen zeigt sich das Wesen des Krieges nicht nur im wirklichen Gefecht, sondern schon in einer Periode der offensichtlichen Kriegsbereitschaft, in der man des Friedens nicht sicher sein kann. Jeden anderen Zustand aber mag man als Frieden bezeichnen.
Was immer die Folgen eines Krieges sein mögen, in dem jeder des anderen Feind ist, die gleichen Folgen werden auftreten, wenn Menschen in keiner anderen Sicherheit leben als der, die ihr eigener Körper und Verstand ihnen verschafft. In einem solchen Zustand gibt es keinen Fleiß, denn seine Früchte werden ungewiß sein, keine Bebauung des Bodens, keine Schiffahrt, keinerlei Einfuhr von überseeischen Gütern, kein behagliches Heim, keine Fahrzeuge zur Beförderung von schweren Lasten, keine geographischen Kenntnisse, keine Zeitrechnung, keine Künste, keine Literatur, keine Gesellschaft. Statt dessen: Ständige Furcht und die drohende Gefahr eines gewaltsamen Todes. Das Leben der Menschen: einsam, arm, kümmerlich, roh und kurz.
Wer hierüber noch keine ernsthaften Erwägungen angestellt hat, dem mag es wohl befremdlich erscheinen, daß die Natur die Menschen einander derart entfremdet haben sollte, daß einer den anderen angreift und vernichtet. Und er möchte gewiß gern durch die Erfahrung bestätigt sehen, was sich aus der triebhaften Veranlagung des Menschen als notwendiger Schluß er-

gibt. Er braucht aber nur selbst hinzusehen: Wenn er eine Reise unternimmt, versieht er sich mit Waffen und sucht zu seinem Schutz eine sichere Begleitung. Wenn er sich schlafen legt, verriegelt er seine Tür und selbst die Schränke in seinem eigenen Haus. Dabei weiß er doch, daß es Gesetze gibt und Männer, deren Pflicht es ist, ihn für jedes nur mögliche Unrecht mit Waffengewalt zu rächen. Was für eine Meinung muß er also von seinen Mitbürgern haben, wenn er glaubt, sich gegen sie rüsten zu müssen, was muß er von seinen Nachbarn denken, wenn er beim Schlafengehen die Türen versperrt, und was von seinen Hausgenossen, wenn er die Schränke verriegelt? Klagt er die Menschheit mit solchem Handeln nicht stärker an als ich mit meinen Worten? Doch beide klagen wir nicht die Natur des Menschen an sich an. Die menschlichen Triebe und Leidenschaften sind in sich selbst nicht Sünde. Und auch seine triebhaften Handlungen sind es nicht, solange kein Gesetz sie verbietet. Ein solches Gesetz kann der Mensch aber erst dann kennen, wenn es geschaffen ist; und es kann erst geschaffen werden, wenn man irgend jemanden zum Gesetzgeben ermächtigt hat[142].

Man mag vielleicht denken, daß es diesen Zustand des Krieges aller gegen alle niemals gegeben habe. Auch ich glaube, daß er niemals in der ganzen Welt zugleich in dieser Weise geherrscht hat. Sicher aber immer an einigen Orten. Denn noch heute sehen wir Menschen unter diesen Bedingungen leben. Die Eingeborenenvölker vieler Teile *Amerikas* z. B. kennen keine Regierung, es sei denn eine Ordnung innerhalb der Familie. Und zu Familiengemeinschaften schließen sie sich zur Befriedigung ihrer Lustbedürfnisse zusammen. Sie leben also heute noch ganz so tierhaft, wie ich es oben beschrieben habe. Aber wie dem auch sei: Wie das Leben ohne eine furchtgebietende oberste Gewalt aussehen würde, kann man aus dem Zustand ersehen, in den Menschen, die vorher unter einer friedlichen Regierung gelebt haben, im Bürgerkrieg verfallen.

Und wenn es nie eine Zeit gegeben haben sollte, in der jeder des anderen Feind gewesen ist, so leben doch die Könige und alle souveränen Machthaber aus Furcht vor dem Verlust ihrer Unabhängigkeit in unaufhörlichem Argwohn und in Stellung und Haltung wie Gladiatoren; ihre Waffen sind gezückt, und einer belauert den anderen: durch Festungen, Heere und Geschütze an den Grenzen, durch Spione im Inneren. Es herrscht also Krieg. Doch weil sie dadurch ihre Untertanen in Tätigkeit halten, tritt nicht jener elende Zustand ein, der die Folge der absoluten Freiheit aller ist.

Wenn ein jeder gegen jeden Krieg führt, so kann auch nichts als unerlaubt gelten. Für die Begriffe Recht und Unrecht, Gerechtigkeit und Ungerechtigkeit bleibt kein Raum. Wo es keine Herrschaft gibt, gibt es auch kein Gesetz. Wo es kein Gesetz gibt, kann es auch kein Unrecht geben. List und Gewalt sind die einzigen Tugenden. Denn weder Gerechtigkeit noch Ungerechtigkeit sind Naturanlagen des Menschen — nicht geistige und auch nicht körperliche. Wenn sie es wären, so müßten sie auch einem Menschen, der ganz allein auf der Welt lebte, eignen — ganz so wie sein Gefühl, wie seine Triebe. Es kennt sie aber nur der Mensch in der Gesellschaft, nicht der im Naturzustand. Aus demselben Grunde auch gibt es keinen Besitz, kein Eigentum, überhaupt keine Vorstellung von *mein* und *dein*. Vielmehr kann sich jeder alles aneignen und kann es so lange für sich behaupten, wie er in

der Lage ist, es zu sichern. So viel über jenen armseligen Zustand, in den der Mensch von Natur aus verwiesen ist. Es ist ihm jedoch möglich, ihm zu entrinnen; diese Möglichkeit liegt teils in seinen Leidenschaften, teils in seiner Vernunft.
Was ihn zum Frieden treibt, ist seine Furcht vor dem Tode,[143] sein Verlangen nach Dingen, die ihm sein Leben angenehmer machen können, und die Hoffnung, sie durch Anstrengung zu erlangen. Seine Vernunft läßt ihn für den Frieden notwendige Grundsätze aufstellen, zu deren Annahme die Menschen veranlaßt werden können. Solche Grundsätze werden gemeinhin als die natürlichen Gesetze bezeichnet. Und sie sollen der Gegenstand meiner Betrachtung in den nächsten beiden Kapiteln sein.[134a]

6. JOHN LOCKE: EIGENTUM UND GESELLSCHAFT

> „Das große und hauptsächliche Ziel also, zu dem sich Menschen im Staatswesen zusammenschließen, ist die Erhaltung ihres Eigentums."[144]

Die politische Theorie des englischen Philosophen John Locke (1632—1704) wirkte sehr nachhaltig auf die politische Wirklichkeit der westlichen Welt, wohl auch deshalb, weil er dem aufstrebenden Bürgertum eine Rechtfertigung des Kapitalismus, der unbeschränkten Anhäufung von privatem Eigentum, lieferte.[145]
Wie bei Hobbes, so nimmt auch bei Locke die politische Philosophie ihren Ausgang von der Lehre des Naturzustandes. Aber anders als bei Hobbes, wo sich die einzelnen Individuen völlig feindlich und isoliert gegenüberstehen, handelt es sich bei Lockes Naturzustand um eine „bereits entwickelte, bürgerliche Gesellschaft"[146] mit Privateigentum und dem Verhältnis von Eigentümern und Lohnabhängigen. Die Menschen stehen in wirtschaftlichen Beziehungen miteinander.
Obwohl Locke die Gleichheit aller Individuen voraussetzt, — „Lebewesen von gleicher Art und gleichem Rang, die unterschiedslos zum Genuß derselben Vorteile der Natur und zum Gebrauch der gleichen Fähigkeiten geboren sind, [sollen] auch gleichgestellt leben [. . .], ohne Unterordnung oder Unterwerfung . . ."[147] — wird seine Theorie, durch die Hereinnahme von Elementen bürgerlicher Verhältnisse in seinen Naturzustand, zur Rechtfertigungslehre des Frühkapitalismus; denn sein Postulat

bringt nicht die faktische Gleichheit oder zumindest die Chancengleichheit, sondern nur die abstrakte, formale Gleichheit vor dem Gesetz.[148]

Dies verdeutlicht folgende Aussage:

> ... Alter oder Tüchtigkeit können einigen Menschen einen gerechten Vorrang verleihen. Hervorragende Talente und Verdienste mögen andere über den Durchschnitt heben. Geburt mag den einen verpflichten, Verwandtschaft oder Wohltaten einen anderen ... Trotzdem ist dies vereinbar mit der Gleichheit aller Menschen in bezug auf die Rechtssprechung und die Herrschaft des einen über den anderen. Es ist jene Gleichheit ... nämlich jenes gleiche Recht eines jeden auf seine natürliche Freiheit ohne Unterwerfung unter den Willen oder die Autorität irgendeines anderen Menschen.[149]

Daß Locke die formale Gleichheit vor dem Gesetz voraussetzt, die objektiv vorhandene Ungleichheit, welche aus den ökonomischen Verhältnissen des Frühkapitalismus resultiert, aber als natürlich und gottgewollt oder selbstverschuldet unterstellt, bringt seiner Theorie von seiten der aufsteigenden Klasse der Bürger — definiert als Klasse der Besitzenden — große Zustimmung entgegen. Es entspricht dem Interesse der Besitzbürger, daß der göttlich begründete Naturzustand der bestehenden Wirklichkeit mit der faktischen Ungleichheit der Individuen, die auf dem Besitz oder Nichtbesitz von Kapital basiert, sehr ähnelt und deshalb mit reinem Gewissen die Lohnabhängigen ausgebeutet werden können. Die Idee der allgemeinen Emanzipation wird korrumpiert. Emanzipieren kann sich nur der Besitzende. Übertragen auf den Bereich der Außenpolitik, bedeutet dies die Rechtfertigung des Imperialismus. Ausbeutung ist das adäquate Verhalten gegenüber den Naturvölkern in den Kolonialgebieten.[150]

In seinem Werk „Versuch über den menschlichen Verstand" (1690) setzt sich Locke mit den wichtigen soziologischen Grundbegriffen Arbeit und Eigentum auseinander.

Lockes Rechtfertigung des individuellen Eigentums, als natürliche Kategorie des Menschen, bildet den zentralen Gedanken seiner Theorie der bürgerlichen Gesellschaft. Die Erhaltung, Sicherung und Erweiterung des Eigentums gelten als oberstes

Ziel für die Gründung des Staates. Wobei Locke den Begriff des Eigentums ziemlich weit faßt, wenn er sagt:

Unter Eigentum will ich hier, wie auch an anderen Stellen, jenes Eigentum verstanden wissen, welches die Menschen sowohl an ihrer Person als auch an ihren Gütern haben.[151]

Unter Eigentum an der eigenen Person ist wohl die freie Verfügungsgewalt über sich selbst, die individuelle Freiheit, zu verstehen. Eigentum an sich selbst bedeutet Identität und Entscheidungsfreiheit. Somit wird das Eigentum bei Locke, das auch Eigentum an der eigenen Person ist, zum Inbegriff von Leben und Freiheit überhaupt.

Lockes überragende Leistung war es, das Eigentumsrecht zunächst auf natürliches Recht und natürliches Gesetz zu gründen und dann alle dem Eigentumsrecht vom natürlichen Gesetz auferlegten Beschränkungen aufzuheben.[152]

Auf diese Kerngedanken der Locke'schen Eigentumslehre im Second Treatise soll hier eingegangen werden. Das natürliche Recht des Menschen auf Leben, Gesundheit und Freiheit ist für Locke so selbstverständlich, daß es für ihn keiner Begründung bedarf.

Er akzeptierte weiter die traditionelle Auffassung, „daß Gott (die Erde) den Menschen gemeinsam gegeben hat."[153] Es erhebt sich nun die Frage, wie Locke den Erwerb von individuellem Eigentum rechtfertigt, wenn er auf der anderen Seite das Gemeineigentum anerkennt.

Er äußert dazu: „Da die Früchte der Erde dennoch dem Menschen zu ihrem Gebrauch gegeben sind, muß es . . . Wege geben, auf irgendeine Weise in ihren Besitz zu gelangen."[154] Das heißt, um Nutzen aus der natürlichen Produktion der Erde ziehen zu können, also das eigene Leben auf dieser Welt zu erhalten, müssen diese „sein eigen sein, und zwar so sein eigen, d. h. Teil des Seinen, daß kein anderer mehr ein Recht darauf haben kann.[155]

Die Selbsterhaltung kann vom Individium nur realisiert werden, wenn es sich Nahrung, Kleidung etc. aneignet. Dies geschieht ganz einfach durch „die Arbeit seines Körpers und das Werk seiner Hände“ und diesen Gedanken weiterführen, bedeutet für Locke, daß die menschliche Arbeit als Eingriff in die Natur — indem er den Zustand der Natur „mit seiner Arbeit gemischt“ und ihm „etwas hinzugefügt (hat), was sein eigen ist — es folglich zu seinem Eigentum gemacht“ hat.[156] „Durch seine Arbeit grenzt er (das Land) gleichsam gegen das Gemeineigentum ab.“[157]

Aber im Unterschied zum Naturzustand Hobbes', wo jedes Individuum das natürliche Recht auf alles besitzt, wird der Handlungsspielraum des einzelnen bei Locke durch das Naturgesetz beschränkt. Dies ist konsequent; denn in einem Zustand, in dem die Individuen frei miteinander kommunizieren und Geschäfte abwickeln, bedarf es der Beachtung allgemeiner Regeln und Gesetze.

Die Aneignung durch Arbeit erfährt bei Locke ursprünglich zwei Begrenzungen. Zum einen darf sich jeder nur soviel aneignen, daß auch für den anderen „genügend und ebenso gutes Land vorhanden“ ist;[158] denn jeder hat das gleiche Recht auf Selbsterhaltung.

Zum andern darf sich jeder soviel zu eigen machen „als ein jeder zu irgendwelchem Vorteil für sein Leben nützen kann, bevor es verdirbt“.[159] Diese Vorschriften sind Naturgesetze und als solche Vernunft. Die Grenzen sind einleuchtend und es erscheint jedem vernünftigen Wesen sinnlos, mehr zu horten, als es für die eigene Existenz verbrauchen kann, zumindest in einer ökonomischen Entwicklungsstufe der Selbstversorgung oder des Naturaltausches.

Die Situation verändert sich schlagartig mit der Einführung des Geldes und den Edelmetallen als Tauschäquivalente. Eine Begrenzung des Eigentumerwerbs wegen Verderbnis ist da nicht mehr zu rechtfertigen, und was die andere Begrenzung anbelangt, so ist Locke Merkantilist und sieht in der Akkumulation von Geld einen Motor für die Ausweitung von Handel und Gewerbe, wenn Geld entsprechend als Kapital angelegt wird. Im selben Zug ist auch eine erhöhte Bodenakkumulation gerechtfertigt, da die landwirtschaftlichen Erzeugnisse in Geld eingetauscht werden können und dies im Sinne des Merkantilismus für die Nation von Nutzen war.[160] Damit war auch die Rechtfertigung für den ungleichen Grundbesitz geliefert. „Diese Verteilung der Dinge zu ungleichem Privatbesitz haben die Menschen — außerhalb der Grenzen der Gesellschaft und nicht durch Vertrag — allein dadurch ermöglicht, daß sie Gold und Silber Wert beimaßen und stillschweigend in den Gebrauch des Geldes einwilligten."[161]

Die Einführung des Geldes und die daraus folgende ungleiche Verteilung des Grundbesitzes sowie das Verschwinden der ursprünglichen Beschränkungen der Appropriation legt Locke bereits in den Naturzustand.

Was Locke damit implizit leistet, ist die Rechtfertigung der Trennung von Arbeit und Appropriation. Arbeit ist Eigentum des Menschen und kann veräußert werden wie eine Ware, außer Waren- und Kapitalmarkt war auch der Arbeitsmarkt „natürlich".[162] Damit war der Grundstein gelegt für die sich hartnäckig haltende Ideologie des freien Arbeitsvertrages mit der Annahme, daß Kapitalist und Lohnempfänger sich als ebenbürtige Partner gegenüberstehen.

Auf eine bedeutende Unstimmigkeit in Lockes Naturzustand soll hier nur kurz eingegangen werden, und zwar wird im Second Treatise einmal der Naturzustand dem Kriegszustand als entgegengesetzt gegenübergestellt,[163] und zum andern werden beide gleichgesetzt,[164] wenn durch die Beseitigung der bürgerlichen Gesellschaft die Individuen wieder in den Naturzustand zurückfallen.

Macpherson führt diese Doppeldeutigkeit bei Locke auf die unbewußte Hereinnahme zweier Gesellschaftskonzeptionen zurück, von denen die eine auf die Gleichheit der Individuen, die andere auf das Bestehen zweier Klassen, die sich durch den unterschiedlichen Grad der Vernunft auszeichnen, baut.

Die eine Klasse, „arbeitsam und vernünftig", verfügt über Eigentum, die andere aber arbeitet nur, um zu konsumieren.[165]

Beide Auffassungen Lockes vom Naturzustand entspringen also einem bürgerlichen Gesellschaftsbegriff. Und ihre gemeinsame Quelle täuschte über ihren widersprüchlichen Charakter. Es war letzten Endes Lockes Verständnis seiner eigenen Gesellschaft, das doppeldeutig und widersprüchlich war ... Es spiegelte sehr genau die Ambivalenz des aufsteigenden Bürgertums wider, das formale Gleichheit der Rechte forderte, aber substantielle Ungleichheit der Rechte brauchte.[166]

Wozu bedarf es überhaupt der Einrichtung eines Staates in einem friedlichen Naturzustand, in dem jeder aus Vernunft treu dem Naturgesetz handelt, der dann doch nicht so friedlich ist? Locke motiviert den Abschluß eines Gesellschaftsvertrages, genau wie Hobbes, mit dem starken Sicherheitsbedürfnis. Der Mensch kann „sich seiner doch nur mit wenig Sicherheit erfreuen und ist fortwährend den Übergriffen anderer ausgesetzt.[167]

Locke nennt drei schwerwiegende Mängel des Naturzustandes. Erstens fehlt es an einem verbindlichen und

allgemein bekannten Gesetz ... Denn obwohl das Naturgesetz allen vernunftbegabten Wesen klar und verständlich ist, sind doch die Menschen zugunsten ihrer eigenen Interessen voreingenommen ... so daß sie es nicht leicht als Gesetz anerkennen, das auf ihre persönlichen Streitfälle angewandt für sie verbindlich wäre.[168]

Heute würden wir sagen, daß über die Grundsätze eventuell leicht Übereinstimmung erzielt werden kann, aber die konkreten Ausführungsbestimmungen nicht mehr akzeptiert würden. Im Grunde ist hier das Problem angesprochen, ob das Individuum aus seinem Einzelinteresse heraustreten kann und sich zugunsten der Gemeinschaft entscheidet, einer Gemeinschaft, die es noch gar nicht gibt; denn Lockes Konstruktion des Naturzustandes ist rein individualistisch angelegt und insofern wäre der von ihm beklagte Egoismus ja vernünftig. Es liegt also wenn nicht schon in der Konstruktion des Naturzustandes, so doch spätestens in seiner Negation eine bestimmte Vorstellung der Integration des Individuums zugrunde; es soll an positives (gesetztes) Recht gebunden werden. Spätestens hier muß nach der Freiheit des Individuums in der Gesellschaft befragt werden. Dazu führt Locke aus:

... so ist es das Ziel des Gesetzes, mag es auch mißverstanden werden, nicht, die Freiheit abzuschaffen oder einzuschränken, sondern sie zu erhalten und zu erweitern ... Freiheit nämlich bedeutet frei sein von Zwang und Gewalttätigkeit anderer, was nicht sein kann, wo es keine Gesetze gibt. Doch Freiheit ist nicht ... die Freiheit für jeden, zu tun, was ihm einfällt ... sondern die Freiheit, innerhalb des Spielraums jener Gesetze, denen er untersteht, über seine Person, seine Handlungen, seinen Besitz und sein gesamtes Eigentum zu verfügen ...[169]

Hier gewinnt der dialektische Aspekt der Freiheit des Individuums in einer arbeitsteiligen wirtschaftenden Gesellschaft seine Konturen. Freiheit des Individuums in der Vorstellung des Besitzbürgertums bedeutet: ungestörte Handelsbeziehungen, unbeschränkter Eigentumserwerb ohne jegliche Verpflichtung. Diese Freiheit ist nur gewährleistet bei der Einhaltung des Gesetzes — Freiheit und Gesetzestreue fallen zusammen.

Zum zweiten fehlt es im Naturzustand an einem anerkannten und unparteiischen Richter, mit der Rechtsgewalt, alle Streitigkeiten nach feststehendem Gesetz zu entscheiden.[170]
Zum dritten fehlt es im Naturzustand häufig an einer Gewalt, die dem Urteil, wenn es gerecht ist, Rückhalt gibt, es verteidigt und für die gebührende Vollstreckung sorgt.[171]

Aus der Aufzählung dessen was alles fehlt im Naturzustand ist schon zu erkennen, wie sich Locke den staatlichen Zustand, der ebenfalls wie bei Hobbes durch den Abschluß eines Gesellschaftsvertrages entsteht, vorstellt. Die Krise des Naturzustands wird überwunden, indem der einzelne darauf verzichtet, „... alles zu tun, was ihm der Erhaltung seiner selbst und der übrigen Menschheit dienlich scheint, ... um sich von den Gesetzen lenken zu lassen, die von der Gesellschaft gegeben werden ..."[172]
Die ursprünglichen Rechte werden beschnitten und der Autorität des Gesetzgebers übertragen, der im Unterschied zu Hobbes' Leviathan eine demokratische Legitimation besitzt und auch durch Mehrheitsbeschluß der Besitzenden wieder abgesetzt werden kann. „Zum zweiten entsagt er der Macht zu strafen vollkommen und setzt seine natürliche Kraft ein ..., um die exekutive Gewalt der Gesellschaft zu unterstützen."[173]
Locke konstruiert ein staatliches Machtmonopol. Die Dreiteilung der Gewalten wird institutionell in einer Zweiteilung

gefaßt — die Exekutive übt auch die richterliche Gewalt aus. Es ist wohl das Modell der konstitutionellen Monarchie, das Locke vorschwebt, in der der Herrscher unter dem Gesetz steht, das die Legislative schafft, und nicht darüber.

Der Verzicht des einzelnen auf die Ausübung seiner natürlichen Rechte „geschieht nur in der Absicht jedes einzelnen, sich seine Freiheit und sein Eigentum um so besser zu erhalten . . .“[174]

Die in der Antike von Platon idealisierte Auffassung der Hingabe von Eigentum und Leben für die Gesellschaft erscheint zunächst für Locke undenkbar; denn nicht das Gemeinwesen ist oberster Zweck, sondern die Sicherheit des Eigentums hat Priorität und der Staat hat einzig seinen Bestand darin, dieses oberste Ziel zu garantieren. Aufgrund dieses Sachverhalts könnte man bei oberflächlicher Betrachtung schnell schließen, Locke sei in seiner Auffassung Individualist, weil das Einzelinteresse (Sicherung des Eigentums) über das gesellschaftliche Interesse gestellt wird. Individualismus beinhaltet im wesentlichen, daß das Individuum „zum natürlichen Eigentümer seiner Person und seiner Fähigkeiten“[175] wird, ohne daß daraus irgendwelche Verpflichtungen der Gesellschaft gegenüber erwachsen. Macpherson vertritt nun die interessante These:

> Ein solcher Individualismus ist notwendig ein Kollektivismus (im Sinn der Behauptung eines Supremats der bürgerlichen Gesellschaft über ein jedes Individuum). Denn er behauptet eine Individualität, die nur durch Akkumulation von Eigentum voll verwirklicht werden kann und immer nur auf Kosten der Individualität der anderen. Soll eine solche Gesellschaft funktionieren, so muß die politische Autorität den Individuen übergeordnet sein; ist dies nicht der Fall, so kann es keine Garantie dafür geben, daß die Institution des Eigentums, die für diese Art von Individualismus wesentlich ist, genügend geschützt wird. Diejenigen Individuen, die die Mittel zur Entfaltung ihrer Persönlichkeit haben (die Besitzenden also), brauchen sich der bürgerlichen Gesellschaft gegenüber keine Rechte vorzubehalten, da die bürgerliche Gesellschaft von ihnen und für sie geschaffen wurde und von ihnen für sie gelenkt wird. Sie müssen nur darauf bestehen, daß die bürgerliche Gesellschaft, d. h. die Mehrheit ihrer selbst, jeglicher Regierung übergeordnet ist, weil ihnen sonst ein einzelnes Regiment entgleiten könnte.[176]

Unter diesem Gesichtspunkt sind Individualismus und Kollektivismus keine sich ausschließenden Gegensätze, sondern sich gegeneitig bedingende Komponenten. Die Übertragung individueller Rechte an die Geellschaft ist notwendige Voraussetzung zur Errichtung eines wirksamen Schutzes des Eigentums. Dieses Postulat war nur deshalb für die Besitzbürger annehmbar, weil sie später die bürgerliche Gesellschaft auch kontrollieren sollten. Locke war zweifellos einer der Begründer des englischen Liberalismus, dessen große Leistung es war, das freie und vernünftige Individuum als Maßstab einer vernünftigen Gesellschaftsordnung zu nehmen.

Nur war sich Locke dessen nicht bewußt, daß er durch die Annahme unterschiedlicher Vernunft der Individuen bzw. der unterschiedliche Gebrauch davon zu einer Theorie der Rechtfertigung von Klassengegensätzen gelangen sollte, in der die Individualität einiger nur zu Lasten der Individualität vieler möglich war.

Quellentexte

John Locke: Über die Regierung

DIE ZIELE DER POLITISCHEN GESELLSCHAFT UND DER REGIERUNG

123. Wenn der Mensch im Naturzustand so frei ist, wie gesagt worden ist, wenn er seiner eigenen Person und Besitztümer absoluter Herr ist, dem Größten gleich und niemandem untertan — warum soll er seine Freiheit aufgeben? Warum soll er auf diese höchste Macht verzichten und sich der Herrschaft und dem Zwang einer anderen Gewalt unterwerfen? Die Antwort darauf liegt auf der Hand; denn wenn er im Naturzustand auch ein solches Recht hat, so kann er sich seiner doch nur mit wenig Sicherheit erfreuen und ist fortwährend den Übergriffen anderer ausgesetzt. Da nämlich alle in demselben Maße König sind wie er selbst, da alle Menschen gleich sind und der größere Teil von ihnen sich nicht streng an Billigkeit und Gerechtigkeit hält, ist der Besitz seines Eigentums in diesem Zustand höchst unsicher und höchst ungewiß. Dies läßt ihn bereitwillig einen Zustand aufgeben, der bei aller Freiheit voll ist von Furcht und beständiger Gefahr, und nicht ohne Grund verlangt es ihn und ist er bereit, sich zu einer Gesellschaft mit anderen zu verbinden, die sich entweder schon vereinigt haben oder doch die Absicht haben, sich zu vereinigen — zur gegenseitigen Erhaltung ihres Lebens, ihrer Freiheit und Güter, was ich ganz allgemein Eigentum nenne.

124. Das große und hauptsächliche Ziel also, zu dem sich Menschen in Staatswesen zusammenschließen, ist die Erhaltung ihres Eigentums. Im Naturzustand fehlt dazu vielerlei.

Zum ersten fehlt es an einem feststehenden und allgemein bekannten Gesetz, das mit allgemeiner Zustimmung als die Norm für Recht und Unrecht und als das gemeine Maß zur Entscheidung aller Streitfälle unter ihnen angenommen und anerkannt ist. Denn obwohl das Naturgesetz allen vernunftbegabten Wesen klar und verständlich ist, sind doch die Menschen zugunsten ihrer eigenen Interessen voreingenommen und kennen es auch zu wenig, weil sie nicht genügend darüber nachdenken, so daß sie es nicht leicht als ein Gesetz anerkennen, das auf ihre persönlichen Streitfälle angewandt für sie verbindlich wäre.

125. Zum zweiten fehlt es im Naturzustand an einem anerkannten und unparteiischen Richter, mit der Rechtsgewalt, alle Streitigkeiten nach feststehendem Gesetz zu entscheiden. Da jeder in diesem Zustand sowohl Richter als auch Vollstrecker des Naturgesetzes ist, die Menschen aber sich selbst gegenüber parteiisch sind, können Leidenschaft und Rachsucht sie leicht zu weit mit sich fortreißen und ihre eigenen Fälle mit zu viel Eifer betreiben lassen. Auf der anderen Seite können Nachlässigkeit und Unbeteiligtsein sie zu gleichgültig gegenüber anderen machen.

126. Zum dritten fehlt es im Naturzustand häufig an einer Gewalt, die dem Urteil, wenn es gerecht ist, Rückhalt gibt, es verteidigt und für die gebührende Vollstreckung sorgt. Wer sich mit einer unrechten Tat gegen das Gesetz vergeht, wird selten darauf verzichten, wenn es in seiner Macht steht, sein Unrecht mit Gewalt durchzusetzen — ein solcher Widerstand macht oftmals die Verfolgung gefährlich und häufig für die, die sie unternehmen, verderblich.

127. Die Menschen befinden sich also trotz aller Privilegien des Naturzustandes in einer schlechten Lage, wenn sie in ihm verbleiben, und es treibt sie deshalb bald zur Gesellschaft. Es ist dies die Ursache, daß wir nur selten eine Anzahl von Menschen längere Zeit in diesem Zustand zusammenleben sehen. Die Unannehmlichkeiten, denen sie darin ausgesetzt sind durch die regellose und unbestimmte Ausübung der Macht, welche zur Bestrafung der Rechtsbrüche anderer ein jeder besitzt, läßt sie zu den festen Gesetzen einer Regierung Zuflucht nehmen und dort die Erhaltung ihres Eigentums suchen. Dies ist es, was die Menschen so bereitwillig ihrer persönlichen Macht, zu strafen, entsagen läßt, damit die Macht allein von dem ausgeübt werde, den man aus ihrer Mitte dazu bestimmt — und zwar nach Regeln, auf die sich die Gemeinschaft oder diejenigen, die sie zu diesem Anlaß dazu ermächtigt haben, einigen. Und hierin sehen wir das ursprüngliche Recht und den Ursprung von beiden, der legislativen und der exekutiven Gewalt wie auch der Regierungen und der Gesellschaft selbst begründet.

128. Denn im Naturzustand hat der Mensch neben der Freiheit unschuldigen Vergnügens zweierlei Gewalten.

Die erste ist die, alles zu tun, was ihm innerhalb der Grenzen des Naturgesetzes für die Erhaltung seiner selbst und der anderen Menschen dienlich scheint. Durch dieses ihnen allen gemeinsame Gesetz bilden er und alle übrigen Menschen eine einzige Gemeinschaft und formen eine Gesellschaft, gesondert von allen übrigen Lebewesen. Wäre es nicht der Verderbtheit und Schlechtigkeit entarteter Menschen wegen, man würde kein Verlangen nach einer anderen haben, es läge keinerlei Notwendigkeit vor, daß sich die Menschen von dieser großen und natürlichen Gemeinschaft entfernten und sich durch positive Vereinbarungen zu kleineren und Teilvereinigungen zusammenschlössen.

Die andere Gewalt des Menschen im Naturzustand ist die Gewalt, Verbrechen gegen jenes Gesetz zu strafen. Diese beiden Gewalten gibt er auf, wenn er sich privaten — wenn ich es so nennen darf — oder besonderen politischen Gesellschaften anschließt und sich einem von dem Rest der Menschheit gesonderten Staatswesen eingliedert.

129. Der ersteren, nämlich der Gewalt, alles zu tun, was ihm der Erhaltung seiner selbst und der übrigen Menschheit dienlich scheint, entsagt er, um sich von den Gesetzen lenken zu lassen, die von der Gesellschaft gegeben werden, soweit dies die Erhaltung seiner selbst und der übrigen Glieder jener Gesellschaft verlangt. Diese Gesetze der Gesellschaft schränken in vielen Fällen seine von dem Naturgesetz gewährte Freiheit ein.

130. Zum zweiten entsagt er der Macht zu strafen vollkommen und setzt seine natürliche Kraft ein (die er vordem nur kraft eigener Autorität nach eigenem Ermessen zur Vollstreckung des Naturgesetzes gebrauchen konnte), um die exekutive Gewalt der Gesellschaft zu unterstützen, wie das Gesetz es verlangt. Er befindet sich jetzt in einem neuen Zustand, der ihm großen Vorteil von der Arbeit, dem Beistand und der Gesellschaft der übrigen Glieder dieser Gemeinschaft einbringt wie auch den Schutz ihrer gesamten Stärke; er muß deshalb so weit auf seine natürliche Freiheit, für sich selbst zu sorgen, verzichten, als es das Wohl, das Gedeihen und die Sicherheit der Gesellschaft verlangen. Das ist nicht nur notwendig, sondern auch gerecht, denn alle übrigen Glieder der Gesellschaft tun ebendasselbe.

131. Nun begeben sich zwar die Menschen mit ihrem Eintritt in die Gesellschaft der Gleichheit, Freiheit und Exekutivgewalt des Naturzustandes, um sie in die Hände der Gesellschaft zu legen, damit die Legislative so darüber verfügen möge, wie es das Wohl der Gesellschaft verlangt; doch das geschieht nur mit der Absicht jedes einzelnen, sich seine Freiheit und sein Eigentum um so besser zu erhalten (denn kein vernunftbegabtes Lebewesen dürfte einen Zustand verlassen mit der Absicht, in einen schlechteren zu gelangen). Die Macht der Gesellschaft oder der von ihr eingesetzten Legislative kann sich deshalb schlechterdings nicht weiter erstrecken als auf das gemeinsame Wohl. Sie ist verpflichtet, eines jeden Eigentum zu sichern, indem sie Vorsorge trifft gegen jene drei Mängel, von denen oben die Rede war, die den Naturzustand so unsicher und unbequem machten. Wer immer deshalb die legislative oder höchste Gewalt eines Staatswesens in Händen hat, ist verpflichtet, nach festen, stehenden Gesetzen zu regieren, die dem Volk bekannt gemacht wurden — und nicht durch Maßnahmeverordnungen —, durch unparteiische und aufrechte Richter, die Streitfälle nach eben jenen Gesetzen entscheiden müssen, und die Macht der Gemeinschaft im Inland nur zur Vollstreckung dieser Gesetze, nach außen zur Verhütung oder Vergeltung fremden Unrechts und zum Schutz der Gesellschaft vor Einfällen und Angriffen zu verwenden. Und mit all dem darf kein anderes Ziel verfolgt werden als der Friede, die Sicherheit und das öffentliche Wohl des Volkes.[176a]

7. JEAN-JACQUES ROUSSEAU: FREIHEIT UND GESELLSCHAFT

„Auf seine Freiheit Verzicht tun, heißt Verzicht tun darauf, daß man ein Mensch ist."[177]

Im Jahre 1762 erschienen J. J. Rousseaus politische Schrift „Contrat social" und sein Erziehungsroman „Emile". Es sind jene beiden Werke, die revolutionäre Gedanken für Politik und Pädagogik enthielten und inspirierend sowohl für Hegels Vorstellung vom Staat der vollkommenen Sittlichkeit als auch für die klassenlose Gesellschaft von Marx wirkten,[178] wenngleich beide weit über Rousseau hinausgingen und ihm auch im wesentlichen widersprachen.

Rousseau wollte das Problem einer vernünftigen Gesellschaftsordnung von den zwei Polen, dem individualen und dem sozialen, in den Griff bekommen: Der Musterknabe Emile wächst fern von gesellschaftlichen Bezügen heran, und der gedachte Staat des Contrat social baut auf den vollkommen erzogenen Menschen.[179] Dieser Dualismus ist sehr problematisch; denn die politische Ordnung setzt praktisch schon das voraus, was ihr Ergebnis sein sollte. Die Erziehung muß in der Gesellschaft geleistet werden, aber diese Erziehung verändert diese Gesellschaft.

Die Aussagen von Marx: „Aber das menschliche Wesen ist kein dem einzelnen Individuum innewohnendes Abstraktum. In seiner Wirklichkeit ist es das Ensemble der gesellschaftlichen Verhältnisse."[180], und die Aussage von Engels: „Alles was die Menschen in Bewegung setzt, muß durch ihren Kopf hindurch; aber welche Gestalt es in diesem Kopf annimmt, hängt sehr von den Umständen ab . . .",[181] legen den Gedanken nahe, daß die Problematik von Individuum und Gesellschaft nur dialektisch zu fassen ist; denn es herrscht eine wechselseitige Beeinflussung dieser beiden Pole (dem individualen und sozialen), und zwar derart, daß der Mensch durch die Umstände geprägt ist, aber andererseits der Mensch diese Umstände macht. Dabei kommt es ganz entscheidend darauf an, daß in einem entwickelten gesellschaftlichen System des Sozialismus dieser Prozeß der gegenseitigen Beeinflussung sich zugunsten der Individuen verschiebt, und zwar kommt es darauf an „an die Stelle der Herrschaft der Verhältnisse und der Zufälligkeit über die Individuen die Herrschaft der Individuen über die Zufälligkeit und die Verhältnisse zu setzen ...“[182]

Andererseits kann sogar in der bei idealistischen Gesellschaftstheoretikern häufig anzutreffenden Abstraktion des Menschen von der Gesellschaft ein schneidender und revolutionärer Ansatz gesehen werden, da die theoretische Besinnung auf eine von der konkreten Gesellschaftssituation unabhängige Natur des Menschen zu dem Punkt führt, von dem aus an die bestehende Gesellschaft mehr oder weniger radikale Forderungen nach ihrer Veränderung gestellt werden müssen.

Kurt Lenk vertritt die These, daß die Mißverständnisse um Rousseaus politische Philosophie nicht nur mit Interpretationsschwierigkeiten zu erklären seien, sondern damit, daß mit „dem Schwund des revolutionär-aufklärerischen Charakters des Bürgertums, der dessen Furcht vor dem Verlust seiner Klassenprivilegien gegenüber dem Aufkommen der Arbeiterbewegungen in den industriell fortgeschrittenen Ländern ausdrückt, auch die demokratische Substanz des politischen Denkens mehr und mehr autoritätsgebundenen Vorstellungen weichen.“[183]

Rousseaus radikaler Ansatz machte ihn zum Denker der Revolution, obwohl er subjektiv Revolutionen stets ablehnte. Ausgehend von der Kritik der bestehenden Gesellschaft des Absolutismus mit seiner polizeistaatlichen Bevormundung der Untertanen bis in ihre persönlichen Bereiche und andererseits des Systems der Privilegien des Adels, entwickelte Rousseau seine Theorie vom Naturzustand. Diese Konstruktion unterscheidet sich von Hobbes' Lehre vom Naturzustand einmal durch ein historisches Postulat: Der Mensch lebt als Jäger oder Fischer völlig isoliert und ernährt sich von den Erzeugnissen der Natur. Es fehlt zwar nicht die Härte und Grausamkeit der Natur, die Kranke und Schwache ausmerzt wie im Tierreich, aber das Individuum ist von seinesgleichen unabhängig, es gibt keine Interessenkollision, der einzelne ist glücklich und frei. Da er unabhängig und ohne gesellschaftliche Beziehungen lebt, kennt er keine ethischen Urteile oder Ideen. Es gibt für ihn auch keinerlei moralische Beschränkungen. Der einzige Unterschied zum Tier liegt in dieser Entwicklungsphase in seinem freien Willen, und zwar ist der Wille des Menschen deshalb „frei", weil er sich ausschließlich auf seine eigenen Bedürfnisse richtet und nicht auf soziale Beziehungen mit andern. Nach Rousseau wird die Freiheit des Menschen durch seine Abhängigkeit von der äußeren Natur nicht beeinträchtigt. Erst die Einführung des Ackerbaues und die fortschreitende Arbeitsteilung als Folge des Bevölkerungswachstums korrumpierte den Naturzustand, brachte Ungleichheit, bedingt durch die Hortung von Eigentum, und Herrschaft der Besitzenden über die Habenichtse. Abhängigkeit quält den Menschen und wirtschaftliche Abhängigkeit ist nur eine Variante der allgemeinen moralischen und intellektuellen. In der Schrift von 1753 „Ungleichheit unter den Menschen" heißt es:

Der erste, der ein Grundstück einzäunte und sagte: das ist mein! und einfältige Leute fand, die es ihm glaubten, war der wahre Begründer der bürgerlichen Gesellschaft. Wieviel Verbrechen, Krieg und Mord, wieviel Elend und Schrecken hätte derjenige unserem Geschlechte erspart, der die Pfähle ausgerissen, die Gräben verschüttet und seinen Genossen zugerufen hätte: hütet euch, diesem Betrüger zu glauben; ihr seid verloren, wenn ihr vergesset, daß die Früchte allen gehören, die Erde aber niemandem!

Die These lautet also, daß die zivilisierte Gesellschaft und insbesondere die Inbesitznahme von Grund und Boden mit ihren Folgen den Menschen verdorben habe.
Dies bedeutet den zweiten Unterschied zu Hobbes, nämlich die Annahme: Der Mensch ist von Natur aus gut.

Das fundamentale Prinzip aller Moral, das ich in all meinen Schriften behandle ... ist, daß der Mensch ein Wesen ist, das natürlicherweise gut ist, das Gerechtigkeit und die Ordnung liebt; ferner, daß es keine ursprüngliche Verderbtheit des menschlichen Herzens gibt, und daß die ersten Regungen der Natur stets richtig sind.[184]

In seinem Artikel „Discours sur l'économie politique" (1760) weist Rousseau im übrigen auch auf die zu enge Sicht der Vertragstheoretiker Hobbes und Locke hin, die in ihrer

Theorie die ökonomische und soziale Ungleichheit außer acht lassen. Er schreibt: „Resümieren wir in drei Worten den Gesellschaftsvertrag der beiden Stände (der Armen und der Reichen): Ihr bedürft meiner, denn ich bin reich und ihr seid arm; laßt uns also ein Abkommen treffen: Ich werde gestatten, daß ihr die Ehre habt, mir zu dienen, unter der Bedingung, daß ihr mir für die Mühe, die ich mir mache, euch zu kommandieren, das Wenige gebt, was euch bleibt." Rousseau berücksichtigt diese Einsicht in der Konstruktion seines „Gesellschaftsvertrages" und mit der Forderung nach Volkssouveränität.

Die zentrale Frage lautet: Wie können Individuen als autonome Subjekte in Freiheit in größeren Gemeinschaften zusammenleben?

Rousseau sieht die Herstellung einer humanen Daseinsordnung nicht in der Rückkehr zum ursprünglichen Naturzustand etwa durch die Beseitigung der Arbeitsteilung oder Schaffung eines Hirtenleben-Daseins, sondern darin, daß das Individuum in einem Sozialisationsprozeß lernen muß, sich den Anforderungen der Gesellschaft unterzuordnen. Diese Anforderungen sollten so beschaffen sein, daß sie eine neue Form von Freiheit auf einer höheren Entwicklungsstufe ermöglichen können. Um diesen Ansatz bei Rousseaus politischem Denken zu verstehen, ist es notwendig, sein auf theologische Vorbilder zurückgehendes dualistisches Menschenbild zu erläutern.[186]

Es gehört zur Wesensbestimmung des Menschen, daß er anders als die Tiere, die ausschließlich von der Natur ihrer Triebe gesteuert werden, sein Leben aus freier, rationaler Entscheidung zu führen habe; potentiell ist der Mensch vernünftig und sinnlich. Wie bei Hobbes findet sich auch bei Rousseau eine Definition des Menschen aus sich selbst: er ist von Natur aus auf Selbsterhaltung angelegt; er ist im Naturzustand durch den Instinkt der Selbstliebe („amour de soi") bestimmt, er entspricht der natürlichen Vernunft. Der andere Instinkt, das Mitgefühl („commisération") bildet die Grundlage für die Erhaltung der menschlichen Gattung, also die Basis der späteren Sozialisierung. Erst die Vergesellschaftung des Menschen, mit der oben beschriebenen Einteilung der Menschen in arm und reich, verdirbt den Menschen, er wird ehrgeizig, habsüchtig, egoistisch, herrschsüchtig, neidisch und schlecht. Die Selbstliebe („amour de soi") korrumpiert zur egoistischen Eigenliebe („amour propre"), das bedeutet, daß der Mensch seine Interessen und Bedürfnisse auf Kosten der Bedürfnisse anderer befriedigt. Die Folge ist der Kampf aller gegen alle.

Ein Zurück zum Naturzustand gibt es nicht,[187] aber ein partielles Obsiegen der Vernunft, des Mitgefühls („commisération") erscheint Rousseau möglich. Er argumentiert, daß es ein sinnloser, grausamer Scherz der Natur wäre, schlösse die Fähigkeit des Menschen, zu erkennen was gut und böse ist, nicht auch die Kraft in sich, sich selbst und seine Welt vom Bösen zu befreien und gut zu machen. Zur Wiedererlangung der Freiheit schließt sich der Mensch mit seinesgleichen zu einem Gemeinwesen zusammen. Durch einen Gesellschaftsvertrag wird der chaotische Zustand in einen geordneten übergeführt. Der Mensch wird Staatsbürger, Citoyen.[188] Hier wird ein dialektischer Ansatz erkennbar: Das in Freiheit geborene Individuum kann seine durch die zivilisatorische Entwicklung verlorengegangene Freiheit nur zurückgewinnen, wenn es sich vertraglich bindet. Dem Verlust der natürlichen Freiheit mit dem unbeschränkten Recht auf alles, steht durch den Vertragsabschluß der Gewinn der bürgerlichen Freiheit mit dem Eigentumsrecht auf alles, was der einzelne besitzt, gegenüber.[189]

Der Gegensatz zwischen subjektivem Interesse und allgemeiner Organisation läßt sich durch Identifizierung lösen und dazu dient der Vertrag.

Der „Contrat social" ist kein einmaliger Akt, in dem — etwa wie bei Hobbes' Gesellschaftsvertrag — die Individuen für immer auf ihre politischen Gestaltungsrechte zugunsten eines Dritten („Leviathan"), der dafür Sicherheit zu gewährleisten hat, verzichten, sondern hier tritt das Volk mit voller Macht auf,[190] um seine unveräußerliche Freiheit zu erhalten. Dabei handelt es sich um einen permanenten Prozeß zur Verwirklichung des Allgemeinwillens, der „volonté générale").

Hier stellt sich die Frage nach der Beziehung von Allgemeinem und Besonderem, ob das Besondere (Einzelinteresse) gegen das Allgemeine (Allgemeininteresse) gerichtet ist. Rousseau sieht keinen solchen Widerspruch. Bei ihm ist der Wille aller Ausdruck der Einzelwillen. Jeder Bürger im Staat kann frei bleiben, weil er sich im politischen Leben wiedererkennt, seine wahre sittliche Substanz vergrößert durch die Gemeinschaft. „Der Gehorsam gegen das Gesetz, das man sich selbst vorgeschrieben hat, ist Freiheit."[191]

Engels wendet hier kritisch ein, daß das Bewußtsein der *aufstrebenden Bourgeoisie* stark von Illusionen über ihre eigene objektive Lage und historische Rolle durchdrungen war und eben diese Bourgeoisie sich dazu berufen fühlte, ein „ewiges Reich der Vernunft" zu errichten, in dem Freiheit, Gleichheit und Brüderlichkeit herrschen sollten.

> Wir wissen jetzt, daß dieses Reich der Vernunft weiter nichts war als das idealisierte Reich der Bourgeoisie; daß die ewige Gerechtigkeit ihre Verwirklichung fand in der Bourgeoisiejustiz; daß die Gleichheit hinauslief auf die bürgerliche Gleichheit vor dem Gesetz; daß als eines der wesentlichsten Menschenrechte proklamiert wurde — das bürgerliche Eigentum; und daß der Vernunftsstaat, der Rousseausche Gesellschaftsvertrag, ins Leben trat und ins Leben treten konnte als bürgerliche, demokratische Republik.[192]

Die Beseitigung der gesellschaftlichen Widersprüche erfolgt durch völlige Hingabe des einzelnen an das Kollektiv. Hier fallen Integration und Emanzipation zusammen.[193]

Kann der Mehrheitswille als sittlicher Allgemeinwille gelten und könnte sich eine Minderheit diesem freiwillig fügen, ohne Verlust der Freiheit? Mit Rousseau wäre diese Frage zu bejahen unter der Voraussetzung, daß jeder Bürger wirklich selbständig ist, die vorgelegte Frage in ihren Zusammenhängen und Folgen überblickt, bei der Entscheidung aus seinem partikularen Bewußtsein heraustritt und dadurch in die Verantwortung und wahre Teilhabe an der Gemeinschaft hineinwächst. Ein unter diesen idealen Bedingungen getroffener Mehrheitsentscheid, was praktisch schon die Existenz des „kategorischen Imperativs" Kants voraussetzt, wäre auch für die unterlegene Minderheit annehmbar, da sie langfristig auch begünstigt wird. In Überwindung seines Egoismus und der Überordnung des Gemeinwillens wird der einzelne frei von seiner Selbstentfremdung. Aus dieser Sicht läßt sich auch der Unterschied zwischen dem Willen aller („volonté generale") herauskristallisieren. Die „volonté generale" steht als Ergebnis und letzte Wahrheit eines Gesetzgebungsprozesses, in dem der einzelne gezwungen wird, den Willen der Vernunft anzupassen; die Gesamtheit, die stets das Gute will, muß erkennen, was gut ist.

„Volonté de tous" ist der unreflektierte, ungefilterte Einzelwille aller, den man durch bloße Befragung (etwa nach dem Muster heutiger Meinungsumfragen) erhalten würde.

Damit läßt sich auch die Demokratiekonzeption Rousseaus eingrenzen. Seine Vorstellung ist die direkte Demokratie,[194] die reinste Verwirklichung des Gedankens der Volksherrschaft, mit der Voraussetzung, daß alle Bürger vollständig gleich sind, nicht nur vor dem Gesetz, sondern vor allem in der Machtausübung: Jeder ist gleicher Inhaber der Volkssouveränität. Es verbietet sich jegliche Partei- oder Interessengruppenbildung. „Ein Wille läßt sich nicht vertreten." Daraus erfolgt die Ablehnung der repräsentativen Varianten von Demokratie, wie auch der Gewaltenteilung; denn wer sollte sich besser kontrollieren, als das Volk selbst?

Rousseau gesteht zu, daß der Gesetzesvollzug einer Regierung übertragen werden kann. Es herrscht Identität von Regierten und Regierenden, letztere sind Mandatare des Volkes, die immer wieder der Zustimmung aller bedürfen. Die Bildung des allgemeinen Willens, wie er sich in der Gesetzgebung manifestiert, bleibt beim gesamten Volk.

Mit dem Hinweis, daß im modernen Großflächenstaat mit seinen planenden, lenkenden, leistenden und verteilenden Aufgaben einem permanenten Willensbildungsprozeß schon aus rein technischen Gründen enge Grenzen gesetzt sind, ist Rousseau noch nicht widerlegt. Umschreibt doch die Formel des „volonté generale" die fundamentale Norm demokratischer Selbstbestimmung freier Menschen. Wie weit selbst westliche Demokratien, in denen sich die politische Selbstbestimmung der Bürger im wesentlichen in der Annahme oder Ablehnung personeller Alternativen im Wahlakt erschöpft, von diesem Ideal entfernt sind, zeigt die politische Analyse. So bleibt doch die politische Forderung aktuell, allem eine möglichst umfassende Mitbestimmung in allen Lebensbereichen einzuräumen, um sich dem Ideal Rousseaus so weit wie möglich zu nähern.[195]

An der absoluten Wahrheit des Allgemeinwillens ist nach Rousseau nicht zu zweifeln. Ziel aller Bemühungen ist die Freiheit des Individuums *im* Staat, nicht *vom* Staat. Wie sieht Rousseau die Verwirklichung seines Staatsgedankens? Bei der Staatsgründung, wenn die Bürger noch nicht zu sehen vermögen, was sie eigentlich wollen müssen, weil im Gemeinwohl auch ihr individuelles Wohl begründet liegt, müssen sie eben zu der Einsicht geführt werden. Rousseau nennt auch die Verfahren: Einmal, daß man den Bürgern „die Gegenstände so sehen läßt, wie sie sind, bisweilen so wie sie ihnen erscheinen sollen."[196]

Man zwingt sie zur Freiheit. Ist für Hobbes und auch für Locke die Schaffung des Staates eine organisatorische Aufgabe, so ist sie für Rousseau im wesentlichen eine erzieherische. Hier ist wiederum der Grundgedanke von der natürlichen Güte des Menschen und vor allem jene Eigenschaft des menschlichen Wesens im Naturzustand, die Rousseau „perfectibilité", Vervollkommnungsfähigkeit, nennt. Der Mensch bedarf der Bewußtmachung seiner Situation, um durch die Aktivierung seines Mitgefühl-Instinkts („commisération") zu vernünftigem Handeln zu gelangen. Als Ersatz für den Verlust seines natürlichen und unabhängigen Daseins wird das Individuum mit Kräften ausgestattet, die es nur in der Kooperation mit anderen anwenden kann.[197] Daß der Integrationsprozeß der autonomen Individuen nicht ohne Druck verlaufen wird, sieht Rousseau, wenn er postuliert, daß das Gemeinschafts-Ich („moi commune") den Widerstand des Einzel-Interesses durch Zwang brechen darf. Obwohl Rousseau eingesteht, daß einzelne die „volonté génerale" oft besser erkennen als die in ihren besonderen Willen

befangene Menge schließt er die Vereinnahmung der „volonté génerale“ durch den Diktator aus.[198]
Im erzieherischen Ansatz und dem „Zwang zur Freiheit“ sehen Kritiker von Rousseau den Grund, warum Rousseaus Lehre von totalitären Regimen oft als Rechtfertigung gebraucht wurde.[199]
Aber dabei stehen bleiben, hieße, die Leistung der Rousseauschen Gesellschaftslehre für die Herausbildung der Ansätze moderner Gesellschaftstheorien ignorieren. Zwar wertet Rousseau die sozialen Verhältnisse seiner Gegenwart im Vergleich zu denen der Vergangenheit als Ergebnis eines Verfallsprozesses, jedoch war er nicht gewillt zu resignieren und sich mit den bestehenden Mißständen abzufinden. Er suchte nach den Ursachen der Zerstörung der ursprünglichen sozialen Verhältnisse und entwarf eine Gesellschaft mit integrierten und politisch mündigen Bürgern, die einem erneuten Verfall trotzen sollten. Dabei ist der Zweck der staatlichen Gemeinschaft „nichts anderes als die Erhaltung und Wohlfahrt ihrer Glieder“ und das beste Kennzeichen dafür im Sinne Rousseaus war „die Zunahme der Bevölkerung“.[200] Dabei entspricht die Freiheit des Individuums dem natürlichen Zustand des Menschen. Diese Auffassung findet ihren Niederschlag in Art. 4 der *Erklärung der Menschenrechte*[201] von 1791: „Die Freiheit besteht darin, alles tun zu können, was keinem anderen schadet.“

Quellentexte

Rousseau: Der Gesellschaftsvertrag

1. Buch, 6. Kapitel

Ich nehme an, daß sich die Menschen bis zu der Stufe emporgeschwungen haben, wo die Hindernisse, die ihrer Erhaltung in dem Naturzustand schädlich sind, durch ihren Widerstand die Oberhand über die Kräfte gewinnen, die jeder einzelne aufbieten muß, um sich in diesem Zustand zu behaupten. Dann kann dieser ursprüngliche Zustand nicht länger fortbestehen, und das menschliche Geschlecht müßte zugrunde gehen, wenn es die Art seines Daseins nicht änderte.
Da nun die Menschen unfähig sind, neue Kräfte hervorzubringen, sondern lediglich die einmal vorhandenen zu vereinigen und zu lenken vermögen,

so haben sie zu ihrer Erhaltung kein anderes Mittel, als durch Vereinigung eine Summe von Kräften zu bilden, die den Widerstand überwinden kann, und alle diese Kräfte durch eine einzige Triebkraft in Bewegung zu setzen und sie in Einklang wirken zu lassen.

Eine solche Summe von Kräften kann nur durch das Zusammenwirken mehrerer entstehen. Da jedoch die Stärke und die Freiheit jedes Menschen die Hauptwerkzeuge seiner Erhaltung sind, wie kann er sie hergeben, ohne sich Schaden zu tun und die Sorgfalt zu versäumen, die er sich schuldig ist?

Diese Schwierigkeit läßt sich, wenn man sie auf den Gegenstand meiner Betrachtung anwendet, in die Worte zusammenfassen:

»Wie findet man eine Gesellschaftsform, die mit der ganzen gemeinsamen Kraft die Person und das Vermögen jedes Gesellschaftsgliedes verteidigt und schützt und kraft dessen jeder einzelne, obgleich er sich mit allen vereint, gleichwohl nur sich selbst gehorcht und so frei bleibt wie vorher?«

Dies ist die Hauptfrage, deren Lösung der Gesellschaftsvertrag gibt.

Die Klauseln dieses Vertrages sind durch die Natur der Verhandlung so bestimmt, daß die geringste Abänderung sie nichtig und wirkungslos machen müßte. Die Folge davon ist, daß sie, wenn sie auch vielleicht nie ausdrücklich ausgesprochen wären, doch überall gleich, überall stillschweigend angenommen und anerkannt sind, bis nach Verletzung des Gesellschaftsvertrages jeder in seine ursprünglichen Rechte zurücktritt und seine natürliche Freiheit zurückerhält, während er zugleich die auf Übereinkommen beruhende Freiheit, für die er auf jene verzichtete, verliert.

Alle diese Klauseln lassen sich, wenn man sie richtig auffaßt, auf eine einzige zurückführen, nämlich auf das gänzliche Aufgehen jedes Gesellschaftsgliedes mit allen seinen Rechten in der Gesamtheit, denn indem sich jeder ganz hingibt, so ist das Verhältnis zunächst für alle gleich, und weil das Verhältnis für alle gleich ist, so hat niemand ein Interesse daran, es den anderen drückend zu machen.

Da ferner dieses Aufgehen ohne allen Vorbehalt geschieht, so ist die Verbindung so vollkommen, wie sie nur sein kann, und kein Gesellschaftsgenosse hat irgend etwas Weiteres zu beanspruchen, denn wenn den einzelnen irgendwelche Rechte blieben, so würde in Ermangelung eines gemeinsamen Oberherrn, der zwischen ihnen und dem Gemeinwesen entscheiden könnte, jeder, der in irgendeinem Punkte sein eigener Richter ist, auch bald verlangen, es in allen zu sein; der Naturzustand würde fortdauern, und die gesellschaftliche Vereinigung tyrannisierend oder zwecklos sein.

Während sich endlich jeder allen übergibt, übergibt er sich damit niemandem, und da man über jeden Gesellschaftsgenossen das nämliche Recht erwirbt, das man ihm über sich gewährt, so gewinnt man für alles, was man verliert, Ersatz und mehr Kraft, das zu bewahren, was man hat.

Scheidet man also vom Gesellschaftsvertrage alles aus, was nicht zu seinem Wesen gehört, so wird man sich überzeugen, daß er sich in folgende Worte zusammenfassen läßt: »Jeder von uns stellt gemeinschaftlich seine Person und seine ganze Kraft unter die oberste Leitung des allgemeinen Willens, und wir nehmen jedes Mitglied als untrennbaren Teil des Ganzen auf.«

An die Stelle der einzelnen Person jedes Vertragsschließenden setzt solcher Gesellschaftsvertrag sofort einen geistigen Gesamtkörper, dessen Mitglieder aus sämtlichen Stimmabgebenden bestehen, und der durch ebendiesen Akt seine Einheit, sein gemeinsames Ich, sein Leben und seinen Willen erhält. Diese öffentliche Person, die sich auf solche Weise aus der Vereinigung aller übrigen bildet, wurde ehemals Stadt[202] genannt und heißt jetzt Republik oder Staatskörper. Im passiven Zustand wird er von seinen Mitgliedern Staat, im aktiven Zustand Oberhaupt, im Vergleich mit anderen seiner Art, Macht genannt. Die Gesellschaftsgenossen führen als Gesamtheit den Namen Volk und nennen sich einzeln als Teilhaber der höchsten Gewalt Staatsbürger und im Hinblick auf den Gehorsam, den sie den Staatsgesetzen schuldig sind, Untertanen. Aber diese Ausdrücke gehen oft ineinander über und werden miteinander verwechselt; es genügt, sie unterscheiden zu können, wenn sie in ihrer eigentlichen Bedeutung gebraucht werden.[202a]

8. G. W. F. HEGEL: WIRKLICHKEIT UND VERNUNFT

„Was vernünftig ist, das ist wirklich; und was wirklich ist, das ist vernünftig."[203]

Für den Philosophen Hegel (1770—1831), der u. a. auf dem Weg über seinen Schüler Karl Marx noch heute auf die Gesellschaftstheorie einen großen Einfluß ausübt, hatte die französische Revolution eine weltgeschichtliche Bedeutung. In der französischen Revolution war für Hegel ein menschheitliches Prinzip, das stets im geschichtlichen Prozeß der Gesellschaft mitgetragen worden ist und in den Theorien über den besten Staat und das Glück des einzelnen eine Rolle gespielt hatte, endlich zur Wirklichkeit geworden: die Freiheit. Gemeint ist allerdings nicht die politische Verwirklichung dieser Freiheit; denn wirklich geworden, d. h. real nachvollziehbar für jedes Individuum, ist das freiheitliche Prinzip auch nach der französischen Revolution noch nicht. Gemeint ist ein Stand von Freiheit, hinter den nicht zurückgeschritten werden kann, der nachhaltig im Bewußtsein der Bürger sich eingegraben hat und der nun überall in der gesellschaftlichen Wirklichkeit vorgefunden werden kann. Durch die französische Revolution war Freiheit zum unverzichtbaren Bestandteil bürgerlichen Lebens geworden, zur praktischen Angelegenheit des seinen Geschäften nachgehenden Bürgers. Freiheit stellte sich also als politisches Problem dar und zeigte damit die Richtung auf, die alle Emanzipationsbestrebungen innerhalb dieser Gesellschaft nehmen mußten: die Wirklichkeit bürgerlicher Emanzipation konnte nur im Politischen liegen, alle freiheitlichen Bestrebungen lassen sich ausschließlich nicht mehr auf der Ebene des Geistes oder des Handelns besänftigen, ihr Ziel ist eine vernünftig gewordene Wirklichkeit oder eine zur Wirklichkeit gewordene Vernunft, die, wenn sie unwirklich bleibt, nicht mehr als vernünftig angesehen wird. So ist das Problem der politischen Freiheit ein für allemal gestellt — allerdings noch nicht gelöst.

Was die Beziehung von Vernunft und Wirklichkeit angeht, heißt es in der Vorrede zur Rechtsphilosophie: „Es ist eben diese Stellung der Philosophie zur Wirklichkeit, welche die Mißverständnisse betreffen, und ich kehre hiermit zu dem zurück, was ich vorhin bemerkt habe, daß die Philosophie, weil sie das Ergründen des Vernünftigen ist, eben damit das Erfassen des Gegenwärtigen und Wirklichen, nicht das Aufstellen eines Jenseitigen ist ... Was vernünftig ist, das ist wirklich; und was wirklich ist, das ist vernünftig. ... Das was ist zu begreifen, ist die Aufgabe der Philosophie, denn das was ist, ist die Vernunft. Was das Individuum betrifft, so ist ohnehin jedes ein Sohn seiner Zeit; so ist auch die Philosophie, ihre Zeit in Gedanken erfaßt."[204]

Interessant die Interpretation dieser Verschränkung von Wirklichkeit und Vernunft durch Engels:

Kein philosophischer Satz hat so sehr den Dank beschränkter Regierungen und den Zorn ebenso beschränkter Liberalen auf sich geladen wie der berühmte Satz Hegels: *„Alles was wirklich ist, ist vernünftig, und alles was vernünftig ist, ist wirklich"*. Das war doch handgreiflich die Heiligsprechung alles Bestehenden, die philosophische Einsegnung des Despotismus, des Polizeistaats, der Kabinettsjustiz, der Zensur. Und so nahm es Friedrich Wilhelm III., so seine Untertanen. Bei Hegel aber ist keineswegs alles, was besteht, ohne weiteres auch wirklich. Das Attribut kommt bei ihm nur demjenigen zu, was zugleich notwendig ist; *„die Wirklichkeit erweist sich in ihrer Entfaltung als die Notwendigkeit"*; eine beliebige Regierungsmaßregel — Hegel führt selbst das Beispiel „einer gewissen Steuereinrichtung" an — gilt ihm daher auch keineswegs schon ohne weiteres als wirklich. Was aber notwendig ist, erweist sich in letzter Instanz auch als vernünftig, und auf den damaligen preußischen Staat angewandt, heißt also der Hegelsche Satz nur: Dieser Staat ist vernünftig, der Vernunft entsprechend, soweit er notwendig ist; und wenn er uns dennoch schlecht vorkommt, aber trotz seiner Schlechtigkeit fortexistiert, so findet die Schlechtigkeit der Regierung ihre Berechtigung und ihre Erklärung in der entsprechenden Schlechtigkeit der Untertanen. Die damaligen Preußen hatten die Regierung, die sie verdienten.

Nun ist aber die Wirklichkeit nach Hegel keineswegs ein Attribut, das einer gegebnen gesellschaftlichen oder politischen Sachlage unter allen Umständen und zu allen Zeiten zukommt. Im Gegenteil. Die römische Republik war wirklich, aber das sie verdrängende römische Kaiserreich auch. Die französische Monarchie war 1789 so unwirklich geworden, d. h. so aller Notwendigkeit beraubt, so unvernünftig, daß sie vernichtet werden mußte durch die große Revolution, von der Hegel stets mit der höchsten Begeisterung spricht. Hier war also die Monarchie das Unwirkliche, die Revolution das Wirkliche. Und so wird im Lauf der Entwicklung alles früher Wirkliche unwirklich, verliert seine Notwendigkeit, sein Existenzrecht, seine Vernünftigkeit; an die Stelle des absterbenden Wirklichen tritt eine neue, lebensfähige Wirklichkeit — friedlich, wenn das Alte verständig genug ist, ohne Sträuben mit Tode abzugehn, gewaltsam, wenn es sich gegen diese Notwendigkeit sperrt. Und so dreht sich der Hegelsche Satz durch die Hegelsche Dialektik selbst um in sein Gegenteil: Alles, was im Bereich der Menschengeschichte wirklich ist, wird mit der Zeit unvernünftig, ist also schon seiner Bestimmung nach unvernünftig, ist von vornherein mit Unvernünftigkeit behaftet; und alles, was in den Köpfen der Menschen vernünftig ist, ist bestimmt, wirklich zu werden, mag es auch noch so sehr der bestehenden scheinbaren Wirklichkeit widersprechen. Der Satz von der Vernünftigkeit alles Wirklichen löst sich nach allen Regeln der Hegelschen Denkmethode auf in den andern: Alles was besteht, ist wert, daß es zugrunde geht.

Darin aber grade lag die wahre Bedeutung und der revolutionäre Charakter der Hegelschen Philosophie (auf die, als den Abschluß der ganzen Bewegung seit Kant, wir uns hier beschränken müssen), daß sie der Endgültigkeit aller Ergebnisse des menschlichen Denkens und Handelns ein für allemal den Garaus machte. Die Wahrheit, die es in der Philosophie zu erkennen galt, war bei Hegel nicht mehr eine Sammlung fertiger dogmatischer Sätze, die, einmal gefunden, nur auswendig gelernt sein wollen; die Wahrheit lag nun in dem Prozeß des Erkennens selbst, in der langen geschichtlichen Entwicklung der Wissenschaft, die von niedern zu immer höhern Stufen der Erkenntnis aufsteigt, ohne aber jemals durch Ausfindung einer sogenannten absoluten Wahrheit zu dem Punkt zu gelangen, wo sie nicht mehr weiter kann, wo ihr nichts mehr übrigbleibt, als die Hände in den Schoß zu legen und die gewonnene absolute Wahrheit anzustaunen. Und wie auf dem Gebiet der philosophischen, so auf dem jeder andern Erkenntnis und auf dem des praktischen Handelns. Ebensowenig wie die Erkenntnis kann die Geschichte einen vollendeten Abschluß finden in einem vollkommenen Idealzustand der Menschheit; eine vollkommene Gesellschaft, ein vollkommener „Staat“ sind Dinge, die nur in der Phantasie bestehn können; im Gegenteil sind alle nacheinander folgenden geschichtlichen Zustände nur vergängliche Stufen im endlosen Entwicklungsgang der menschlichen Gesellschaft vom Niedern zum Höhern. Jede Stufe ist notwendig, also berechtigt für die Zeit und die Bedingungen, denen sie ihren Ursprung verdankt; aber sie wird hinfällig und unberechtigt gegenüber neuen, höhern Bedingungen, die sich allmählich in ihrem eignen Schoß entwickeln; sie muß einer höhern Stufe Platz machen, die ihrerseits wieder an die Reihe des Verfalls und des Untergangs kommt. Wie die Bourgeoisie durch die große Industrie, die Konkurrenz und den Weltmarkt alle stabilen, altehrwürdigen Institutionen praktisch auflöst, so löst diese dialektische Philosophie alle Vorstellungen von endgültiger absoluter Wahrheit und ihr entsprechenden absoluten Menschheitszuständen auf. Vor ihr besteht nichts Endgültiges, Absolutes, Heiliges; sie weist von allem und an allem die Vergänglichkeit auf, und nichts besteht vor ihr als der ununterbrochene Prozeß des Werdens und Vergehens, des Aufsteigens ohne Ende vom Niedern zum Höhern, dessen bloße Widerspiegelung im denkenden Hirn in sie selbst ist. Sie hat allerdings auch eine konservative Seite: Sie erkennt die Berechtigung bestimmter Erkenntnis- und Gesellschaftsstufen für deren Zeit und Umstände an; aber auch nur so weit. Der Konservatismus dieser Anschauungsweise ist relativ, ihr revolutionärer Charakter ist absolut — das einzig Absolute, das sie gelten läßt.[205]

Es geht Hegel stets darum zu zeigen, daß Vernunft und Wirklichkeit oder Bewußtsein und Sein keine Gegensätze, keine voneinander unabhängige Größen darstellen, sondern nur begriffen werden können, wenn sie als sich wechselseitig bedingende Momente ein und desselben geschichtlichen Prozesses gedeutet werden. Besonders der Satz: „Was vernünftig ist, das ist wirklich; und was wirklich ist, das ist vernünftig" weist auf die Identität von Gedachtem und Wirklichem hin, wobei unter Wirklichkeit die geschichtliche Wirklichkeit zu verstehen ist. Die vom Menschen vorgefundene Welt ist keine in alle Ewigkeit unveränderte statische Wirklichkeit, sondern eine geschichtlich gewordene Wirklichkeit, in welche das jeweilige geistige und sittliche Prinzip in der jeweiligen geschichtlichen Phase der Gesellschaft eingearbeitet ist. Und zwar so eingearbeitet, daß nach Hegel die vorliegende Wirklichkeit nur als Resultat dieses geistigen Prinzips aufgefaßt werden sollte: der Geist der Zeit ist quasi an die Oberfläche gekommen, ist sichtbar und erfahrbar und wirklich für alle geworden dadurch, daß er materiell und in Gestalt der veränderten Wirklichkeit begriffen worden ist. So erscheint das geistige Prinzip der französischen Revolution, die Emanzipation des Menschen, als das für Hegels Zeit, also für den Beginn des 19. Jahrhunderts, bestimmende Moment der bürgerlichen Welt.

Hegel versteht die geschichtliche Welt als Ergebnis des durch die Wirklichkeit, durch das Sein sich entwickelnden Geistes. Das Denken ist nicht tätig im Jenseits, sondern im erfahrbaren Diesseits: als diesseitige fortschreitende Wirklichkeit. Die umgebende Welt ist identisch mit dem tätigen Geist, sie ist nach Hegel die Arbeit dieses Geistes. So ist das, was wirklich ist, nicht jenseits der Vernunft und das, was vernünftig ist, nicht jenseits der Wirklichkeit: „Was vernünftig ist, das ist wirklich; und was wirklich ist, das ist vernünftig."

Der Hegelsche Gedanke, die Welt sei das Resultat des Tätigseins des Geistes, wird dann später bei Marx konkretisiert zu dem Gedanken, daß die Wirklichkeit das Ergebnis nicht eines allgemeinen Geistes, sondern das Ergebnis der Arbeit der einzelnen, im Produktionsprozeß stehenden, Subjekte ist. Sowohl Hegel als auch Marx betonen: die geschichtliche Welt ist nicht fertig vorgegeben und ein für allemal abgeschlossen, sondern sie ist und sie wird ständig gemacht und immer wieder produziert, sie ist nur zu verstehen als fortschreitender, durch alle Widersprüche sich entwickelnder Prozeß. Für Hegel stellt sich die geschichtliche Wirklichkeit dar als der Gedanke eines allumfassenden Subjekts, während für Marx die Welt nicht das Ergebnis eines tätigen geistigen Prinzips ist, sondern das Resultat der Arbeit der Menschen: die geschichtliche Wirklichkeit ist das, was Menschen tun: Nahrung und Kleidung besorgen, ihr Leben durch Arbeit erhalten etc. Auf diese Weise trifft der Mensch nicht auf eine ihm fremde undurchschaubare Realität, sondern immer nur auf eine Welt, die ihm bekannt ist und die er selbst hervorgebracht hat, und die er, weil er sie selber produziert hat, auch verändern kann.

Wenn Hegel auch die absolute Macht der Vernunft betont und sich dadurch als Idealist erweist, so ist doch wichtig festzuhalten, daß er niemals Vernunft im Jenseitigen ansiedeln will, sondern sie so stark mit dem Diesseits verbunden sieht, daß diese geschichtliche Welt für ihn als die entfaltete Wirklichkeit der Vernunft erscheint. So kann Hegel auf der einen Seite als Revolutionär gedeutet werden, dadurch, daß er die Realität eines geistigen Prinzips, also z. B. der Freiheit, der Emanzipation, betont und diesem Prinzip eine die gesellschaftliche Wirklichkeit gestaltende und sogar verändernde Kraft zuspricht — was natürlich nur zum Schaden der etablierten herrschenden Schichten sein kann. Auf der anderen Seite legt aber der Satz: „... was wirklich ist, das ist vernünftig" den Gedanken nahe, daß das, was sich einmal als etablierte Wirklichkeit, sei sie gut oder untragbar, festgesetzt hat, auch zu akzeptieren und sogar als vernünftig zu bejahen sei.

Horkheimer (Hegel und das Problem der Metaphysik) meint zu diesem Problem:

„Was vernünftig ist, das ist wirklich; und was wirklich ist, das ist vernünftig." Der berühmte Satz aus der Vorrede zur Rechtsphilosophie weist auf zwei sehr verschiedene Seiten des Hegelschen Denkens hin. Der erste Teil spricht aus, daß ein Unbedingtes, das wesentlich bloß in der Idee bestünde oder „nur Begriff, Prinzip des Geistes und Herzens" wäre (Enzykl. § 482), sich nicht von einem Hirngespinst unterscheide. Die Überzeugung, daß auch die philosophische Gattung der Geschichte „bloß aufzufassen hat, was ist und gewesen ist, und um so wahrer bleibt, je mehr sie sich an das Gegebene hält"[206], läßt Hegel in einer Linie mit den aufklärerischen Philosophen erscheinen, denen man ihn radikal entgegenzustellen pflegt.
Lehnt er so eine vom irdischen Sein sich entfernende Schau entschieden ab, so ist seine Lehre doch ein metaphysisches System. Seine Überwindung der traditionellen Unterschiede zwischen Diesseits und Jenseits, Endlichkeit und Unendlichkeit, zwischen der civitas terrena und coelestis, dem mundus intelligibilis und sensibilis, der heiligen und der unheiligen Geschichte geschieht bei ihm nicht im Sinne der verweltlichenden Aufklärung. Das sichere Wissen soll nicht wie „das natürliche Licht" bei d'Alembert auf die Erkenntnis der psychischen und physischen Erscheinungen beschränkt bleiben, es empfängt Begründung und Ziel nicht aus dem tätigen Leben der Menschen, sondern es hat aus sich selbst Rechtfertigung und Sinn des Lebens hervorzubringen. Der zweite Teil jenes Satzes formuliert in klassischer Weise die Sanktionierung des Weltlaufs durch den reinen Gedanken; denn daß alles Wirkliche vernünftig sei, bedeutet, es sei in Ordnung. Indem Hegel die Offenbarung auf die erfahrbare Wirklichkeit beschränkt, erweitert er die Gegebenheit zur Offenbarung; indem er das Göttliche verweltlicht, vergöttlicht er zugleich die Welt. Die Bezeichnung der Wirklichkeit wird zu einem „emphatischen Namen" gestempelt.[207]

Die Vergöttlichung der Welt kann für den konservativen Interpreten nur bedeuten: die Welt ist, so wie sie ist, in bester Ordnung. Und tatsächlich hat Hegel den preußischen Staat seiner Zeit nicht nur akzeptiert, sondern darüber hinaus in ihm zumindest die erste Gestalt der Verwirklichung der Vernunft gesehen — der geschichtliche Prozeß der Gesellschaft war in diesem Staat zu seinem Höhepunkt gelangt, das geistige Prinzip des Bürgertums seiner Zeit mit der politischen Realität zusammengefallen. Eine konservative Grundhaltung des Hegelschen Denkens muß sich daraus aber noch nicht notwendig ergeben. Im Gegenteil scheint sich aus dem Gedanken, das geistige Prinzip der französischen Revolution könne und müsse die reale bürgerliche Wirklichkeit revolutionieren, viel eher eine aufklärerisch-revolutionäre Grundhaltung einzustellen. Der Gedanke der Emanzipation ist nicht mehr der Gedanke einer intellektuell oder politisch herrschenden Gruppe, ist nicht mehr der Gedanke einzelner, sondern der Gedanke der sich darstellenden bürgerlichen Realität selbst. Die Vernunft liegt nicht außerhalb der bürgerlichen Welt, die geistigen und sittlichen Werte können nicht mehr aus einer höheren jenseitigen Welt genommen werden, sie sind nur aus dieser geschichtlichen Wirklichkeit selbst abzuleiten. Die Wahrheit, früher nur in einem höheren Sinne zu verstehen, liegt nun in der sich emanzipierenden politischen Realität des seinen Geschäften nachgehenden Bürgers. Die Wahrheit ist geschichtlich geworden. Emanzipation war von der Antike über die Helden der Renaissance bis zum Ende des Absolutismus Sache des einzelnen gewesen — wenn sich jemand emanzipieren konnte und durfte, dann die große überragende Persönlichkeit. Die französische Revolution aber treibt nach Hegel die Emanzipation der Gesellschaft selber hervor: die gesamte Gesellschaft hat sich emanzipiert. Es kann sein, daß dies von herrschenden Interessen verschleiert wird oder noch nicht klar ins Bewußtsein gedrungen ist, doch kann die Gesellschaft hinter diesen einmal erreichten geschichtlichen Stand nicht mehr zurückfallen. Der Geist der französischen Revolution beginnt sich in der bürgerlichen Sphäre zu etablieren, Freiheit und Vernunft werden allgemein und zur erfahrbaren Wirklichkeit. Daß diese Freiheit aber erst noch erkämpft und vernünftige Zustände erst geschaffen werden müssen, das führt jedoch erst Hegels Schüler, Karl Marx, aus.

Die durch die französische Revolution in die Wirklichkeit übersetzte Emanzipation der bürgerlichen Gesellschaft kann allerdings nicht der eigenen Bewegung überlassen werden, sie muß in eine Art Materialität überführt und in eine Ordnung gebracht werden, so daß sie sich auch wirklich in der von partikularen Interessen beherrschten Welt durchsetzen und von Bestand sein kann. Die Emanzipation der Gesellschaft muß materiell werden, sie muß zur Institution werden: der bürgerliche Rechtsstaat ist so nach Hegel die zur Institution gewordene Emanzipation der Menschen. Freiheit wird erst innerhalb dieser Institution wirklich, außerhalb ihrer ist sie Hirngespinst. Freiheit und Vernunft stehen in dialektischer Beziehung zueinander: Vernunft ist nur möglich durch Freiheit und Freiheit nur möglich durch Vernunft, d. h. Freiheit wird erst in vernünftigen Zuständen wirklich — und das heißt nach Hegel im vernünftig organisierten bürgerlichen Rechtsstaat. So wie für Hegel in der Freiheit die französische Revolution, so ist für ihn im Recht die moderne bürgerliche Gesellschaft auf den Begriff gekommen. Von daher die Motivation für seine Arbeit einer Rechtsphilosophie. Die Theorie des Staates impliziert die Theorie des bürgerlichen Rechts.

Hegel sieht einen entscheidenden Unterschied zwischen Gesellschaft und Staat. (Von der Antike bis zu Hobbes wurde zwischen Gesellschaft und Staat kein besonderer Unterschied gemacht.) Die Gesellschaft definiert er als System von Bedürfnissen und Interessen, wodurch gerade die moderne Gesellschaft charakterisiert wird, die nicht mehr als geschlossene Einheit darzustellen ist, sondern sich bildet aus den vielen divergierenden Einzelinteressen der im Handel und Verkehr selbstbewußt gewordenen, sich vom Absolutismus emanzipierenden Bürger. — Worauf gründet sich dieses Selbstbewußtsein? Auf die Arbeit und darauf, daß sich der Mensch, wie Marx sagt (Ökonomisch-philosophische Manuskripte), als Resultat seiner eigenen Arbeit begreift:

Das Große an der Hegelschen „Phänomenologie" und ihrem Endresultate — der Dialektik der Negativität als dem bewegenden und erzeugenden Prinzip — ist also einmal, daß Hegel die Selbsterzeugung des Menschen als einen Prozeß faßt, die Vergegenständlichung als Entgegenständlichung, als Entäußerung und als Aufhebung dieser Entäußerung; daß er also das Wesen der Arbeit faßt und den gegenständlichen Menschen, wahren, weil wirklichen Menschen, als Resultat seiner eignen Arbeit begreift. Das wirkliche, tätige Verhalten des Menschen zu sich als Gattungswesen oder die Betätigung seiner als eines wirklichen Gattungswesens, d. h. als menschlichen Wesens, ist nur möglich dadurch, daß er wirklich alle seine Gattungskräfte — was wieder nur durch das Gesamtwirken der Menschen möglich ist, nur als Resultat der Geschichte — herausschafft, sich zu ihnen als Gegenständen verhält, was zunächst wieder nur in der Form der Entfremdung möglich ist.[208]

Allerdings kritisiert Marx auch die Einseitigkeit der Hegelschen Auffassung: „Hegel steht auf dem Standpunkt der modernen Nationalökonomen. Er erfaßt die Arbeit als das Wesen, als das sich bewährende Wesen des Menschen; er sieht nur die positive Seite der Arbeit, nicht ihre negative. ... Die Arbeit, welche Hegel allein kennt und anerkennt, ist die abstrakt geistige."[209]

Die Gesellschaft ist für Hegel ein System von Bedürfnissen, den Staat definiert er dagegen als Wirklichkeit der Sittlichkeit, wobei er unter Sittlichkeit nicht so sehr den Bereich der Moral versteht, als die Gesamtheit des Denkens und Handelns der bürgerlichen Subjekte. Das geistige Prinzip der fortgeschrittenen modernen Welt entfaltet sich in der staatlichen Institution zur Realität. Während die bürgerliche Gesellschaft nur die Freiheit dieses oder jenes einzelnen, des Kaufmanns, des Bankiers, des Gutsbesitzers etc., akzeptiert und befördert, ermöglicht der Staat aber erst die Freiheit als solche. Im Hegelschen Staat werden Autonomie, Emanzipation und Freiheit der Persönlichkeit allgemein und damit wirklich. — Für das Individuum ergeben sich notwendig in dieser Zeit aus der Trennung von Gesellschaft und Staat Konflikte; denn das, was ihm noch seine persönliche Freiheit bedeutet, kann bereits im Widerspruch stehen zu dem, was allgemeine Freiheit zu sein beansprucht — besonders wenn es um sehr eng begrenzte subjektive Interessen geht, wenn seine Freiheit nur noch begründet werden kann auf der Unfreiheit anderer. Die Problematik von „privat“ und „öffentlich“ wird hier relevant.

Für Hegel und Aristoteles ist Freiheit das „Selbstseinkönnen des Menschen“. Nur war es für Aristoteles das „Selbstseinkönnen“ weniger, die nur sie selbst sein konnten, weil andere ihnen ihre ökonomische Grundlage dazu verschafften: die Freiheit konnte also nicht allgemein sein und zum Prinzip und Zweck der Gesellschaft erhoben werden. — J. Ritter weist besonders darauf hin: „Als Geschichte des Menschen und der Freiheit beginnt für Hegel ... die Weltgeschichte mit der griechischen Polis, weil in ihr erst das Bewußtsein der Freiheit aufgegangen“ ist.[210] Aber zugleich gilt, daß die Griechen (und ebenso die Römer) nur wußten, daß „einige frei sind, nicht der Mensch, als solcher ... Während am Anfang der Weltgeschichte der Bürger der antiken bürgerlichen Gesellschaft politisch und rechtlich den Sklaven und Unfreien neben sich hat, wird in der französischen Revolution zum ersten Male die politische Freiheit als Recht und damit das Selbstseinkönnen des Menschen universal und im Verhältnis zu allen Menschen zum Prinzip und zum Zweck der Gesellschaft und des Staates erhoben. ... Jede gegenwärtige und künftige Rechts- und Staatsordnung muß von dem universalen Freiheitsprinzip der Revolution ausgehen und es voraussetzen.“[211]

So haben wir einen gewissen Bogen geschlagen von der Antike bis zum 19. Jahrhundert: das, was schon in der Antike gefordert wird, das Selbstseinkönnen, die Selbstverwirklichung des Individuums in der Gesellschaft, was aber noch keinen realen Boden (Sklavenwirtschaft!) zu haben schien, das kann nun — so glaubt Hegel — in die Wirklichkeit entfaltet werden: was schon in der Antike vernünftig war, kann nun wirklich werden. Der Aufstieg des Individuums in der Athener Demokratie wird nun — und hinter diesen Stand kann nicht mehr zurückgeschritten werden — in der bürgerlichen Gesellschaft (und besonders im Staat Hegels) zum Ziel kommen.

Quellentexte

Hegel: Grundlinien der Philosophie des Rechts

Vorrede

Es ist eben *diese Stellung der Philosophie zur Wirklichkeit*, welche die Mißverständnisse betreffen, und ich kehre hiermit zu dem zurück, was ich vorhin bemerkt habe, daß die Philosophie, weil sie das *Ergründen des Vernünftigen* ist, eben damit das *Erfassen* des *Gegenwärtigen* und *Wirklichen*, nicht das Aufstellen eines *Jenseitigen*, ist, das Gott weiß wo sein sollte, — oder von dem man in der Tat wohl zu sagen weiß, wo es ist, nämlich in dem Irrtum eines einseitigen, leeren Räsonnierens. Im Verlaufe der folgenden Abhandlung habe ich bemerkt, daß selbst die *platonische* Republik, welche als das Sprichwort eines *leeren Ideals* gilt, wesentlich nichts aufgefaßt hat als die Natur der griechischen Sittlichkeit, und daß dann im Bewußtsein des in sie einbrechenden tieferen Prinzips, das an ihr unmittelbar nur als eine noch unbefriedigte Sehnsucht und damit nur als Verderben erscheinen konnte, Plato aus eben der Sehnsucht die Hilfe dagegen hat suchen müssen, aber sie, die aus der Höhe kommen mußte, zunächst nur in einer äußeren besonderen Form jener Sittlichkeit suchen konnte, durch welche er jenes Verderben zu gewältigen sich ausdachte, und wodurch er ihren tieferen Trieb, die freie unendliche Persönlichkeit, gerade am tiefsten verletzte. Dadurch aber hat er sich als der große Geist bewiesen, daß eben das Prinzip, um welches sich das Unterscheidende seiner Idee dreht, die Angel ist, um welche damals die bevorstehende Umwälzung der Welt sich gedreht hat.

Was vernünftig ist, das ist wirklich; und was wirklich ist, das ist vernünftig.

In dieser Überzeugung steht jedes unbefangene Bewußtsein, wie die Philosophie, und hiervon geht diese ebenso in Betrachtung des *geistigen* Universums aus, als des *natürlichen*. Wenn die Reflexion, das Gefühl oder welche Gestalt das subjektive Bewußtsein habe, die *Gegenwart* für ein *Eitles* ansieht, über sie hinaus ist und es besser weiß, so befindet es sich im Eiteln, und weil es Wirklichkeit nur in der Gegenwart hat, ist es so selbst nur Eitelkeit. Wenn umgekehrt die *Idee* für das gilt, was nur so eine Idee, eine Vorstellung in einem Meinen ist, so gewährt hingegen die Philosophie die Einsicht, daß nichts wirklich ist als die Idee. Darauf kommt es dann an, in dem Scheine des Zeitlichen und Vorübergehenden die Substanz, die immanent, und das Ewige, das gegenwärtig ist, zu erkennen. Denn das Vernünftige, was synonym ist mit der Idee, indem es in seiner Wirklichkeit zugleich in die äußere Existenz tritt, tritt in einem unendlichen Reichtum von Formen, Erscheinungen und Gestaltungen hervor, und umzieht seinen Kern mit der bunten Rinde, in welcher das Bewußtsein zunächst haust, welche der Begriff erst durchdringt, um den inneren Puls zu finden und ihn ebenso in den äußeren Gestaltungen noch schlagend zu fühlen. Die unendlich mannigfaltigen Verhältnisse aber, die sich in dieser Äußerlichkeit, durch das Scheinen des Wesens in sie, bilden, dieses unendliche Material und seine

Regulierung, ist nicht Gegenstand der Philosophie. Sie mischte sich damit in Dinge, die sie nicht angehen; guten Rat darüber zu erteilen, kann sie sich ersparen; *Plato* konnte es unterlassen, den Ammen anzuempfehlen, mit den Kindern nie stillezustehen, sie immer auf den Armen zu schaukeln, ebenso *Fichte* die Vervollkommnung der *Paßpolizei* bis dahin, wie man es nannte, zu *konstruieren,* daß von den Verdächtigen nicht nur das Signalement in den Paß gesetzt, sondern das Porträt darin gemalt werden solle. In dergleichen Ausführungen ist von Philosophie keine Spur mehr zu sehen, und sie kann dergleichen Ultraweisheit um so mehr lassen, als sie über diese unendliche Menge von Gegenständen gerade am liberalsten sich zeigen soll. Damit wird die Wissenschaft auch von dem Hasse, den die Eitelkeit des Besserwissens auf eine Menge von Umständen und Institutionen wirft, — ein Haß, in welchem sich die Kleinlichkeit am meisten gefällt, weil sie nur dadurch zu einem Selbstgefühl kommt, — sich am entferntesten zeigen.

So soll denn diese Abhandlung, insofern sie die Staatswissenschaft enthält, nichts anderes sein als der Versuch, den *Staat als ein in sich Vernünftiges zu begreifen* und *darzustellen.* Als philosophische Schrift muß sie am entferntesten davon sein, einen *Staat, wie er sein soll,* konstruieren zu sollen; die Belehrung, die in ihr liegen kann, kann nicht darauf gehen, den Staat zu belehren, wie er sein soll, sondern vielmehr, wie er, das sittliche Universum, erkannt werden soll.

Hic Rhodus, *hic* saltus.

Das *was ist* zu begreifen, ist die Aufgabe der Philosophie, denn das, *was ist,* ist die Vernunft. Was das Individuum betrifft, so ist ohnehin jedes ein *Sohn seiner Zeit;* so ist auch die Philosophie, *ihre Zeit in Gedanken erfaßt.* Es ist ebenso töricht zu wähnen, irgendeine Philosophie gehe über ihre gegenwärtige Welt hinaus, als, ein Individuum überspringe seine Zeit, springe über Rhodus hinaus. Geht seine Theorie in der Tat darüber hinaus, baut es sich eine Welt, *wie sie sein soll,* so existiert sie wohl, aber nur in seinem Meinen, — einem weichen Elemente, dem sich alles Beliebige einbilden läßt. . . .

Dritter Abschnitt: Der Staat

§ 257

Der Staat ist die Wirklichkeit der sittlichen Idee — der sittliche Geist, als der *offenbare,* sich selbst deutliche, substantielle Wille, der sich denkt und weiß und das, was er weiß und insofern er es weiß, vollführt. An der *Sitte* hat er seine unmittelbare und an dem *Selbstbewußtsein* des Einzelnen, dem Wissen und Tätigkeit desselben, seine vermittelte Existenz, so wie dieses durch die Gesinnung in ihm, als seinem Wesen, Zweck und Produkte seiner Tätigkeit, seine *substantielle Freiheit* hat.

Die *Penaten* sind die inneren, *unteren* Götter, der *Volksgeist* (Athene) das sich *wissende* und *wollende* Göttliche; die *Pietät* die Empfindung und in Empfindung sich benehmende Sittlichkeit, die *politische Tugend* das Wollen des an und für sich seienden gedachten Zweckes.

§ 258

Der Staat ist als die Wirklichkeit des substantiellen *Willens,* die er in dem zu seiner Allgemeinheit erhobenen besonderen *Selbstbewußtsein* hat, das

an und für sich *Vernünftige.* Diese substantielle Einheit ist absoluter unbewegter Selbstzweck, in welchem die Freiheit zu ihrem höchsten Recht kommt, so wie dieser Endzweck das höchste Recht gegen die Einzelnen hat, deren *höchste Pflicht* es ist, Mitglieder des Staats zu sein. ...
Zusatz. Der Staat an und für sich ist das sittliche Ganze, die Verwirklichung der Freiheit, und es ist absoluter Zweck der Vernunft, daß die Freiheit wirklich sei. Der Staat ist der Geist, der in der Welt steht und sich in derselben mit *Bewußtsein* realisiert, während er sich in der Natur nur als das Andere seiner, als schlafender Geist verwirklicht. Nur als im Bewußtsein vorhanden, sich selbst als existierender Gegenstand wissend, ist er der Staat. Bei der Freiheit muß man nicht von der Einzelheit, vom einzelnen Selbstbewußtsein ausgehen, sondern nur vom Wesen des Selbstbewußtseins, denn der Mensch mag es wissen oder nicht, dies Wesen realisiert sich als selbständige Gewalt, in der die einzelnen Individuen nur Momente sind: es ist der Gang Gottes in der Welt, daß der Staat ist, sein Grund ist die Gewalt der sich als Wille verwirklichenden Vernunft. Bei der Idee des Staats muß man nicht besondere Staaten vor Augen haben, nicht besondere Institutionen, man muß vielmehr die Idee, diesen wirklichen Gott, für sich betrachten.[211a]

III. MARX UND DER HISTORISCHE MATERIALISMUS

1. MATERIALISMUS

Die Analyse der „praktischen" bürgerlichen Gesellschaft, der konkreten Arbeitswelt der Individuen, vermißt Marx am Hegelschen Gedankengebäude. Auch der Vorstoß des Materialisten Ludwig Feuerbach, der zusammen mit Marx Schüler von Hegel war, aus der Abstraktion des Hegelschen Denkens in die Anschauung der sinnlichen Empfindungssphäre des Menschen geht Marx nicht weit genug. In der 5. Feuerbachthese kritisiert Marx: „Feuerbach mit dem abstrakten Denken nicht zufrieden, will die Anschauung; aber er faßt die Sinnlichkeit nicht als praktische menschlich-sinnliche Tätigkeit."[212] Feuerbach will sich vom abstrakten Denken lösen, beschreibt aber selbst wieder den Menschen nur als abstraktes Individuum und nicht als Produkt einer bestimmten Gesellschaftsform — mit allen Qualitäten, mit denen die Gesellschaft in der jeweiligen historischen Phase die jeweiligen Individuen ausgestattet hat. Die Marx'sche Auffassung von dem, was man das Wesen des Menschen nennt, heißt in der bekannten Formulierung (6. Feuerbachthese): „Aber das menschliche Wesen ist kein dem einzelnen Individuum innewohnendes Abstraktum. In seiner Wirklichkeit ist es das Ensemble der gesellschaftlichen Verhältnisse."[213]

Es ist plausibel, daß eine bestimmte Auffassung vom „menschlichen Wesen" auch eine ganz bestimmte Auffassung von der Art und Weise, wie Menschen tätig sind, miteinander kommunizieren, ihren Handel regeln, ihre Gesetze und ihre Politik machen, ihren Staat einrichten, etc., nach sich zieht. Wenn man etwa annimmt, Gesetze oder staatliche Einrichtungen oder gewisse Herrschaftsstrukturen seien von Gott eingesetzt oder „natürlich", dann erübrigt sich ein Eingreifen in solche Verhältnisse, dann gibt es da nichts zu korrigieren oder gar zu verändern: und dann kann man schließen, daß dieser Annahme eine Auffassung vom „menschlichen Wesen" zugrunde liegt, die das Individuum mit Kategorien definiert, die ebenso einen geistigen, ewigen, mystischen Bereich außerhalb der konkreten gesellschaftlichen Wirklichkeit charakterisieren. Oder wenn man davon ausgeht, der Mensch sei wesentlich ein ungeselliges Tier, sei der Feind des Menschen und lebe natürlicherweise und notwendigerweise im permanenten Kriegszustand mit den anderen Menschen (Hobbes), dann zieht diese Auffassung die Forderung nach starker staatlicher Autorität nach sich, die den einzelnen durch Zwang davon abhalten muß, dem anderen zu nahe zu treten. Wenn man schließlich davon ausgeht (wie Marx), der Mensch sei wesentlich Produkt der ihn umgebenden Gesellschaft und Produkt seiner eigenen Arbeit, dann führt dies in die Richtung, Gesellschaft und Arbeitsprozeß zu analysieren, um von daher Aussagen über den Menschen machen zu können. Zum Beispiel die: solange die Gesellschaft noch Widersprüche in sich trägt und von Konflikten durchherrscht, d. h. unfrei und „unfertig" ist, solange bleibt auch das Individuum noch unfrei, „unfertig", unabgeschlossen. Solange die Gesellschaft noch nicht ist, was sie sein soll, ist auch der Mensch noch nicht er selbst. Er ist erst frei in der freien Gesellschaft.

Wir sagen, eine bestimmte Auffassung vom Menschen schlage sich nieder in allen Gesellschaftstheorien. Es ist richtig, sich dann mit diesen für die Gesellschaft relevanten Auffassungen auseinanderzusetzen. Allerdings sollte stets in diesen Auseinandersetzungen die Frage nach dem Ursprung wiederum dieser Auffassungen einbegriffen werden. Wie kommt es zu dieser oder jener Theorie vom „Wesen des Menschen" und dergleichen? Daß diese Theorien und schon eine ganz bestimmte Fragestellung nicht abzulösen sind von der gesellschaftlichen Situation, in der sie konzipiert werden, ist eine der Thesen, auf die wir in der Beschäftigung mit dem historischen Materialismus stoßen werden. Zuvor aber als eine Art Vorgeschichte des Marx'schen Materialismus, gehen wir kurz auf den von Marx so genannten „älteren Materialismus" ein, wie er von den „bürgerlichen" Gesellschaftstheoretikern aufgefaßt wurde, und auf einige frühe Formen des Materialismus.

Das von Ernst Bloch als Motto benutzte Lenin-Zitat: „Der kluge Idealismus steht dem klugen Materialismus näher als der dumme Materialismus“[214] besagt beispielsweise, daß der Unterschied zwischen dem Idealismus Hegels und dem Materialismus von Marx nicht so groß ist wie der zwischen dem Marx'schen Materialismus und einem gängigen, der Marx'schen Lehre vielfach unterschobenen, platten, unhistorischen und undialektischen Materialismus. Die Tatsache, daß für jeden Materialismus — im Gegensatz zum Idealismus — das Sein das Bewußtsein begründet und dies zum Prinzip erhoben wird, macht ihn noch lange nicht unempfindlich gegenüber seinem idealistischen Gegen-Prinzip, daß der Geist erst die Materie schaffe.

Das Prinzip der Welt nach dem Idealismus ist ganz allgemein ein geistiges — die Idee geht der Welt voraus. In der Theologie heißt dies: Gott als Geist setzt aus sich heraus die Materie. Für den Materialismus dagegen hat die Materie, die äußere Natur die Priorität und nicht eine Idee. Das Prinzip der Welt ist ein materielles, kein geistiges. So erklärt der erste Materialist, der griechische Philosoph Demokrit (um 400 v. Chr.), gemäß seiner Lehre der Atome (Atomismus), alles Geschehen resultiere einzig aus der Mechanik der Atome. Durch die nie zur Ruhe kommende Bewegung der Atome, durch ihr gegenseitiges Verbinden und Trennen, erschaffen sie den Gang der Welt: sowohl, was die Natur als auch was menschliches Fühlen und Denken betrifft.

Für Bloch ist Demokrit der erste und zugleich für lange Zeit der letzte große Materialist unter den Philosophen. Nach Demokrit zeigt sich die „große Philosophie“ nur noch als Idealismus, abgesehen von vielen mechanisch-materialistischen Erklärungen und Ableitungen (z. B. bei Aristoteles oder Hobbes), die aber nicht vom alten materalistischen Grundprinzip abweichen. Erst durch Marx kommen mittels „Einfügung der vordem rein idealistischen Dialektik“ wesentlich neue Momente zum Materialismus hinzu und machen ihn so wieder zur den Idealismus überwindenden „großen Philosophie“:

Die großen Philosophen nach Demokrit: Platon, Aristoteles, Plotin — sind alles andere als Materialisten; das Denken des Stoffs wird sozusagen eine Angelegenheit zweiten Ranges. Und das nicht nur in der griechischen Philosophie: auch der Materialismus der bürgerlichen Neuzeit hat keinen Denker vom Rang Demokrits aufzuweisen. Es ist zwar wahr, der neuere Materialismus hat vor dem antiken den politischen Klassenkampfcharakter voraus, die revolutionäre Aktivität, die ideologische Entlarvung, auch Spuren eines Theorie-Praxis-Verhältnisses. Das alles fehlte noch im geistigen Griechenland, in der Gesellschaft der „Freien", im „Epikureismus" des arbeitslosen Einkommens. Leukipp lebte so zurückgezogen, aufgrund wohl einer derart gesicherten Privatheit, daß bereits das spätere Altertum an seiner Existenz zweifelte; Epikur führte mit seinen Schülern ein ruhiges Gartenleben, mit nur geselligem, keineswegs gesellschaftlichem Interesse. Keiner dieser Männer und keine ihrer Lehren widersprach dem Interesse der Klasse, der sie angehörten oder deren musischem Denkspiel sie dienten; Diogenes ist nicht Rousseau, Demokrit nicht La Mettrie oder Holbach. Platon freilich reiste mehrere Male nach Sizilien, zuletzt unter Lebensgefahr, um dort die Sozialutopie seiner „Politeia" zu verwirklichen, doch Platon war, by Eros, kein Materialist. Selbst der Kampf gegen Religion (Demokrit erklärte den Götterglauben aus Gewitterfurcht) war in einem Land nicht eigentlich revolutionär, dessen feudale Zeit bereits keine herrschende Priesterkaste kannte, dessen stadtbürgerliche, stadtpatrizische Zeit mehr die religiös geheiligten Bräuche und Symbole schützte (Hermen und dergleichen) als den längst diskutabel gewordenen religiösen Inhalt. Und was eigentlich Gottlosigkeit anbelangt, so lebte Demokrit wie Epikur dieserhalb in Frieden, während Sokrates den Schierling trank und auch Aristoteles an seinem Ende der Religionsfeindschaft angeklagt wurde. Hier also ist der Unterschied zwischen antikem und neuerem Materialismus schneidend: der neuere war eine Brechstange der bürgerlichen Revolution, der antike — bei Demokrit wie Epikur — huldigt der Ruhe, dem Glück wunschloser Betrachtung der Dinge und ihrer Notwendigkeit. Theoretisch jedoch, in den Inhalten dieser Betrachtung selber, ist der bürgerlich-mechanische Materialismus über jenen Demokrits durch kein neues Prinzip hinausgekommen; Demokrit hat ihn festgelegt, mechanischer Materialismus, trotz des ausgestoßenen Hylozoismus, ist und bleibt Demokritismus. Selbst die Anwendung der Mathematik auf Mechanik ist philosophisch im Quantitätsprinzip des Demokritismus vorgezeichnet; Pythagoras und Demokrit zusammen sind die Atlanten der mathematischen Mechanik. Erst der Marxismus erneuerte hier entscheidend, durch die Aufnahme der revolutionären Aktivität, durch die ökonomisch-detektivische Geschichtsauffassung vom durchschauten materiellen Interesse her, durch Einfügung der vordem rein idealistischen Dialektik. Bis dahin aber war der Materialismus — wenigstens in seiner bekannten, mechanischen Gestalt — so an Demokrit fixiert, als wären nach ihm nur noch Epigonen möglich. Als hätten Atome und Mechanik allen künftigen Genies die Sprache verschlagen, das materialistische Pulver verschossen. Ja, als wäre der Reichtum der Philosophie (von ihrer Tiefe zu schweigen) nach Demokrit nur noch an Hand des idealistischen Irrtums auffindbar.[215]

Bloch bezeichnet den neueren Materialismus (also den seit Machiavelli und Bacon) als „Brechstange der bürgerlichen Revolution". Den Gedanken, den Materialismus als progressive Anschauung, als Theorie der beginnenden bürgerlichen Emanzipation, aufzufassen, wollen wir kurz verfolgen. Als in Europa zu Beginn der Renaissance eine Phase der großen wirtschaftlichen Expansion in ferne Länder und des allgemeinen wirtschaftlichen Aufschwungs einsetzte, als Handel und Verkehr nicht mehr auf den lokalen Markt beschränkt waren, sondern über die Grenzen Europas hinaus sich im Süden nach Afrika und im Osten bis zum Orient und bis nach Asien (Holländer und Portugiesen hatten bereits sehr früh Handelsniederlassungen an den Küsten Indiens, Chinas und sogar Japans gegründet) erweitert und so den lokalen, nur nach örtlichen Bedürfnissen eingerichteten, Markt zum Weltmarkt vergrößert hatten, da konnten auch etablierte Bewußtseinsformen (Philosophie, Kunst, Recht, Ethik ...) innerhalb der Gesellschaft von diesen die alten Ordnungen aufbrechenden Bewegungen nicht unbeeinflußt bleiben. Besonders was Theorien über die Gesellschaft anbetraf, so mußten die Theoretiker in ihre Konzeptionen vom Verhältnis von Individuum und Gesellschaft oder vom besten Staat so etwas wie eine internationale Größe eingehen lassen, die ihre Theorie nicht nur in einem eng begrenzten Gebiet, einem Dorf oder einer kleinen Stadt, sondern in einem viel allgemeineren Sinne für alle Menschen zur Wirklichkeit bringen könnte. Prinzipien wie Freiheit und Emanzipation zum Beispiel können nicht mehr definiert werden als wesentlich „innere", geistige Prinzipien, begrenzt auf den Innenraum des Menschen und ohne Einfluß auf seine gesellschaftliche Arbeit, sondern müssen eine gewisse Stofflichkeit annehmen, und zwar gerade den Stoff, der gleichsam als Abdruck und Ausdruck seiner materiellen Lebensverhältnisse aus seinem Bewußtsein nicht mehr zu löschen ist: die Freiheit des Bürgers muß sichtbar werden. Die Freiheit des seinen Geschäften nachgehenden Bürgers ist auch tatsächlich nicht mehr zu übersehen, wirkt sie sich doch immer mehr über den engen örtlichen Kreis hinaus auf andere Städte und Länder aus. Dieses Sichhinausstrecken auf die internationale Ebene führt zu Konflikten mit dem Adel, der bis jetzt das Wegerecht in diesem Gebiet in Anspruch genommen hatte, der es sich nun aber nicht leisten kann, die ökonomische Basis, auf der er ruht und die durch die gesellschaftliche Produktion anderer gebildet wird, zu gefährden. So muß er dem aufstrebenden Bürgertum den immer weiter sich ausdehnenden notwendigen politisch-ökonomischen Freiraum zubilligen. So wird die Freiheit notwendig äußerlich und nimmt sichtbare Gestalt an. Sie wird konkreter und zugleich auch allgemeiner, bis sie sich in der französischen Revolution zum menschheitlichen Prinzip schlechthin entfaltet. Die Erweiterung des Marktes verlangte ein Anwachsen der Güter. Es mußte mehr und schneller produziert werden, das erforderte neue Herstelltechniken und vor allem eine rationellere Herstellungsweise: beides konnte gewährleistet werden in der Manufaktur. Die Manufaktur ist nicht denkbar ohne die naturwissenschaftlichen Erkenntnisse, die in ihr zur Anwendung kamen, wie z. B. in den Hebemaschinen, Rollen etc. Auf der anderen Seite spricht vieles dafür, daß auch die immer weiter entwickelten naturwissenschaftlichen Theorien nicht ohne bestimmte Produktionsverhältnisse und bestimmte Güternachfragen und Herstellungsanforderungen des Marktes befördert worden wären. Manufaktur und Erkenntnis haben sich gegenseitig bestimmt, zumindest beeinflußt. Die Theorie der klassischen Mechanik, die von Galilei entwickelt wurde, ist einerseits Ausdruck und theoretischer Aspekt der in der Manufaktur eingesetzten lebensnotwendigen Maschinen und der damit verbundenen veränderten Arbeitsweise, andererseits trug diese Theorie dazu bei, wiederum die Maschinen weiter zu verbessern und neue Produktionsweisen zu initiieren. Die Theorie der klassischen Mechanik kann so als Theorie der Maschinen und der neuen Arbeitsweise aufgefaßt werden.[216]

Wenn wir sagen, in der Neuzeit sei der Materialismus — wenn auch nicht unbedingt immer „große Philosophie" — eine fortschrittliche Anschauung, ein Vorläufer der bürgerlichen Revolution, dann in dem Sinne, daß die materialistische Theorie sich stets auch an die fortschrittlichsten Techniken gebunden hatte, und damit an die Ergebnisse der Naturwissenschaften und nicht an überlieferte unveränderbare und sich zurückwendende Dogmen und Glaubensinhalte. Die Ergebnisse der Naturwissenschaften fanden zunächst noch keinen Eingang in die anerkannten und akzeptierten Bewußtseinsformen oder sollten zumindest noch keinen Eingang finden: Galilei wurde gezwungen, seine Lehre zu widerrufen und Giordano Bruno, der Philosophie, Theologie, Poetik und moderne Naturwissenschaft miteinander verband, verbrannte auf dem Scheiterhaufen. Die materialistischen Theorien waren auf dem Stand der Zeit und entsprachen den realen ökonomisch-politischen Lebensverhältnissen der Gesellschaft. Die Autoritäten gaben die Macht aus der Hand: Gott wurde zum großen Weltbegründer, der sich allerdings zur Ruhe gesetzt hatte — die neue Autorität war die Vernunft.

Der fortschrittliche Charakter jener materialistischen Theorien zu Beginn der Neuzeit ergab sich auch allein schon daraus, daß diese sich überhaupt unabhängig zu halten suchten von den durch Religion und Überlieferung geprägten oder auch diktierten herrschenden Bewußtseinsformen der Gesellschaft. Diese Unabhängigkeit allein muß nicht schon Indiz für ihre Fortschrittlichkeit sein, doch im Zusammenhang gesehen mit ihrer geschichtlichen Situation gab das Abrücken vom herrschenden Bewußtsein — das in den Manufakturbetrieben durch neue Produktionsweisen längst schon vollzogen war — erst die Möglichkeit, neue für den gesellschaftlichen Verkehr und für die Politik relevante Ideen (Staatstheorien, Emanzipationsideen) in Angriff zu nehmen und damit das Mißverhältnis zwischen den realen Marktverhältnissen und überfälligen unzeitgemäßen Bewußtseinsinhalten zugunsten neuer dem wirklichen Lebensprozeß der Menschen entsprechender Theorien aufzulösen.

Beispielhaft für die Forderung nach dem Abbau unkritisch übernommener Bewußtseinsinhalte sind hier die Methode der Induktion und die Idolenlehre des englischen Staatsmannes, Naturforschers und Philosophen Francis Bacon (siehe oben) zu nennen. Die Idole (Trugbilder) sind zu entlarven, alle Vorurteile, an die der Mensch sich schon von Kindesbeinen an gewöhnt hat und die unaufhörlich durch Sprache, Überlieferung, Umwelt und durch seine eigene Natur an ihn herangetragen werden, sind zu überprüfen und aus dem Weg zu räumen, um zu wahren wissenschaftlichen Erkenntnissen zu kommen. Diesem erkenntnistheoretischen Drang, von überlieferten und normalerweise akzeptierten Autoritäten ungehindert und von Vorurteilen nicht mehr belästigt, wissenschaftliche Forschung machen zu wollen, entspricht auf dem ökonomischen Sektor das lebenswichtige Interesse des selbstbewußten Kaufmanns, ungehindert von weltlichen und geistlichen Autoritäten auf dem Markt als gleichberechtigter Konkurrent aufzutreten und ungestört von religiösen Geboten Handel zu treiben mit jedem Exemplar der menschlichen Gattung, sei es Christ oder Heide — wenn es nur finanzielle Vorteile bringt. Vorurteile bringen im Konkurrenzkampf nur wirtschaftlichen Schaden. Toleranz war zum Gebot des klugen Kaufmanns geworden, ehe sie als aufklärerische Formel auf das Schild bürgerlicher Vernunft gehoben wurde. Was der Theoretiker Bacon für die Wissenschaft fordert, läßt die vorherrschenden Tendenzen der gesellschaftlichen Praxis seiner Zeit durchscheinen.

Der Freiraum menschlicher Geistestätigkeit bekommt es mit der Technik zu tun. Naturwissenschaftliche Erkenntnisse zielen nicht mehr nur auf die Bahnen der Gestirne, nach verborgenen Gesetzen des Kosmos oder nach der göttlich geplanten Weltharmonie, sondern werden nun in der Manufaktur dazu benutzt, die Güter zu vermehren und mehr Profit zu garantieren. (Noch zielen allerdings die naturwissenschaftlichen Erkenntnisse nicht darauf, im Produktionsprozeß verwertbar zu werden — Handel und Wissenschaft haben verschiedene Interessen, auch wird Wissenschaft noch nicht vom produktiven Gewerbe und Handel bezahlt). Die Wissenschaft wird allmählich praktischer: Leonardo da Vinci wäre ein frühes Beispiel.

So wie Wissenschaft (besonders Naturwissenschaft) mit dem Bereich des technischen Fortschritts und dem Produktionsprozeß zusehends mehr in Berührung kommt, so ist auch in fortschreitendem Maße eine Annäherung von Wissenschaft (besonders

Naturwissenschaft) und Politik überhaupt festzustellen. Das zeigt sich zunächst in der für die Zukunft bedeutsamen Verbindung von Naturwissenschaft und politischer Theorie, wie sie bei Thomas Hobbes, der sich an der mathematisch-mechanischen Methode Galileis orientierte, klar formuliert wird. Hobbes wagte den Schritt zu einem wissenschaftlichen Standort, hinter den eine Wissenschaft von der Politik bis heute nicht zurückfallen kann, will sie sich nicht naiv nur von Wunschbildern leiten lassen: er übertrug naturwissenschaftliche Kategorien auf die Gesellschaft und stellte die politische Theorie auf eine wissenschaftliche Grundlage. Dieses Übertragen naturwissenschaftlicher Kategorien auf den Bereich der Gesellschaft ist allerdings nicht unproblematisch, da hierbei leicht im Bereich der Politik nur noch nach technischen Regeln und Vorausplanung verfahren und der Konsensus miteinander kommunizierender Bürger keinen Stellenwert im politischen Handeln mehr bekommen wird (siehe Habermas).

Die Verwissenschaftlichung von Politik nach der strengen Methodik eines Hobbes gab es in der Antike nicht: Wissenschaft, Ethik und Politik verschränkten sich ineinander, die für Machiavelli und Hobbes wesentliche Trennung von Politik und Ethik war der antiken Gesellschaftstheorie fremd. Kluges Abwägen und die Tugend der Besonnenheit zeigten der Politik eher die Richtung als eine etwa nach geometrischen Regeln sich ausrichtende politische Theorie. Für Aristoteles war Politik eine Normenlehre, die Lehre der Ethik setzte sich fort in der Lehre von der Politik.

Die Ethik aber fällt schon bei Machiavelli im Bereich des Politischen fort, und für Hobbes kann Politik nur dort beginnen, wo die Grundlagen der Gesellschaft streng wissenschaftlich analysiert worden sind. Erst dort kann Politik richtig ansetzen — und das hat mit Sittlichkeit nichts zu tun. Das hat damit zu tun, daß das aufstrebende Bürgertum in Ruhe seinen Geschäften nachgehen kann, ohne weiter den wirtschaftlichen Aufschwung durch die Gefahr eines Bürgerkrieges in Frage stellen zu müssen. Erst der nach wissenschaftlichen Richtlinien konstruierte Staat garantiert nach Hobbes den gesicherten Lebensprozeß der Bürger.

Für eine materialistische Theorie der Gesellschaft war zweierlei kennzeichnend:

1. Die (beinahe automatische) Verbindung der theoretischen Konzeption mit einer höchst fortschrittlichen Richtung der Wissenschaft, nämlich der Physik, und damit der Technik. Der Zusammenhang von politischer Philosophie zu Beginn des 17. Jahrhunderts bei Hobbes z. B. mit der zeitgenössischen Naturwissenschaft ist der Zusammenhang von politischer Philosophie mit dem mechanischen Weltbild; denn Naturwissenschaft in jener Zeit war ohne Bezug zur Technik kaum vorzustellen, und Technik war zum größten Teil mechanische Technik. Die politische Theorie also, die solche Verbindung einging, war so zumindest auf der Höhe der technischen Entwicklung und der Produktion. Das wird auch dann später für die Marx'sche Lehre und für die kritische Theorie charakteristisch bleiben. Für Marx bleibt die Beziehung zum jeweils entwickelten Stand der Technik wesentliches Moment seiner Lehre von der revolutionären Entwicklung der Geschichte. Das Proletariat ist für ihn nicht zuletzt deshalb das revolutionäre Potential der Gesellschaft, da es die Schicht ist, die am engsten mit dem neuesten Stand der Produktionsmittel verbunden ist. Das Proletariat ist in seiner Existenz mit der Technik verwachsen.

2. Die materialistischen Theorien versuchten, auf empirischem Weg zu Erkenntnis zu gelangen (Marx gab eine Analyse der weiterentwickelten ökonomischen Verhältnisse in England), ohne Überlieferung, ohne Metaphysik und ohne Gott. Die Religion wurde für sie zum Ballast, sie erklärten sie zur Ideologie. Das Vorbild für den Materialismus im 17. und 18. Jahrhundert war die klassische Mechanik. Nicht nur Wirtschaft, Gesellschaft und Staat, sondern jedes Lebewesen, jeder Organismus und jedes Ding wurden nach mechanischen Regeln begriffen. Das Herz war auf einmal zur Pumpe geworden, Arme und Beine zu Hebelwerkzeugen, etc. Hobbes meinte, man könne die Gesellschaft analysieren in der Weise, wie man eine Uhr zerlegt

– und sein Leviathan, der sterbliche Gott, der das Zusammenleben der Menschen garantiert, war eine große Maschine. Das mechanische Weltbild wäre dem Griechen und dem mittelalterlichen Menschen nicht plausibel erschienen, auf die Revolution des Kopernikus konnte man nur mit Ablehnung reagieren, weil sie in keiner Weise ins Welt- und Menschenbild der Zeit paßte.

Descartes meinte, das Tier sei zu sehen wie eine komplizierte Maschine, und er trug damit die Mechanik in einen Bereich des Lebens, der beispielsweise in der Antike und im Mittelalter nicht unter solch nüchternem Aspekt gesehen werden konnte. „Descartes sieht die Tiere mit den Augen der Manufakturperiode im Unterschied zum Mittelalter, dem das Tier als Gehilfe des Menschen galt ..." (Marx). Den „alten" Materialismus kritisiert Marx in den Feuerbachthesen, da dieser die produktive Tätigkeit des Menschen auslasse und damit den Menschen im wesentlichen als ein Abstraktum interpretiere. Allerdings übersieht Marx keineswegs die progressiven Momente dieses „alten" Materialismus. Leo Kofler hat darauf hingewiesen:

Aber immerhin war der Materialismus des 18. Jahrhunderts eine höchst fortschrittliche Anschauung und fand naturgemäß in der Naturwissenschaft, die bereits auf großartige Erfolge in Physik, Chemie, Astronomie und Medizin hinweisen konnte, und die auf empirischem Wege, d. h. ohne Beihilfe von Gott, Theologie und mystische Spekulation zu ihren Erkenntnissen gekommen war, die beste Stütze. Der große Begründer des ersten geschlossenen nationalökonomischen Systems Francois Quesnay war nicht zufällig Arzt von Beruf. Indem er die Gesellschaft mit dem Blutkreislauf verglich, entwarf er ein Bild des streng gesetzlichen Kreislaufs des ökonomischen Prozesses.

Die große Schule der Physiokraten, zu der sich so bedeutende Männer wie Turgot und der ältere Mirabeau bekannten, war stolz darauf, die Methode der Naturwissenschaften auf die Gesellschaft in Anwendung gebracht zu haben. Aber auch die übrigen Sozialphilosophen des 18. Jahrhunderts, mochten sie sonst in ihren Ideen weit auseinandergegangen sein, lehnten sich in dieser oder jener Weise an das mechanische Weltbild an. Hatte schon ein Jahrhundert vorher der strenge naturforschende Empirist Gassendi ein festes Band zwischen seiner Naturanschauung und seiner sich an Epikur anlehnenden Sittenlehre gewoben, und der Naturforscher und Theologe Mersenne die Ansichten der Gottesleugner in einer Weise zu

widerlegen unternommen, daß die Atheisten daraus die besten Argumente für sich herausklauben konnten (F. A. Lange), so fanden umgekehrt die Sozialtheoretiker des 18. Jahrhunderts leicht den Weg von ihrer naturwissenschaftlichen Auffassung der Gesellschaft zur Methode der Naturwissenschaft selbst. Viele von ihnen beschäftigten sich mit naturwissenschaftlichen Problemen, vornehmlich der Physik, wie z. B. Voltaire und Rousseau und selbstverständlich die Materialisten. Sie trieben aber die Anlehnung an die Naturwissenschaft so weit, daß sie direkt außermenschliche Faktoren wie Naturbedingungen oder Vorgänge der Atomistik für das individuelle und gesellschaftliche Sein des Menschen als bestimmend ansahen. Montesquieu ist ein Beispiel für das eine: Klima und Geographie erschienen ihm als die Faktoren, durch deren Einfluß die Entwicklungsgesetze der Gesellschaft geformt werden. Ein Beispiel für den Versuch, die Atomtheorie auf den Menschen anzuwenden, ist der nach Frankreich eingewanderte Materialist Holbach, dessen sozialphilosophisches Hauptwerk den bezeichnenden Titel trägt „Systeme de la Nature". Plechanow hat seine Ansichten ausführlich analysiert. Nach Holbach ist der Mensch ein rein physisches, man möchte fast sagen physikalisches Wesen. Die menschliche Handlungsweise und die menschliche Moral können von der Medizin und der Physiologie her erklärt werden. Letzten Endes sind es nur Atome und Moleküle, die den Verlauf der historischen Ereignisse bestimmen. Ein Sandkorn in der Blase Cromwells hätte vielleicht das Gesicht der Welt verändert. Konsequent entwickelt Holbach seine Ansichten dahin weiter, daß wie die Zusammensetzung der Atome den Menschen in seiner konkreten Gestalt erzeugt, so ist das menschliche Individuum selbst wiederum nur so ein Atom, aus dem sich die Gesellschaft zusammensetzt.
Eine ungeheure Leidenschaft, alles naturgemäß und nach dem Vorbilde der Mechanik zu betrachten, hatte die fortschrittliche Philosophie des 18. Jahrhunderts erfaßt. Descartes hatte noch nicht gewagt, den Menschen als eine Maschine aufzufassen; er ist deshalb dabei stehen geblieben, nur im Tiere eine komplizierte Maschine zu erblicken. Lamettrie wagt den entscheidenden Schritt. Schon im Titel seines Hauptwerkes „L'home machine" ist seine Ansicht festgelegt. Aber Descartes hatte bekanntlich den Sitz der Seele in die Zirbeldrüse verlegt und damit seinem Menschenbegriff eine materialistische Note verliehen. Man muß sich die Wirkung, die Descartes, Galilei und Newton auf die Geister ausübten, ähnlich vorstellen, wie ein Jahrhundert später die Wirkung der Entdeckung Darwins auf das große Publikum und auf die Gelehrtenwelt: alles versuchte, das Prinzip des „Kampfs ums Dasein" auf die Gesellschaft zu übertragen.[217]

2. DER HISTORISCHE MATERIALISMUS

Ähnlich den „älteren" Materialisten findet sich auch bei M a r x die Anlehnung an die Methodik der Naturwissenschaften, was schon in der Terminologie zum Ausdruck kommt, wie z. B. „das Naturgesetz der kapitalistischen Produktion" oder „das Bewegungsgesetz der menschlichen Geschichte" und ähnliches. Damit ist aber keineswegs eine unmittelbare Übertragung und unkritische Übernahme naturwissenschaftlicher Kategorien auf den gesellschaftlichen Bereich legitimiert, noch wird der gesellschaftliche Prozeß als ein in alle Ewigkeit nach den Regeln der Mechanik sich ausrichtender beschrieben. Darauf gehen wir später ein. Im Vorwort zum „Kapital" spricht Marx von seiner wissenschaftlichen Methode und vergleicht sie bezeichnenderweise mit der des Naturwissenschaftlers:

Der Physiker beobachtet Naturprozesse entweder dort, wo sie in der prägnantesten Form und von störenden Einflüssen mindest getrübt erscheinen, oder, wo möglich, macht er Experimente unter Bedingungen, welche den reinen Vorgang des Prozesses sichern. Was ich in diesem Werk zu erforschen habe, ist die kapitalistische Produktionsweise und die ihr entsprechenden Produktions- und Verkehrsverhältnisse. Ihre klassische Stätte ist bis jetzt England. Dies ist der Grund, warum es zur Hauptillustration meiner theoretischen Entwicklung dient. Sollte jedoch der deutsche Leser pharisäisch die Achseln zucken über die Zustände der englischen Industrie- und Ackerbauarbeiter, oder sich optimistisch dabei beruhigen, daß in Deutschland die Sachen noch lange nicht so schlimm stehn, so muß ich ihm zurufen: De te fabula narratur! (Über dich wird berichtet!) An und für sich handelt es sich nicht um den höheren oder niedrigeren Entwicklungsgrad der gesellschaftlichen Antagonismen, welche aus den Naturgesetzen der kapitalistischen Produktion entspringen. Es handelt sich um diese Gesetze selbst, um diese mit eherner Notwendigkeit wirkenden und sich durchsetzenden Tendenzen. Das industriell entwickeltere Land zeigt dem minder entwickelten nur das Bild der eigenen Zukunft.[218]

Es ist die Rede von den Naturgesetzen der kapitalistischen Produktion und von scheinbar nicht aufzuhaltenden Tendenzen, die auf einen gesellschaftlichen Prozeß einwirken und für ihn bestimmend werden. Die unterentwickelte Gesellschaft sieht in der weiter fortgeschrittenen die eigene Zukunft, der sie anscheinend nicht entkommen kann. Auf die heutige Situation angewandt, würde das bedeuten, die hochindustrialisierte technologische Gesellschaft mit ihren Möglichkeiten zur Verbesserung der wirtschaftlichen Lage des Individuums einerseits und ihren zur Katastrophe neigenden Tendenzen andererseits sei eine unabwendbare geschichtliche Phase in der gesellschaftlichen Entwicklung, welche beispielsweise die Dritte Welt auf jeden Fall noch zu durchlaufen habe. Hier haben wir dann das noch zu

differenzierende Problem der Notwendigkeit vor uns, das mit dem der Freiheit eng verknüpft ist. Sind die Notwendigkeiten, etwa auch wenn sie zur Katastrophe führen sollten, hinzunehmen oder kann man sie unterlaufen, sie umgehen, ihnen vorbeugen? Inwieweit bleibt uns noch Freiheit übrig, überhaupt etwas zu tun? Engels gibt uns darauf die nicht zufriedenstellende Antwort, Freiheit sei Einsicht in die Notwendigkeit (Engels greift hier auf einen Satz von Hegel zurück). Diese Antwort ist gerade heute nicht unproblematisch, da es immer schwieriger wird, die sogenannten „Sachzwänge" und unvermeidlichen „Tatsachen" von wirklichen Notwendigkeiten zu trennen. Was unter die Notwendigkeiten zählt und was als solche nur den Menschen suggeriert wird, um sie leichter lenken zu können, das gilt es erst noch zu diskutieren.
Was den Zusammenhang von Freiheit und Notwendigkeit anbetrifft sowie das Reich der Freiheit, von dem Engels gern spricht, so formuliert Marx dies Problem weitaus vorsichtiger als Engels:

Der wirkliche Reichtum der Gesellschaft und die Möglichkeit beständiger Erweiterung ihres Reproduktionsprozesses hängt also nicht ab von der Länge der Mehrarbeit, sondern von ihrer Produktivität und von den mehr oder minder reichhaltigen Produktionsbedingungen, worin sie sich vollzieht. Das Reich der Freiheit beginnt in der Tat erst da, wo das Arbeiten, das durch Not und äußere Zweckmäßigkeit bestimmt ist, aufhört; es liegt also der Natur der Sache nach jenseits der Sphäre der eigentlichen materiellen Produktion. Wie der Wilde mit der Natur ringen muß, um seine Bedürfnisse zu befriedigen, um sein Leben zu erhalten und zu reproduzieren, so muß es der Zivilisierte, und er muß es in allen Gesellschaftsformen und unter allen möglichen Produktionsweisen. Mit seiner Entwicklung erweitert sich dies Reich der Naturnotwendigkeit, weil die Bedürfnisse; aber zugleich erweitern sich die Produktivkräfte, die diese befriedigen. Die Freiheit in diesem Gebiet kann nur darin bestehn, daß der vergesellschaftete Mensch, die assoziierten Produzenten, diesen ihren Stoffwechsel mit der Natur rationell regeln, unter ihre gemeinschaftliche Kontrolle bringen, statt von ihm als von einer blinden Macht beherrscht zu werden; ihn mit dem geringsten Kraftaufwand und unter den, ihrer menschlichen Natur würdigsten und adäquatesten Bedingungen vollziehn. Aber es bleibt dies immer ein Reich der Notwendigkeit. Jenseits desselben beginnt die menschliche Kraftentwicklung, die sich als Selbstzweck gilt, das wahre Reich der Freiheit, das aber nur auf jenem Reich der Notwendigkeit als seiner Basis aufblühn kann. Die Verkürzung des Arbeitstags ist die Grundbedingung.[219]

Aber zurück zur Marx'schen Methode. In der Naturwissenschaft sind Experimente wiederholbar und unter gleichen Voraussetzungen und Bedingungen auch immer wieder die gleichen Ergebnisse und Folgen festzustellen, so daß man vom Vorgang des Experimentierens abstrahieren und vom Resultat her schon Voraussagen für spätere Experimente machen kann. Ähnlich zeigt das Resultat: eine hoch entwickelte Gesellschaftsform, einer minder entwickelten deren zu erwartende Möglichkeiten und Probleme. So wie der Naturwissenschaftler also den typischen und möglichst vollendeten Fall wählt, um seine Theorie zu veranschaulichen, so wählt Marx zur Darstellung seiner Theorie das England seiner Zeit, da dort der Kapitalismus besonders sichtbar und besonders weit fortgeschritten war.

Dieser Vergleich soll lediglich den Weg zeigen, den Marx und Engels beschreiten, um zu ihren Analysen zu gelangen. Die Marx'sche Methode ist empirisch, er geht nicht von einem Ideal aus, sondern untersucht herrschende Zustände, um ideale Zustände einmal erreichen zu können.[220] An diese streng empirisch sich aufbauenden Analysen hatten sich dann später auch die vielen Irrtümer und Mißverständnisse geheftet, die bei oberflächlicher Interpretation der Marx'schen Theorie entstanden sind.[221] Der von Marx entwickelte Materialismus wird sowohl mit dem „alten" Materialismus als auch mit jeder Vorstellung vom platten Materialismus verwechselt. Diese Irrtümer entstehen zum großen Teil daraus, daß Begriffe wie Notwendigkeit, Gesetzmäßigkeit, Naturprozeß — auf die Marx und Engels nicht verzichten können und wollen (wie wir noch sehen werden) — einfach nicht aus dem Gedankenzusammenhang herausgearbeitet, sondern absolut gesetzt und als wirklich mechanische Größen verstanden werden. Solche Begriffe treten in der Tat sehr häufig auf, was charakteristisch zu sein scheint für jede Art von materialistischer Theorie. Wenn sich im Idealismus beispielsweise der Begriff „Geist" als für die Theorie konstitutiv erweist, dann im historischen Materialismus z. B. der Begrff „Produktion" etc.

Beim Begräbnis (17. März 1883) von Marx hebt sein Freund Engels in einer Rede die Verwandtschaft der Marx'schen Theorie mit den Naturwissenschaften hervor, wenn er sagt:

Wie Darwin das Gesetz der Entwicklung der organischen Natur, so entdeckte Marx das Entwicklungsgesetz der menschlichen Geschichte: die bisher unter ideologischen Überwucherungen verdeckte einfache Tatsache, daß die Menschen vor allen Dingen zuerst essen, trinken, wohnen und sich kleiden müssen, ehe sie Politik, Wissenschaft, Kunst, Religion usw. treiben können; daß also die Produktion der unmittelbaren materiellen Lebensmittel und damit die jedesmalige ökonomische Entwicklungsstufe eines Volkes oder eines Zeitabschnitts die Grundlage bildet, aus der sich die Staatseinrichtungen, die Rechtsanschauungen, die Kunst und selbst die religiösen Vorstellungen der betreffenden Menschen entwickelt haben, und aus der sie daher auch erklärt werden müssen — nicht, wie bisher geschehen, umgekehrt.
Damit nicht genug. Marx entdeckte auch das spezielle Bewegungsgesetz der heutigen kapitalistischen Produktionsweise und der von ihr erzeugten bürgerlichen Gesellschaft. Mit der Entdeckung des Mehrwerts war hier plötzlich Licht geschaffen, während alle früheren Untersuchungen, sowohl der bürgerlichen Ökonomen wie der sozialistischen Kritiker, im Dunkel sich verirrt hatten.
Zwei solche Entdeckungen sollten für ein Leben genügen. Glücklich schon der, dem es vergönnt ist, nur eine solche zu machen. Aber auf jedem einzelnen Gebiet, das Marx der Untersuchung unterwarf, und dieser Gebiete waren sehr viele und keines hat er bloß flüchtig berührt — auf jedem, selbst auf dem der Mathematik, hat er selbständige Entdeckungen gemacht. So war der Mann der Wissenschaft. Aber das war noch lange nicht der halbe Mann. Die Wissenschaft war für Marx eine geschichtlich bewegende, eine revolutionäre Kraft. So reine Freude er haben konnte an einer neuen Entdeckung in irgendeiner theoretischen Wissenschaft, deren praktische Anwendung vielleicht noch gar nicht abzusehen — eine ganz andere Freude empfand er, wenn es sich um eine Entdeckung handelte, die sofort revolutionär eingriff in die Industrie, in die geschichtliche Entwicklung überhaupt. So hat er die Entwicklung der Entdeckungen auf dem Gebiet der Elektrizität, und zuletzt noch die von Marc Deprez, genau verfolgt.
Denn Marx war vor allem Revolutionär. Mitzuwirken, in dieser oder jener Weise, am Sturz der kapitalistischen Gesellschaft und der durch sie geschaffenen Staatseinrichtungen, mitzuwirken an der Befreiung des modernen Proletariats, dem er zuerst das Bewußtsein seiner eigenen Lage und seiner Bedürfnisse, das Bewußtsein der Bedingungen seiner Emanzipation gegeben hatte — das war ein wirklicher Lebensberuf.[222]

Wesentliches Moment dieses methodisch mit der Darwin'schen Theorie verglichenen Entwicklungsgesetzes ist die These, daß der Idee die Materie vorausgeht, daß die Produktion die Basis für Politik, Wissenschaft, Religion und Kunst darstellt — oder sagen wir: daß dem Überbau der Unterbau vorausgeht. Die Beziehung vom Unterbau zum Überbau ist kompliziert, und die Aussage, die Produktion gehe dem Denken voraus, besagt nicht, daß nicht auch der Gedanke sich wiederum in der Produktion niederschlagen könnte. — Bleiben wir noch kurz beim vorsichtigen Vergleich der Theorie von Darwin und Marx, um eine treffende Textstelle von Engels zu erwähnen, aus der deutlich werden kann, wie weit der Vergleich mit Darwin überhaupt zu ziehen ist, und welche andeutet, daß dort, wo eine „bewußte Organisation der gesellschaftlichen Produktion" anfängt, die quasi naturgesetzlichen mechanischen Regeln des gesellschaftlichen Prozesses aufhören, bestimmend für die Geschichte der Menschheit zu sein, und daß dort endgültig der Vergleich mit dem Tierreich — das sich durch Bewußtlosigkeit und Kampf ums Dasein auszeichnet — nicht mehr angemessen ist:

Darwin wußte nicht, welch bittre Satire er auf die Menschen und besonders auf seine Landsleute schrieb, als er nachwies, daß die freie Konkurrenz, der Kampf ums Dasein, den die Ökonomen als höchste geschichtliche Errungenschaft feiern, der Normalzustand des Tierreichs ist. Erst eine bewußte Organisation der gesellschaftlichen Produktion, in der planmäßig produziert und verteilt wird, kann die Menschen ebenso in gesellschaftlicher Beziehung aus der übrigen Tierwelt herausheben, wie dies die Produktion überhaupt für die Menschen in spezifischer Beziehung getan hat. Die geschichtliche Entwicklung macht eine solche Organisation täglich unumgänglicher, aber auch täglich möglicher. Von ihr wird eine neue Geschichtsepoche datieren, in der die Menschen selbst, und mit ihnen alle Zweige ihrer Tätigkeit, namentlich auch die Naturwissenschaft, einen Aufschwung nehmen werden, der alles Bisherige in tiefen Schatten stellt.[223]

Darwin stellt die Gesetzmäßigkeiten im Tierreich dar und gibt so nach Engels unbewußt eine zutreffende Beschreibung der zeitgenössischen bürgerlichen Gesellschaft in England. Das Tierreich soll in gleicher Weise strukturiert sein wie die menschliche Gesellschaft unter dem Kapitalismus. Die Theorie von Thomas Hobbes, der Kampf ums Dasein, der Kampf aller gegen alle im Naturzustand, zielt in die gleiche Richtung: das gepriesene Reich der Konkurrenz auf dem Markt, auf dem jeder gegen jeden frei ist zu handeln wie er will, ist ein Reich bewußtloser Lebewesen, das vom Existenzkampf und vom Kampf der Klassen geprägt ist, es gleicht eher dem Tierreich als einer sich bewußt organisierenden Gesellschaft freier Individuen. Hier besonders setzt die Polemik von Marx und Engels an, die damit auch die ökonomischen Theorien ihrer Zeit kritisieren, denen zufolge die ökonomischen und politischen Verhältnisse, die sie in England vorfinden, dem wünschenswerten Normalzustand des Menschen entsprechen und keineswegs einer Verbesserung oder gar Revolutionierung bedürfen. Die vorherrschenden Zustände könnten höchstens noch weiter durch Gesetze legitimiert und verewigt werden, was wieder ein Beispiel dafür wäre, daß herrschende Bewußtseinsformen (hier: Gesetze, Moral etc.) nur der theoretische Aspekt sich bereits stabilisierender Praxis sind. Die Theorie gründet sich auf die vorhandene Praxis. Der Zustand der freien Konkurrenz in dieser oben angedeuteten Weise erscheint Marx und Engels aber nur als bewußte oder unbewußte Nachahmung von Verhaltensweisen, wie sie im Tierreich ganz natürlich und unabänderlich auftreten. Da aber die Menschen bewußte und arbeitende Wesen sind, die ihre Geschichte (bewußt oder unbewußt bisher) selbst machen, muß dieser Zustand kein ewiger und unabänderlicher sein. Vor allem scheint es zweifelhaft zu sein, den Konkurrenzzustand als natürlich oder dem Wesen des Menschen gemäß deuten zu wollen. Zum Gesetz der Konkurrenz sagt Engels in seiner Schrift „Umrisse zu einer Kritik der Nationalökonomie“:

Das Gesetz der Konkurrenz ist, daß Nachfrage und Zufuhr sich stets und ebendeshalb nie ergänzen. Die beiden Seiten sind wieder auseinandergerissen und in den schroffen Gegensatz verwandelt. Die Zufuhr ist immer gleich hinter der Nachfrage, aber kommt nie dazu, sie genau zu decken; sie ist entweder zu groß oder zu klein, nie der Nachfrage entsprechend, weil in diesem bewußtlosen Zustande der Menschheit kein Mensch weiß, wie groß diese oder jene ist. Ist die Nachfrage größer als die Zufuhr, so steigt der Preis, und dadurch wird die Zufuhr gleichsam irritiert; sowie sie sich im Markte zeigt, fallen die Preise, und wenn sie größer wird als jene, so wird der Fall der Preise so bedeutend, daß die Nachfrage dadurch wieder aufgereizt wird. So geht es in einem fort, nie ein gesunder Zustand, sondern eine stete Abwechslung von Irritation und Erschlaffung, die allen Fortschritt ausschließt, ein ewiges Schwanken, ohne je zum Ziel zu kommen. Dies Gesetz mit seiner steten Ausgleichung, wo, was hier verloren, dort wieder gewonnen wird, findet der Ökonom wunderschön. Es ist sein Hauptruhm, er kann sich nicht satt daran sehen und betrachtet es unter allen möglichen und unmöglichen Verhältnissen. Und doch liegt auf der Hand, daß dies Gesetz ein reines Naturgesetz, kein Gesetz des Geistes ist. Ein Gesetz, das die Revolution erzeugt. Der Ökonom kommt mit seiner schönen Theorie von Nachfrage und Zufuhr heran, beweist euch, daß „nie zuviel produziert werden kann", und die Praxis antwortet mit den Handelskrisen, die so regelmäßig wiederkehren wie die Kometen und deren wir jetzt durchschnittlich alle fünf bis sieben Jahre eine haben. Diese Handelskrisen sind seit achtzig Jahren ebenso regelmäßig gekommen wie früher die großen Seuchen — und haben mehr Elend, mehr Unsittlichkeit mit sich gebracht als diese (vgl. Wade, „Hist[ory] of the Middle and Working Classes", London 1835, p. 211). Natürlich bestätigen diese Handelsrevolutionen das Gesetz, sie bestätigen es im vollsten Maße, aber in einer andern Weise, als der Ökonom uns glauben machen möchte. Was soll man von einem Gesetz denken, das sich nur durch periodische Revolutionen durchsetzen kann? Es ist eben ein Naturgesetz, das auf der Bewußtlosigkeit der Beteiligten beruht. Wüßten die Produzenten als solche, wieviel die Konsumenten bedürften, organisierten sie die Produktion, verteilten sie sie unter sich, so wäre die Schwankung der Konkurrenz und ihre Neigung zur Krisis unmöglich. Produziert mit Bewußtsein, als Menschen, nicht als zersplitterte Atome ohne Gattungsbewußtsein, und ihr seid über alle diese künstlichen und unhaltbaren Gegensätze hinaus. Solange ihr aber fortfahrt, auf die jetzige unbewußte, gedankenlose, der Herrschaft des Zufalls überlassene Art zu produzieren, solange bleiben die Handelskrisen; und jede folgende muß universeller, also schlimmer werden als die vorhergehende, muß eine größere Menge kleiner Kapitalisten verarmen und die Anzahl der bloß von der Arbeit lebenden Klasse in steigendem Verhältnisse vermehren — also die Masse der zu beschäftigenden Arbeit, das Hauptproblem unserer Ökonomen, zusehends vergrößern und endlich eine soziale Revolution herbeiführen, wie sie sich die Schulweisheit der Ökonomen nicht träumen läßt.[224]

Die Polemik, die in dem Vergleich der bürgerlichen Konkurrenzgesellschaft mit dem Darwin'schen Tierreich steckt, weist schon darauf hin, daß die Notwendigkeiten und Naturgesetzlichkeiten, von denen so oft die Rede ist, daß mechanische Regeln und ein gewisser automatisch abrollender Geschichtsprozeß in der Gesamttheorie von Marx einen von der üblichen Meinung abweichenden Stellenwert haben und anscheinend in einem völlig anderen Licht gesehen werden müssen, daß gerade die notwendigen automatischen und unbewußten Momente von Marx und Engels immer wieder der Kritik unterzogen werden. Wie denn überhaupt alle Begriffe, wie Horkheimer ausführt, die unter dem Einfluß des Marx'schen kritischen Denkens entstehen, die Gegenwart kritisieren. So, wie Begriffe wie z. B. Notwendigkeit, Gesetzmäßigkeit und Mechanik schon unter einem ganz bestimmten Interesse[225] gesehen und untersucht werden, so auch alle anderen Begriffe und Kategorien. „Die Marx'schen Kategorien Klasse, Ausbeutung, Mehrwert, Profit, Verelendung, Zusammenbruch sind Momente eines begrifflichen Ganzen, dessen Sinn nicht in der Reproduktion der gegenwärtigen Gesellschaft, sondern in ihrer Veränderung zum Richtigen zu suchen ist.“[226]

Der ganze Sinn der Marx'schen Analyse der bürgerlichen Gesellschaft, also auch deren nach mechanischen Regeln verlaufenden Gesetzmäßigkeiten, besteht ja gerade darin, daß dieser unbewußte automatische Ablauf nicht immer sein muß und nicht mehr sein soll, daß eine bewußte Organisation der Individuen innerhalb der Gesellschaft die mechanischen und zwanghaften Momente abbauen hilft. Die Marx'sche Analyse will also nicht die Bestätigung der vorhandenen Praxis geben und sie auch nicht im gedanklichen Aspekt, in der Theorie, verdoppeln, sondern hat deren Veränderung im Auge. Es ist wichtig, gerade bei solchen Begriffen, die eine „mechanische“ Interpretation nahelegen und darum leicht zu Mißverhältnissen führen können, darauf zu achten, unter welchem Vorzeichen überhaupt der historische Materialismus steht, welche Erkenntnisinteressen (oder: erkenntnisleitende Interessen) er hat und wieweit er sich tatsächlich an die Naturwissenschaft (deren Methode, Kategorien und Modelle) anlehnt.

Kehren wir noch einmal zum alten Materialismus zurück, da auch Marx in einigen wichtigen Ansätzen immer wieder auf materialistische Theorien zurückgegriffen hatte. Wir hatten festgestellt: das bestimmende Prinzip des Materialismus ist ein materielles, kein geistiges. Der Materialismus geht von der „Priorität der äußeren Natur“ aus,[227] nicht von der Priorität einer Idee. Gegenstand des Denkens ist das Materielle, etwas, das nicht selber Denken ist. Ludwig Feuerbach, bei dem Marx die Auseinandersetzung mit dem herkömmlichen Materialismus

beginnt, sagt: „. . . Die Philosophie hat nicht mit sich, sondern mit ihrer Antithese, mit der Nichtphilosophie zu beginnen.[228] Die Philosophie, so könnte man fortfahren, hat nicht nur dort zu beginnen, sondern sie endet auch in der Nichtphilosophie. So heißt es bei Adorno: „In Wahrheit gehen alle Begriffe, auch die philosophischen, auf Nichtbegriffliches, weil sie ihrerseits Momente der Realität sind, die zu ihrer Bildung — primär zu Zwecken der Naturbeherrschung — nötigt."[229]
Wie kommt denn Philosophie an das, was noch nicht oder nicht mehr Philosophie ist und an das, was nicht Begriff ist, überhaupt heran?
Was ist die Vermittlung zwischen Denken und Objekt? „Philosophische Reflexion versichert sich des Nichtbegrifflichen im Begriff."[230] Das Denken kommt also durch den Begriff an das heran, was nicht selber Denken ist. Das Denken jedoch, so fürchtet Feuerbach, vergißt sehr leicht den Grund, dem es sich überhaupt verdankt, und weiß nicht mehr, wovon es tatsächlich abhängt: nämlich von der sinnlichen Anschauung. Die sinnliche Anschauung aber geht beim Idealismus unter, kritisiert Feuerbach, dort ist Denken nur mit sich selbst beschäftigt. Das Denken läuft „nicht in gerader Linie, aus der Identität mit sich" fort, sondern unterbricht sich „durch die sinnliche Anschauung. Nur das durch die sinnliche Anschauung sich bestimmende und rektifizierende Denken ist reales, objektives Denken — Denken objektiver Wahrheit."[231] — Alles, was die sinnliche Anschauung vor sich ausgebreitet findet, und nur das, bestimmt nach Feuerbach das Denken der Menschen. Diese These richtet sich gegen die Theologie und den Idealismus.

Feuerbachs Hinweis auf die sinnliche Anschauung innerhalb dieses Problemkreises reicht aber nach Marx noch lange nicht aus als wesentliches und bestimmendes Moment für Denken und Erkenntnis. Neben der Welt der toten Objekte, die nur einen Teil der Materie, des Stoffes ausmacht, von dem das Subjektive abhängig ist, tritt nach Marx als wichtigste Größe der gesamte Bereich menschlicher Praxis hinzu. Gerade die menschliche Arbeit verleiht überhaupt erst der sogenannten Objektivwelt ihren Sinn, nur mittels der Arbeit kommt der Mensch in Kontakt mit der Außenwelt und kann sie so verstehen.

Marx wirft Feuerbach vor, er lasse die Tätigkeit des Menschen außer acht und betrachte ihn eher als Gegenstand:

Feuerbachs „Auffassung" der sinnlichen Welt beschränkt sich einerseits auf die bloße Anschauung derselben und andrerseits auf die bloße Empfindung, er sagt „*den* Menschen" statt d[ie] „wirklichen historischen Menschen". „*Der* Mensch" ist realiter „der Deutsche". Im ersten Falle, in der *Anschauung* der sinnlichen Welt, stößt er notwendig auf Dinge, die seinem Bewußtsein und seinem Gefühl widersprechen, die die von ihm vorausgesetzte Harmonie aller Teile der sinnlichen Welt und namentlich des Menschen mit der Natur stören. Um diese zu beseitigen, muß er dann zu einer doppelten Anschauung seine Zuflucht nehmen, zwischen einer profanen, die nur das „auf platter Hand Liegende", und einer höheren, philosophischen, die das „wahre Wesen" der Dinge erschaut. Er sieht nicht, wie die ihn umgebende sinnliche Welt nicht ein unmittelbar von Ewigkeit her gegebenes, sich stets gleiches Ding ist, sondern das Produkt der Industrie und des Gesellschaftszustandes, und zwar in dem Sinne, daß sie ein geschichtliches Produkt ist, das Resultat der Tätigkeit einer ganzen Reihe von Generationen, deren Jede auf den Schultern der vorhergehenden stand, ihre Industrie und ihren Verkehr weiter ausbildete, ihre soziale Ordnung nach den veränderten Bedürfnissen modifizierte. Selbst die Gegenstände der einfachsten „sinnlichen Gewißheit" sind ihm nur durch die gesellschaftliche Entwicklung, die Industrie und den kommerziellen Verkehr gegeben. Der Kirschbaum ist, wie fast alle Obstbäume, bekanntlich erst vor wenig Jahrhunderten durch den *Handel* in unsre Zone verpflanzt worden und wurde deshalb erst durch diese Aktion einer bestimmten Gesellschaft in einer bestimmten Zeit der „sinnlichen Gewißheit" Feuerbachs gegeben. Übrigens löst sich in dieser Auffassung der Dinge, wie sie wirklich sind und geschehen sind, wie sich weiter unten noch deutlicher zeigen wird, jedes tiefsinnige philosophische Problem ganz einfach in ein empirisches Faktum auf. Z. B. die wichtige Frage über das Verhältnis des Menschen zur Natur (oder gar, wie Bruno sagt (p. 110), die „Gegensätze in Natur und Geschichte", als ob das zwei voneinander getrennte „Dinge" seien, der Mensch nicht immer eine geschichtliche Natur und eine natürliche Geschichte vor sich habe), aus der alle die „unergründlich hohen Werke" über „Substanz" und „Selbstbewußtsein" hervorgegangen sind, zerfällt von selbst in der Einsicht, daß die vielberühmte „Einheit des Menschen mit der Natur" in der Industrie von jeher bestanden und in jeder Epoche je nach der geringeren oder größeren Entwicklung der Industrie anders bestanden hat, ebenso wie der „Kampf" des Menschen mit der Natur, bis zur Entwicklung seiner Produktivkräfte auf einer entsprechenden Basis. Die Industrie und der Handel, die Produktion und der Austausch der Lebensbedürfnisse bedingen ihrerseits und werden wiederum in der Art ihres Betriebes bedingt durch die Distribution, die Gliederung der verschiedenen gesellschaftlichen Klassen — und so kommt es denn, daß Feuerbach in Manchester z. B. nur Fabriken und Maschinen sieht, wo vor hundert Jahren nur Spinnräder und Webstühle zu sehen waren, oder in der Campagna di Roma nur Viehweiden und Sümpfe entdeckt, wo er zur Zeit des Augustus nichts als Weingärten und Villen römischer Kapitalisten gefunden hätte. Feuerbach spricht namentlich von der Anschauung der Naturwissenschaft, er erwähnt Geheimnisse, die nur dem Auge des Physikers und Chemikers offenbar werden; aber wo wäre ohne Industrie und Handel die Naturwissenschaft? Selbst diese „reine" Naturwissenschaft erhält ja ihren Zweck sowohl wie ihr Material erst durch Handel und Industrie, durch sinnliche Tätigkeit der Menschen. So sehr ist diese Tätigkeit, dieses fortwährende sinnliche Arbeiten und Schaffen, diese Produktion die Grundlage der ganzen sinnlichen Welt, wie sie jetzt existiert, daß, wenn sie auch nur für ein Jahr unterbrochen würde, Feuerbach eine ungeheure Veränderung nicht nur in der natürlichen Welt vorfinden, sondern auch die ganze Menschenwelt und sein eignes Anschauungsvermögen, ja seine Eigne Existenz sehr bald vermissen würde. Allerdings bleibt dabei die Priorität der äußeren Natur bestehen, und allerdings hat dies Alles keine Anwendung auf die ursprünglichen, durch generatio aequivoca [Urzeugung] erzeugten Menschen; aber diese Unterscheidung hat nur insofern Sinn, als man den Menschen als von der Natur unterschieden betrachtet. Übrigens ist diese der menschlichen Geschichte vorhergehende Natur ja nicht die Natur, in der Feuerbach lebt, nicht die Natur, die heutzutage, ausgenommen etwa auf einzelnen australischen Koralleninseln neueren Ursprungs, nirgends mehr existiert, also auch für Feuerbach nicht existiert.

Feuerbach hat allerdings den großen Vorzug vor den „reinen" Materialisten, daß er einsieht, wie auch der Mensch „sinnlicher Gegenstand" ist; aber abgesehen davon, daß er ihn nur als „sinnlichen Gegenstand", nicht als „sinnliche Tätigkeit" faßt, da er sich auch hierbei in der Theorie hält, die Menschen nicht in ihrem gegebenen gesellschaftlichen Zusammenhange, nicht unter ihren vorliegenden Lebensbedingungen, die sie zu Dem gemacht haben, was sie sind, auffaßt, so kommt er nie zu den wirklich existierenden, tätigen Menschen, sondern bleibt bei dem Abstraktum „der Mensch" stehen und bringt es nur dahin, den „wirklichen, individuellen, leibhaftigen Menschen" in der Empfindung anzuerkennen, d. h. er kennt keine andern „menschlichen Verhältnisse" „des Menschen zum Menschen", als Liebe und Freundschaft, und zwar idealisiert. Gibt keine Kritik der jetzigen Lebensverhältnisse. Er kommt also nie dazu, die sinnliche Welt als die gesamte lebendige sinnliche Tätigkeit der sie ausmachenden Individuen aufzufassen, und ist daher gezwungen, wenn er z. B. statt gesunder Menschen einen Haufen skrofulöser, überarbeiteter und schwindsüchtiger Hungerleider sieht, da zu der „höheren Anschauung" und zur ideellen „Ausgleichung in der Gattung" seine Zuflucht zu nehmen, also gerade da in den Idealismus zurückzufallen, wo der kommunistische Materialist die Notwendigkeit und zugleich die Bedingung einer Umgestaltung sowohl der Industrie wie der gesellschaftlichen Gliederung sieht.

Soweit Feuerbach Materialist ist, kommt die Geschichte bei ihm nicht vor, und soweit er die Geschichte in Betracht zieht, ist er kein Materialist. Bei ihm fallen Materialismus und Geschichte ganz auseinander. . . . [232]

Feuerbach begreift den Menschen nicht etwa als komplizierte Maschine, wie ihn Lamettrie („L'homme machine") in seinem radikalen mechanischen Materialismus aufgefaßt hatte, sondern schon als einen „sinnlichen Gegenstand". Allerdings hat Feuerbach den Menschen damit noch nicht in seiner vollen Wirklichkeit erkannt, die erst durch Einbeziehung seiner produktiven Tätigkeit wahrhaft erfaßt worden wäre. Der Mensch ist bei Feuerbach nicht so sehr der leidende, seine Lebensmittel sich besorgende und mühsam abarbeitende, sondern eher der seine angenehmen Empfindungen auslebende Mensch: so kann man sich den Feuerbach'schen Menschen eher als besitzenden Bürger denn als Proletarier vorstellen.

Der Materialismus bei Feuerbach ist für Marx nur ein begrenzter Materialismus, der die tatsächlichen Schwierigkeiten der Individuen innerhalb einer bestehenden Gesellschaftsform übersieht und von den wirklichen Problemen, die sich aus der zu bewältigenden Praxis der Menschen ergeben, d. h. von den konkreten gesellschaftlich tätigen Menschen, abstrahiert. Letzten Endes flüchtet der Materialist Feuerbach wieder zurück in den Idealismus. Er geht zwar von der Materie, der äußeren Natur, aus, faßt sie aber abstrakt statt konkret. Er übersieht die reale Arbeitswelt der ihr Leben produzierenden Subjekte. Er sagt „der Mensch", statt „der sein Leben innerhalb bestimmter Verhältnisse erarbeitende Mensch". Der Mensch wird lediglich als Exemplar einer biologischen Gattung erfaßt, nicht als praktisch-tätiges Individuum innerhalb einer das Individuum bestimmenden Gesellschaft.

In den Feuerbach-Thesen, die im Frühjahr 1845 in Brüssel geschrieben wurden und von denen Engels sagt, sie seien „rasch hingeschrieben, absolut nicht für den Druck bestimmt, aber unschätzbar als das erste Dokument, worin der geniale Keim der neuen Weltanschauung niedergelegt ist", faßt Marx zusammen:

1

Der Hauptmangel alles bisherigen Materialismus — den Feuerbachschen mit eingerechnet — ist, daß der Gegenstand, die Wirklichkeit, Sinnlichkeit, nur unter der Form des Objekts oder der Anschauung gefaßt wird; nicht aber als menschliche sinnliche Tätigkeit, Praxis, nicht subjektiv. Daher geschah es, daß die tätige Seite, im Gegensatz zum Materialismus, vom Idealismus entwickelt wurde — aber nur abstrakt, da der Idealismus natürlich die wirkliche, sinnliche Tätigkeit als solche nicht kennt. Feuerbach will sinnliche, von den Gedankenobjekten wirklich unterschiedene Objekte; aber er faßt die menschliche Tätigkeit selbst nicht als gegenständliche Tätigkeit. Er betrachtet daher im „Wesen des Christentums" nur das theoretische Verhalten als das echt menschliche, während die Praxis nur in ihrer schmutzig-jüdischen Erscheinungsform gefaßt und fixiert wird. Er begreift daher nicht die Bedeutung der „revolutionären", der praktisch-kritischen Tätigkeit.

2

Die Frage, ob dem menschlichen Denken gegenständliche Wahrheit zukomme, ist keine Frage der Theorie, sondern eine praktische Frage. In der Praxis muß der Mensch die Wahrheit, d. h. die Wirklichkeit und Macht, die Diesseitigkeit seines Denkens beweisen. Der Streit über die Wirklichkeit oder Nichtwirklichkeit eines Denkens, das sich von der Praxis isoliert, ist eine rein scholastische Frage.

3

Die materialistische Lehre, daß die Menschen Produkte der Umstände und der Erziehung, veränderte Menschen also Produkte anderer Umstände und geänderter Erziehung sind, vergißt, daß die Umstände eben von den Menschen verändert werden und daß der Erzieher selbst erzogen werden muß. Sie kommt daher mit Notwendigkeit dahin, die Gesellschaft in zwei Teile zu sondern, von denen der eine über der Gesellschaft erhaben ist. (Z. B. bei Robert Owen.)

Das Zusammenfallen des Änderns der Umstände und der menschlichen Tätigkeit kann nur als umwälzende Praxis gefaßt und rationell verstanden werden.

4

Feuerbach geht aus von dem Faktum der religiösen Selbstentfremdung, der Verdoppelung der Welt in eine religiöse, vorgestellte und eine wirkliche Welt. Seine Arbeit besteht darin, die religiöse Welt in ihre weltliche Grundlage aufzulösen. Er übersieht, daß nach Vollbringung dieser Arbeit die Hauptsache noch zu tun bleibt. Die Tatsache nämlich, daß die weltliche Grundlage sich von sich selbst abhebt und sich, ein selbständiges Reich, in den Wolken fixiert, ist eben nur aus der Selbstzerrissenheit und dem Sich-selbst-widersprechen dieser weltlichen Grundlage zu erklären. Diese selbst muß also erstens in ihrem Widerspruch verstanden und sodann durch Beseitigung des Widerspruchs praktisch revolutioniert werden. Also z. B., nachdem die irdische Familie als das Geheimnis der heiligen Familie entdeckt ist, muß nun erstere selbst theoretisch kritisiert und praktisch umgewälzt werden.

5

Feuerbach, mit dem abstrakten Denken nicht zufrieden, appelliert an die sinnliche Anschauung; aber er faßt die Sinnlichkeit nicht als praktische menschlich-sinnliche Tätigkeit.

6

Feuerbach löst das religiöse Wesen in das menschliche Wesen auf. Aber das menschliche Wesen ist kein dem einzelnen Individuum innewohnendes Abstraktum. In seiner Wirklichkeit ist es das Ensemble der gesellschaftlichen Verhältnisse.
Feuerbach, der auf die Kritik dieses wirklichen Wesens nicht eingeht, ist daher gezwungen:
1. von dem geschichtlichen Verlauf zu abstrahieren und das religiöse Gemüt für sich zu fixieren und ein abstrakt — isoliert — menschliches Individuum vorauszusetzen;
2. kann bei ihm daher das menschliche Wesen nur als „Gattung", als innere, stumme, die vielen Individuen bloß natürlich verbindende Allgemeinheit gefaßt werden.

7

Feuerbach sieht daher nicht, daß das „religiöse Gemüt" selbst ein gesellschaftliches Produkt ist und daß das abstrakte Individuum, das er analysiert, in Wirklichkeit einer bestimmten Gesellschaftsform angehört.

8

Das gesellschaftliche Leben ist wesentlich praktisch. Alle Mysterien, welche die Theorie zum Mystizismus verleiten, finden ihre rationelle Lösung in der menschlichen Praxis und im Begreifen dieser Praxis.

9

Das Höchste, wozu der anschauende Materialismus es bringt, d. h. der Materialismus, der die Sinnlichkeit nicht als praktische Tätigkeit begreift, ist die Anschauung der einzelnen Individuen in der „bürgerlichen Gesellschaft".

10

Der Standpunkt des alten Materialismus ist die „bürgerliche" Gesellschaft; der Standpunkt des neuen die menschliche Gesellschaft, oder die vergesellschaftete Menschheit.

11

Die Philosophen haben die Welt nur verschieden interpretiert; es kommt aber darauf an, sie zu verändern.[233]

Die Wirklichkeit hat nicht nur objektive, sondern auch subjektive Momente, die es herauszuarbeiten gilt. Es war das Verdienst des Idealismus, die Realität aus dem Ausschließlichkeitsanspruch des Objektiven zu lösen und sie (auch) als etwas Subjektives zu begreifen — wenn auch schließlich hier wieder das Objektive zu kurz kam. (So Hegel: „... was wirklich ist, das ist vernünftig ..." und die These von Fichte, die Welt sei vom Ich erzeugt!) Wenn man also die Wirklichkeit nicht auch subjektiv betrachtet, als Teil des Subjekts oder besser: als Arbeit des Subjekts, gerade dann bieten sich nur blinde Notwendigkeiten und unbewußte Erscheinungsreihen an und gerade dann erstarrt der Mensch zum willenlosen Objekt einer „mechanisch ablaufenden ökonomischen Dynamik“.[234]

Und gerade dann vollzieht sich der gesellschaftliche Prozeß ohne Kontrolle bewußter Individuen und bekommt den Charakter des Naturvorgangs, in den man nicht eingreifen kann. Daraus folgt wiederum ein passives abwartendes Verhalten, das man als schicksalhaftes Hinnehmen interpretieren kann. Der Marxsche Materialismus bezweifelt aber eben den auf ewig geltenden Zwang der scheinbar unbewußt sich vollziehenden geschichtlichen Mechanik und den „heillosen Primat der Ökonomie“. Das heißt, er bezweifelt nicht, daß nicht tatsächlich in der Gegenwart die Geschichte unbewußt und geradezu nach mechanischen Regeln abläuft und der Markt zwanghaft über alles herrscht, er bezweifelt allerdings, daß dies bis „in alle Zukunft so sein muß und so sein wird. Das ‚Materialistische‘ der Marx'schen Theorie ist gerade kein Bekennntnis zum heillosen Primat der Ökonomie, dieser menschenfeindlichen, von der Wirklichkeit vollzogenen Abstraktion. Jene ist vielmehr der Versuch, endlich das Augenmerk der Menschen auf die gespenstische Eigenlogik ihrer Verhältnisse zu richten, auf diese Pseudophysis, die sie zu Waren macht und zugleich die Ideologie mitliefert, sie seien bereits mündige Subjekte.“[235]

Wir stellen zwei wichtige Momente der Marx'schen Wissenschaft fest. Einmal die Rationalität der Methode: von Fakten ausgehen, Gründe, Motive finden, empirische Analyse. Dann ein bestimmtes Erkenntnisinteresse, das wir schon oben als „emanzipatorisches Erkenntnisinteresse“ charakterisiert haben. Das „emanzipatorische Erkenntnisinteresse“ hängt eng mit dem Gedanken zusammen, daß die (gesellschaftliche) Wirklichkeit auch als Produktion, als Schöpfung des Menschen, und nicht als starres unbeeinflußbares Gegenüber, aufgefaßt wird. Denn erst wenn ich die (gesellschaftliche) Wirklichkeit für durch mich veränderbar halte, wird mein Interesse, das sich von einem zu antipizierenden Zustand der Emanzipation leiten läßt, auch sinnvoll sein und eine neue Wirklichkeit schaffen helfen. Wenn ich einen Zustand

für nicht veränderbar halte, ist es sinnlos, ihn unter den Aspekt des emanzipatorischen Interesses zu stellen.
Die eindringlichen Hinweise von Marx auf die Tatsache, daß die Objektwelt keine tote Materie, sondern eine durch menschliche Tätigkeit beeinflußte oder veränderte oder geschaffene Welt ist, richten sich gegen den bisherigen Dualismus der philosophischen Tradition vor Hegel. Das klassische Beispiel wäre Descartes: starres Gegenüber von Subjekt und Objekt. Subjekt und Objekt verändern sich zwar, doch bleibt die Relation beider zueinander unveränderlich. Der Gedanke, daß sich Subjekt und Objekt aneinander abarbeiten, daß beide in einem dialektischen Verhältnis zueinander stehen, wird erst bei Hegel entwickelt und von Marx auf den Lebensprozeß der Gesellschaft angewendet. So kommen wir zum dialektischen Materialismus.
Selbstverständlich erkennt der Marx'sche Materialismus, der ein dialektischer ist, die „Priorität der äußeren Natur“ an, d. h.: er ist sich bewußt, daß die „Gesetze der äußeren Natur unabhängig und außerhalb jeden Bewußtseins existieren“, daß es aber ein An-sich gibt, völlig unabhängig von uns. „Dies An-sich wird aber nur relevant, insofern es zum Für-uns wird, das heißt, insofern die Natur einbezogen ist in menschlich-gesellschaftliche Zwecke.“[236] Deshalb treffen wir immer auf etwas, das schon sogleich unter einem gesellschaftlichen Aspekt gesehen wird oder bereits die Spuren gesellschaftlicher Einwirkung aufweist. Das heißt, wir sehen die äußere Natur immer schon unter dem Aspekt möglicher Bearbeitung (oder möglicher Erholung, was nur das dialektische Gegenüber wäre). „Für Marx erscheint die Natur nur durch die Formen gesellschaftlicher Arbeit hindurch.“[237]
Wir sehen die Realität nicht nur mit bereits programmierten Augen, sondern die Realität selbst ist — wenn wir auf sie treffen, schon programmiert.[238] Bei Horkheimer heißt es: „Die Tatsachen, welche die Sinne uns zuführen, sind in doppelter Weise gesellschaftlich präformiert: durch den geschichtlichen Charakter des wahrgenommenen Gegenstandes und den geschichtlichen Charakter des wahrnehmenden Organs. Beide sind

nicht nur natürlich, sondern durch menschliche Aktivität geformt..." Und: „In der Tat steckt in der gesellschaftlichen Praxis immer auch das vorhandene und angewandte Wissen; die wahrgenommene Tatsache ist daher schon vor ihrer bewußten, vom erkennenden Individuum vorgenommenen theoretischen Bearbeitung durch menschliche Vorstellungen und Begriffe mitbestimmt."[239]

Das, was nach Marx für den Menschen relevant ist, ist nicht die Welt der Metaphysik, der Theologie und nicht der vielleicht unerforschbare Kosmos, sondern die den Menschen umgebende „anrührende" Welt, eine Welt, die durch das Subjekt vermittelt ist, in der er selbstbewußt handeln, die er erkennen (d. h. nicht passiv anschauend, sondern praktisch tätig!) und in der er sich verwirklichen kann. So geht es Marx stets um die vom Menschen bereits produzierte Welt, um die Welt von Produkten und nicht von abstrakten Dingen. Für ihn ist die Frage nach dem letzten Grund oder nach Gott, nach dem Urheber der Welt, nicht nur nicht relevant, sondern falsch — der Gesichtspunkt, unter dem diese Frage gestellt wird, ist ein verkehrter:

Nun ist es zwar leicht, dem einzelnen Individuum zu sagen, was Aristoteles schon sagt: Du bist gezeugt von deinem Vater und deiner Mutter, also hat in dir die Begattung zweier Menschen, also ein Gattungsakt der Menschen den Menschen produziert. Du siehst also, daß der Mensch auch physisch sein Dasein dem Menschen verdankt. Du mußt also nicht nur die eine Seite im Auge behalten, den unendlichen Progreß, wonach du weiter fragst: Wer hat meinen Vater, wer seinen Großvater etc. gezeugt? Du mußt auch die Kreisbewegung, welche in jenem Prozeß sinnlich anschaubar ist, festhalten, wonach der Mensch in der Zeugung sich selbst wiederholt, also der Mensch immer Subjekt bleibt. Allein du wirst antworten: Diese Kreisbewegung dir zugestanden, so gestehe du mir den Progreß zu, der mich immer weitertreibt, bis ich frage, wer hat den ersten Menschen und die Natur überhaupt gezeugt? Ich kann dir nur antworten: Deine Frage ist selbst ein Produkt der Abstraktion. Frage dich, wie du auf jene Frage kommst; frage dich, ob deine Frage nicht von einem Gesichtspunkt aus geschieht, den ich nicht beantworten kann, weil er ein verkehrter ist? Frage dich, ob jener Progreß als solcher für ein vernünftiges Denken existiert? Wenn du nach der Schöpfung der Natur und des Menschen fragst, so abstrahierst du also vom Menschen und der Natur. Du setzest sie als nichtseiend und willst doch, daß sie ich als seiend dir beweise. Ich sage dir nun: Gib deine Abstraktion auf, so gibst du auch deine Frage auf, oder willst du an deiner Abstraktion festhalten, so sei konsequent, und wenn du den

Menschen und die Natur als nichtseiend denkend, [XI] denkst, so denke dich selbst als nichtseiend, der du doch auch Natur und Mensch bist. Denke nicht, frage mich nicht, denn sobald du denkst und fragst, hat deine Abstraktion von dem Sein der Natur und des Menschen keinen Sinn. Oder bist du ein solcher Egoist, daß du alles als Nichts setzt und selbst sein willst?

Du kannst mir erwidern: Ich will nicht das Nichts der Natur etc. setzen; ich frage dich nach ihrem Entstehungsakt, wie ich den Anatom nach den Knochenbildungen frage, etc.

Indem aber für den sozialistischen Menschen die ganze sogenannte Weltgeschichte nichts anders ist als die Erzeugung des Menschen durch die menschliche Arbeit, als das Werden der Natur für den Menschen, so hat er also den anschaulichen, unwiderstehlichen Beweis von seiner Geburt durch sich selbst, von seinem Entstehungsprozeß. Indem die Wesenhaftigkeit des Menschen und der Natur, indem der Mensch für den Menschen als Dasein der Natur und die Natur für den Menschen als Dasein des Menschen praktisch, sinnlich anschaubar geworden ist, ist die Frage nach einem fremden Wesen, nach einem Wesen über der Natur und dem Menschen — eine Frage, welche das Geständnis von der Unwesentlichkeit der Natur und des Menschen einschließt — praktisch unmöglich geworden. Der Atheismus, als Leugnung dieser Unwesentlichkeit, hat keinen Sinn mehr, denn der Atheismus ist eine Negation des Gottes und setzt durch diese Negation das Dasein des Menschen; aber der Sozialismus als Sozialismus bedarf einer solchen Vermittlung nicht mehr; er beginnt von dem theoretisch und praktisch sinnlichen Bewußtsein des Menschen und der Natur als des Wesens. Er ist positives, nicht mehr durch die Aufhebung der Religion vermitteltes Selbstbewußtsein des Menschen.[240]

Natürlich handelt es sich bei der gegenständlichen Welt nicht um das Produkt eines Subjekts, eines Individuums, sondern um das Produkt des gesamten gesellschaftlich-historischen Lebensprozesses der Menschen. Dieser gesellschaftliche Lebensprozeß der Menschen ist das, was wir mit Unterbau bezeichnen können, welcher Formen und Inhalte des Überbaus bestimmt. So erweisen sich die verschiedenen Bewußtseinsformen, wie z. B. Religion, Wissenschaft, Kunst, Politik, „nur“ als gedankliche Aspekte dieses Unterbaus. (Bei Hegel klingt dies an, wenn er sagt: „Philosophie ist ihre Zeit, in Gedanken erfaßt.“) Auch die Naturwissenschaften lassen sich als gedanklicher Aspekt der gesellschaftlichen, ökonomisch-politischen Verhältnisse fassen und nicht nur als von völlig unabhängigen Ideen und ewig gültigen Werten ausgehendes Gedankensystem. „. . . aber wo wäre ohne Industrie und Handel die Naturwissenschaft? Selbst diese

„reine" Naturwissenschaft erhält ja ihren Zweck sowohl wie ihr Material erst durch Handel und Industrie, durch sinnliche Tätigkeit der Menschen."[241]

Wir wollen die wichtigen Momente des traditionellen klassischen Materialismus noch einmal zusammenfassen. Der traditionelle Materialismus geht von der „Priorität der äußeren Natur" aus. „Die Gesetze der Natur bestehen unabhängig und außerhalb von Bewußtsein und Willen der Menschen", das Prinzip der Welt ist ein materielles, kein geistiges. Es herrscht ein Dualismus von Natur und Bewußtsein, von Objekt und Subjekt. Durch den Erkenntnisakt „sieht" das Subjekt etwas vom Objekt, doch bleiben beide dadurch unverändert. Beim Marx'schen Materialismus dankt der Dualismus ab zugunsten einer dialektischen Beziehung zwischen Subjekt und Objekt. Subjekt und Objekt beeinflussen sich wechselseitig, beim Erkenntnisakt (oder besser: bei gegenseitiger Berührung durch den Arbeitsvorgang) bleibt keines unverändert — das Objekt nimmt etwas Subjektives an, das Subjekt etwas Objektives. Nach dieser Berührung, die von immer neuen abgelöst wird, kann das Subjekt nicht zum alten unveränderten Standort zurückkehren: es findet diesen Standort nicht mehr, da er ein anderer geworden ist — und in eben demselben Maße ist auch das Subjekt ein anderes geworden.

Kennzeichnend für den Marx'schen Materialismus ist ebenfalls die Anerkennung der Priorität der äußeren Natur. Doch schon hier muß hinzugefügt werden, daß bei M a r x gar nicht so sehr das Hauptgewicht auf einer zeitlichen Priorität liegt, als vielmehr auf einer Art Vorrang („Wesenspriorität") der materiellen Bedingungen. Die Vorstellung von einer linearen Folge von der Materie zum Bewußtsein ist höchst unvollständig und damit nicht richtig, vielmehr handelt es sich darum, daß man im Ganzen der Wechselbeziehungen beider Momente (Materie und Bewußtsein) ein Überwiegen letztlich der materiellen Lebensbedingungen annehmen kann. Bei ständiger gegenseitiger Beeinflussung gewinnt eines der Momente die Oberhand: im Kapitalismus die Materie, im Sozialismus das Bewußtsein.

Es gibt (im Gegensatz zum Idealismus) die unabhängige äußere Natur, doch relevant wird die äußere Natur für den Menschen nur mittels seiner praktischen Tätigkeit, wenn er mit dieser Natur etwas anzufangen weiß, wenn er sie zu einem Für-sich macht und damit zu seiner Produktion, wenn er sie sieht unter dem Aspekt der Aneignung und Bearbeitung. In dieser Betrachtungsweise trägt die Natur zwei sich widersprechende Momente: sie ist unabhängig von der Gesellschaft und ist zugleich gesellschaftlich bedingt. Diese beiden Momente sind nicht getrennt zu sehen, sondern in einem Zusammenhang. Dieser „Zusammenhang von Unabhängigkeit und gesellschaftlicher Bedingtheit der Naturgesetze“[242] prägt den dialektischen Materialismus. Mit einem Satz: im dialektischen Materialismus tritt die Materie als gesellschaftliche Kategorie auf.

Als eine Art Zusammenfassung und zugleich schon als Vorausschau auf das, was wir in Erweiterung unserer Untersuchung über den dialektischen Materialismus nun den „historischen Materialismus“ nennen, eine berühmt gewordene Textstelle von M a r x aus dem Vorwort der Schrift „Zur Kritik der Politischen Ökonomie“:

Meine Untersuchung mündete in dem Ergebnis, daß Rechtsverhältnisse wie Staatsformen weder aus sich selbst zu begreifen sind noch aus der sogenannten allgemeinen Entwicklung des menschlichen Geistes, sondern vielmehr in den materiellen Lebensverhältnissen wurzeln, deren Gesamtheit Hegel, nach dem Vorgang der Engländer und Franzosen des 18. Jahrhunderts, unter dem Namen „bürgerliche Gesellschaft“ zusammenfaßt, daß aber die Anatomie der bürgerlichen Gesellschaft in der politischen Ökonomie zu suchen sei. Die Erforschung der letztern, die ich in Paris begann, setzte ich fort zu Brüssel, wohin ich infolge eines Ausweisungsbefehls des Herrn Guizot übergewandert war. Das allgemeine Resultat, das sich mir ergab und, einmal gewonnen, meinen Studien zum Leitfaden diente, kann kurz so formuliert werden: In der gesellschaftlichen Produktion ihres Lebens gehen die Menschen bestimmte, notwendige, von ihrem Willen unabhängige Verhältnisse ein, Produktionsverhältnisse, die einer bestimmten Entwicklungsstufe ihrer materiellen Produktivkräfte entsprechen. Die Gesamtheit dieser Produktionsverhältnisse bildet die ökonomische Struktur der Gesellschaft, die reale Basis, worauf sich ein juristischer und politischer Überbau erhebt, und welcher bestimmte gesellschaftliche Bewußtseinsformen entsprechen. Die Produktionsweise des materiellen Lebens bedingt den sozialen, politischen und geistigen Lebensprozeß überhaupt.

Es ist nicht das Bewußtsein der Menschen, das ihr Sein, sondern umgekehrt ihr gesellschaftliches Sein, das ihr Bewußtsein bestimmt. Auf einer gewissen Stufe ihrer Entwicklung geraten die materiellen Produktivkräfte der Gesellschaft in Widerspruch mit den vorhandenen Produktionsverhältnissen oder, was nur ein juristischer Ausdruck dafür ist, mit den Eigentumsverhältnissen, innerhalb deren sie sich bisher bewegt hatten. Aus Entwicklungsformen der Produktivkräfte schlagen diese Verhältnisse in Fesseln derselben um. Es tritt dann eine Epoche sozialer Revolution ein. Mit der Veränderung der ökonomischen Grundlage wälzt sich der ganze ungeheure Überbau langsamer oder rascher um. In der Betrachtung solcher Umwälzungen muß man stets unterscheiden zwischen der materiellen, naturwissenschaftlich treu zu konstatierenden Umwälzung in den ökonomischen Produktionsbedingungen und den juristischen, politischen, religiösen, künstlerischen oder philosophischen, kurz, ideologischen Formen, worin sich die Menschen dieses Konflikts bewußt werden und ihn ausfechten. Sowenig man das, was ein Individuum ist, nach dem beurteilt, was es sich selbst dünkt, ebensowenig kann man eine solche Umwälzungsepoche aus ihrem Bewußtsein beurteilen, sondern muß vielmehr dies Bewußtsein aus den Widersprüchen des materiellen Lebens, aus dem vorhandenen Konflikt zwischen gesellschaftlichen Produktivkräften und Produktionsverhältnissen erklären. Eine Gesellschaftsformation geht nie unter, bevor alle Produktivkräfte entwickelt sind, für die sie weit genug ist, und neue höhere Produktionsverhältnisse treten nie an die Stelle, bevor die materiellen Existenzbedingungen derselben im Schoß der alten Gesellschaft selbst ausgebrütet worden sind. Daher stellt sich die Menschheit immer nur Aufgaben, die sie lösen kann, denn genauer betrachtet wird sich stets finden, daß die Aufgabe selbst nur entspringt, wo die materiellen Bedingungen ihrer Lösung schon vorhanden oder wenigstens im Prozeß ihres Werdens begriffen sind. In großen Umrissen können asiatische, antike, feudale und modern bürgerliche Produktionsweisen als progressive Epochen der ökonomischen Geselschaftsformation belzeichnet werden. Die bürgerlichen Produktionsverhältnisse sind die letzte antagonistische Form des gesellschaftlichen Produktionsprozesses, antagonistisch nicht im Sinn von individuellem Antagonismus, sondern eines aus den gesellschaftlichen Lebensbedingungen der Individuen hervorwachsenden Antagonismus, aber die im Schoß der bürgerlichen Gesellschaft sich entwickelnden Produktivkräfte schaffen zugleich die materiellen Bedingungen zur Lösung dieses Antagonismus. Mit dieser Gesellschaftsformation schließt daher die Vorgeschichte der menschlichen Gesellschaft ab.[243]

Materie bei Marx wird aufgezeigt als konkrete Materie, nicht als ein Abstraktum im Verhältnis Materie — Geist. Sie wird hier benannt und dargestellt als Gesamtprozeß, der aus der Gegeneinanderbewegung von Produktivkräften und Produktionsverhältnissen entsteht. Die Charakterisierung der vorgefundenen gegenständlichen Welt als eine vom Menschen erschaffene und ständig bearbeitete, also als produzierte Welt und Welt von Produkten, kennzeichnet den Prozeß, den diese bearbeitete Welt durchläuft, als einen geschichtlichen, vom Menschen nicht zu trennenden Verlauf.

Die Materie, die Marx meint, ist nicht die Materie als Ansich, sondern als Füruns, und sie wird damit in einem dialektischen und nicht in einem dualistischen Zusammenhang gesehen. Die Für-uns-Materie ist der politisch-ökonomische Lebensprozeß, sind die politisch-ökonomischen Verhältnisse, die uns umgeben. Die Marx'sche Materie kann mithin nicht als ewig gültige, unerkannte und unveränderliche Materie verstanden werden, sondern als eine, die im Zusammenhang mit den Handlungen der Menschen steht und das heißt, die mit seiner Geschichte verknüpft ist. Bedeutung hat die Materie also nur im geschichtlichen Prozeß, als geschichtliche Materie, als historische Materie: von daher wird klar, daß das Problem heißt: historischer Materialismus.

Gehen wir nun näher auf das Problem der Geschichte ein und damit auf einen Kerngedanken der Marx'schen Theorie. Die Kritik an Feuerbach und dem herkömmlichen Materialismus geschieht gerade am Begriff der Geschichte, den Feuerbach fälschlicherweise aus seinem Materialismus herausläßt. „Soweit Feuerbach Materialist ist, kommt die Geschichte bei ihm nicht vor, und soweit er die Geschichte in Betracht zieht, ist er kein Materialist. Bei ihm fallen Materialismus und Geschichte ganz auseinander. ... Die Geschichte ist nichts als die Aufeinanderfolge der einzelnen Generationen, von denen jede die von allen vorhergegangenen übermachten Materiale, Kapitalien, Produktionskräfte exploitiert, daher also einerseits unter ganz veränderten Umständen die überkommene Tätigkeit fortsetzt und andererseits mit einer ganz veränderten Tätigkeit die alten Umstände modifiziert."[244]

Geschichte zunächst ganz lapidar als Aufeinanderfolge der einzelnen Generationen gefaßt, deutet etwas ganz anderes an als die Auffassung, Geschichte habe einen vorgegebenen Sinn, ein schon immer vorliegendes Ziel, dem der geschichtliche Lauf nur zu folgen habe. Geschichte folgt keinem göttlichen Plan, Geschichte ist nicht von einer Vorsehung bestimmt. Geschichte vollzieht sich in der Wechselwirkung von menschlicher Tätigkeit und vorgefundenen Umständen. Es herrschen sowohl Kontinuität von Tätigkeit und Umständen als auch Diskontinuität von Tätigkeit und Umständen, und Geschichte ist hier zu begreifen als Einheit dieser Kontinuität und Diskontinuität.

Durch das wechselseitige Übergreifen der neuen Tätigkeit auf die alten Umstände und der neuen Umstände auf die überkommenen Tätigkeiten kommt eine Bewegung, eine Dynamik in die Geschichte. Diese Bewegung weist zwei wesentliche Momente auf:

1. eine gewisse Eigendynamik, eine Art Gesetzmäßigkeit, die sich unabhängig vom Willen der Menschen vollzieht.
2. Sie ist abhängig von der Tätigkeit, vom Bewußtsein und Willen der Menschen.

Nur in einem solchen Rahmen, der nicht etwa die Gesetzmäßigkeit zuungunsten der bewußten Tätigkeit des Menschen hervorhebt oder umgekehrt, sondern *beide* Momente bestehen läßt, nur in einem solchen Rahmen kann man überhaupt die Marx'sche Geschichtsauffassung und damit den historischen Materialismus bestimmen und auch begreifen.

Versuchen wir aber erst negativ vorzugehen und auszuschalten, was Geschichte bei M a r x *nicht* ist, um dann eine zusammenfassende Charakterisierung des historischen Materialismus zu versuchen.

1. Geschichte ist keiner Idee unterworfen. Es gibt in ihr nur die Idee oder den Gedanken, der von Menschen gesetzt ist. Geschichte ist aus keinem Prinzip abzuleiten. Es gibt keine göttliche Geschichte. Geschichte ist nicht Ablauf eines feststehenden Programms (wie es in die Marx'sche Theorie hineingedeutet wird).

Daß die Geschichte eine bessere Gesellschaft aus einer weniger guten verwirklicht hat, daß sie eine noch bessere in ihrem Verlaufe verwirklichen kann, ist eine Tatsache; aber eine andere Tatsache ist es, daß der Weg der Geschichte über das Leiden und Elend der Individuen führt. Zwischen diesen beiden Tatsachen gibt es eine Reihe von erklärenden Zusammenhängen, aber keinen rechtfertigenden Sinn.[245]

Da, wo es absolute Zwecke und Ziele gibt, da gibt es auch ewig gültige Rechtfertigungen. Gerade dies ist bei Marx nicht der Fall.

2. Geschichte ist kein blinder Zufall, kein Chaos von Einzelabläufen und Fakten, das keiner reflektierenden Durchdringung zugänglich wäre. Geschichte ist keine Sammlung durcheinandergeworfener Bruchstücke. Geschichte ist nicht ungreifbar und unbegreifbar: es lassen sich „objektive Tendenzen" (Marcuse) feststellen und bestimmte Voraussagen machen. Es ist möglich unter bestimmten Bedingungen bestimmte Wirkungen vorher zu benennen.

3. Die Geschichte ist kein Abfallen, keine Loslösung von einem ehemals paradiesischen Zustand. Sie ist nur umgekehrt zu verstehen als Voranschreiten von einer ehemals primitiven Stufe zu immer weiter und höher entwickelten Stufen menschlichen Zusammenlebens. (Bei Engels ist sogar die Sklaverei in der Antike schon ein Fortschritt[246] gegenüber einem gesellschaftlichen Zustand, in dem beispielsweise die Gefangenen sofort getötet und nicht einmal zu Sklaven gemacht wurden.) Geschichte wird also verstanden als Prozeß des Fortschritts.

4. Die Geschichte verläuft nicht geradlinig, sondern in Widersprüchen. Das treibende Moment der Geschichte bisher (also eigentlich der Vorgeschichte der Menschheit) ist der Widerspruch von Produktivkräften und Produktionsverhältnissen und der Antagonismus der Klassen.

5. Geschichte hat keine Qualitäten, sie ist nicht gut oder böse. Sie wurde aber immer mit Qualitäten ausgestattet, weil von den Einzelsubjekten abstrahiert wurde. Daher rollte sie über ihre Köpfe hinweg und vollzog sich hinter ihrem Rücken. Die Individuen waren nur gefaßt als Personifikationen ökonomischer Kategorien, und so hat Marx sie auch beschrieben,[247] um die Verdinglichung und Abstraktion von den Personen zu kennzeichnen. Von der Person wurde abstrahiert, die Geschichte aber personifiziert.

Doch Geschichte ist keine Person, auch nicht ein verschwommenes Gesamtobjekt irgendwo über den Handlungen der realen Einzelsubjekte. „Die Geschichte tut nichts, sie besitzt keinen ungeheuren Reichtum“, sie „kämpft keine Kämpfe“! Es ist vielmehr der Mensch, der wirkliche, lebendige Mensch, der das alles tut, besitzt und kämpft; es ist nicht etwa die „Geschichte“, die den Menschen zum Mittel braucht, um ihre — als ob sie eine aparte Person wäre — Zwecke durchzuarbeiten, sondern sie ist nichts als die Tätigkeit des seine Zwecke verfolgenden Menschen.“[248]

Die Geschichte tut nichts, sie „arbeitet“ nicht, sie ist dagegen zu bestimmen als das, was Menschen tun, die ihre mehr oder weniger bestimmten Interessen und Zwecke verfolgen. Wie steht es aber mit den Zwecken, die der Mensch verfolgt? Wurden sie denn überhaupt je erreicht? In welchem Maße kann sich das Bewußtsein und der Wille der Menschen tatsächlich im Lauf der Weltgeschichte durchsetzen? Es ist eine nicht zu leugnende Tatsache, daß eigentlich niemals genau das erreicht wurde (nicht einmal annähernd), was sich Personen oder vielleicht sogar relevante Gruppen einer Gesellschaft vorgestellt haben und zuweilen auch mit aller Energie und mit allen Mitteln zu erreichen suchten. (Das reicht von Platons Utopie bis zu den gegenwärtigen Nicht-Utopien China und Kuba, die, weil eventuell versprochene Ziele noch nicht erreicht worden sind, als Illusionen desavouiert werden.) Haben diese Personen oder die Gruppen kein Glück oder nutzen sie nicht die Möglichkeiten, die sich ihnen bieten? Bei Marx heißt es: „Die Menschen machen ihre eigene Geschichte, aber sie machen sie nicht aus freien Stücken, nicht unter selbstgewählten, sondern unter unmittelbar vorgefundenen, gegebenen und überlieferten Umständen. Die Tradition aller toten Geschlechter lastet wie ein Alp auf dem Gehirne der Lebenden.“[249]

Die Situation, in der man sich vorfindet, muß also auf jeden Fall irgendwie mit in den Zweck, den man verfolgt, einfließen. Das reale Ziel menschlicher Tätigkeit ist abhängig von den Umständen, unter denen man an die Projektierung dieses Zweckes gegangen ist. Neue Verhältnisse treten erst an die Stelle der alten, wenn in diesen bereits Tendenzen zu veränderten Verhältnissen aufzuweisen sind. („Eine Gesellschaftsformation geht nie unter, bevor alle Produktivkräfte entwickelt sind, für die sie weit genug ist und neue höhere Produktionsverhältnisse treten nie an die Stelle, bevor die materiellen Existenzbedingungen derselben im Schoß der alten Gesellschaft selbst ausgebrütet worden sind.")[250]

Die Menschen machen also auf der einen Seite ihre Geschichte mit Bewußtsein, auf der anderen Seite sieht das Resultat allerdings immer so aus, als gäbe es entscheidende andere Bewegkräfte als menschliches Bewußtsein oder menschlichen Willen. Inwieweit wird dann noch Geschichte gemacht, wenn sich doch das durchsetzt, was man überhaupt nicht im Auge hatte? Ist es nicht doch eine Art Naturgesetzlichkeit, die sich im großen und ganzen in der Menschheitsgeschichte durchsetzt?
Um eine Beantwortung dieser Fragen zu ermöglichen, nun einige ausführlichere Stellen von Engels), die in leicht verständlicher Form das Problem des historischen Materialismus zu beschreiben und zu charakterisieren helfen. Es soll so möglichst eng am Text gearbeitet werden, um wenigstens teilweise selbständig zu einem Einstieg in diesen Problemkreis und zu ungehinderter Reflexion kommen zu können.
Friedrich Engels: Feuerbach und der Ausgang der klassischen Philosophie:

Nun aber erweist sich die Entwicklungsgeschichte der Gesellschaft in einem Punkt als wesentlich verschiedenartig von der der Natur. In der Natur sind es — soweit wir die Rückwirkung der Menschen auf die Natur außer acht lassen — lauter bewußtlose blinde Agenzien, die aufeinander einwirken und in deren Wechselspiel das allgemeine Gesetz zur Geltung kommt. Vor allem, was geschieht — weder von den zahllosen scheinbaren Zufälligkeiten, die auf der Oberfläche sichtbar werden, noch von den schließlichen, die Gesetzmäßigkeit innerhalb dieser Zufälligkeiten bewährenden Resultaten —, geschieht nichts als gewollter bewußter Zweck. Dagegen in der Geschichte der Gesellschaft sind die Handelnden lauter mit Bewußtsein begabte, mit Überlegung oder Leidenschaft handelnde, auf bestimmte Zwecke hinarbeitende Menschen; nichts geschieht ohne bewußte Absicht, ohne gewolltes Ziel. Aber dieser Unterschied, so wichtig es für die geschichtliche Untersuchung namentlich einzelner Epochen und Begebenheiten ist, kann nichts ändern an der Tatsache, daß der Lauf der Geschichte durch innere allgemeine Gesetze beherrscht wird. Denn auch hier herrscht auf der Oberfläche, trotz der bewußt gewollten Ziele aller einzelnen, im ganzen und großen scheinbar der Zufall. Nur selten geschieht das Gewollte, in den meisten Fällen durchkreuzen und widerstreiten sich die vielen gewollten Zwecke oder sind diese Zwecke selbst von vornherein undurchführbar oder die Mittel unzureichend. So führen die Zusammenstöße der zahllosen Einzelwillen und Einzelhandlungen auf geschichtlichem Gebiet einen Zustand herbei, der ganz dem in der bewußten Natur herrschenden analog ist. Die Zwecke der Handlungen sind gewollt, aber die Resultate, die wirklich aus den Handlungen folgen, sind nicht gewollt, oder soweit sie dem gewollten Zweck zunächst doch zu entsprechen scheinen, haben sie schließlich ganz andre als die gewollten Folgen. Die geschichtlichen Ereignisse erscheinen so im ganzen und großen ebenfalls als von der Zufälligkeit beherrscht. Wo aber auf der Oberfläche der Zufall sein Spiel treibt, da wird er stets durch innre verborgne Gesetze beherrscht, und es kommt nur darauf an, diese Gesetze zu entdecken.

Die Menschen machen ihre Geschichte, wie diese auch immer ausfalle, indem jeder seine eignen, bewußt gewollten Zwecke verfolgt, und die Resultante dieser vielen in verschiedenen Richtungen agierenden Willen und ihrer mannigfachen Einwirkung auf die Außenwelt ist eben die Geschichte. Es kommt also auch darauf an, was die vielen einzelnen wollen. Der Wille wird bestimmt durch Leidenschaft oder Überlegung. Aber die Hebel, die wieder die Leidenschaft oder die Überlegung unmittelbar bestimmen, sind sehr verschiedener Art. Teils können es äußere Gegenstände sein, teils ideelle Beweggründe, Ehrgeiz, „Begeisterung für Wahrheit und Recht", persönlicher Haß oder auch rein individuelle Schrullen aller Art. Aber einerseits haben wir gesehn, daß die in der Geschichte tätigen vielen Einzelwillen meist ganz andre als die gewollten — oft geradezu die entgegengesetzten — Resultate hervorbringen, ihre Beweggründe also ebenfalls für das Gesamtergebnis nur von untergeordneter Bedeutung sind. Andrerseits fragt es sich weiter, welche treibenden Kräfte wieder hinter diesen Beweggründen stehn, welche geschichtlichen Ursachen es sind, die sich in den Köpfen der Handelnden zu solchen Beweggründen umformen? Diese Frage hat sich der alte Materialismus nie vorgelegt. Seine Geschichtsauffassung, soweit er überhaupt eine hat, ist daher auch wesentlich pragmatisch, beurteilt alles nach den Motiven der Handlung, teilt die geschichtlich handelnden Menschen in edle und unedle und findet dann in der Regel, daß die edlen die Geprellten und die unedlen die Sieger sind, woraus dann folgt für den alten Materialismus, daß beim Geschichtsstudium nicht viel Erbauliches herauskommt, und für uns, daß auf dem geschichtlichen Gebiet der alte Materialismus sich selbst untreu wird, weil er die dort wirksamen ideellen Triebkräfte als letzte Ursachen hinnimmt, statt zu untersuchen, was denn hinter ihnen steht, was die Triebkräfte dieser Triebkräfte sind. Nicht darin liegt die Inkonsequenz, daß *ideelle* Triebkräfte anerkannt werden, sondern darin, daß von diesen nicht weiter zurückgegangen wird auf ihre bewegenden Ursachen. Die Geschichtsphilosophie dagegen, wie sie namentlich durch Hegel vertreten wird, erkennt an, daß die ostensiblen und auch die wirklich tätigen Beweggründe der geschichtlich handelnden Menschen keineswegs die letzten Ursachen der geschichtlichen Ereignisse sind, daß hinter diesen Beweggründen andre bewegende Mächte stehn, die es zu erforschen gilt; aber sie sucht diese Mächte nicht in der Geschichte selbst auf, sie importiert sie vielmehr von außen, aus der philosophischen

Ideologie, in die Geschichte hinein. Statt die Geschichte des alten Griechenlands aus ihrem eignen, innern Zusammenhang zu erklären, behauptet Hegel z. B. einfach, sie sei weiter nichts als die Herausarbeitung der „Gestaltungen der schönen Individualität", die Realisation des „Kunstwerks" als solches. Er sagt viel Schönes und Tiefes bei dieser Gelegenheit über die alten Griechen, aber das hindert nicht, daß wir uns heute nicht mehr abspeisen lassen mit einer solchen Erklärung, die eine bloße Redensart ist.

Wenn es also darauf ankommt, die treibenden Mächte zu erforschen, die — bewußt oder unbewußt, und zwar sehr häufig unbewußt — hinter den Beweggründen der geschichtlich handelnden Menschen stehn und die eigentlichen letzten Triebkräfte der Geschichte ausmachen, so kann es sich nicht so sehr um die Beweggründe bei einzelnen, wenn auch noch so hervorragenden Menschen handeln, als um diejenigen, welche große Massen, ganze Völker und in jedem Volk wieder ganze Volksklassen in Bewegung setzen; und auch dies nicht momentan zu einem vorübergehenden Aufschnellen und rasch verlodernden Strohfeuer, sondern zu dauernder, in einer großen geschichtlichen Veränderung auslaufender Aktion. Die treibenden Ursachen zu ergründen, die sich hier in den Köpfen der handelnden Massen und ihrer Führer — der sogenannten großen Männer — als bewußte Beweggründe klar oder unklar, unmittelbar oder in ideologischer, selbst in verhimmelter Form widerspiegeln — das ist der einzige Weg, der uns auf die Spur der die Geschichte im ganzen und großen wie in den einzelnen Perioden und Ländern beherrschenden Gesetze führen kann. Alles, was die Menschen in Bewegung setzt, muß durch ihren Kopf hindurch; aber welche Gestalt es in diesem Kopf annimmt, hängt sehr von den Umständen ab. Die Arbeiter haben sich keineswegs mit dem kapitalistischen Maschinenbetrieb versöhnt, seitdem sie die Maschinen nicht mehr, wie noch 1848 am Rhein, einfach in Stücke schlagen.

Während aber in allen früheren Perioden die Erforschung dieser treibenden Ursachen der Geschichte fast unmöglich war — wegen der verwickelten und verdeckten Zusammenhänge mit ihren Wirkungen —, hat unsre gegenwärtige Periode diese Zusammenhänge so weit vereinfacht, daß das Rätsel gelöst werden konnte. Seit der Durchführung der großen Industrie, also mindestens seit dem europäischen Frieden von 1815, war es keinem Menschen in England ein Geheimnis mehr, daß dort der ganze politische Kampf sich drehte um die Herrschaftsansprüche zweier Klassen, der grundbesitzenden Aristokratie (lanked aristocraty) und der Bourgeoisie (middle class). In Frankreich kam mit der Rückkehr der Bourbonen dieselbe Tatsache zum Bewußtsein; die Geschichtsschreiber der Restaurationszeit von Thierry bis Guizot, Mignet und Thiers sprechen sie überall aus als den Schlüssel zum Verständnis der französischen Geschichte seit dem Mittelalter. Und seit 1830 wurde als dritter Kämpfer um die Herrschaft in beiden Ländern die Arbeiterklasse, das Proletariat, anerkannt. Die Verhältnisse hatten sich so vereinfacht, daß man die Augen absichtlich verschließen mußte, um nicht im Kampf dieser drei großen Klassen und im Widerstreit ihrer Interessen die treibende Kraft der modernen Geschichte zu sehn — wenigstens in den beiden fortgeschrittenen Ländern."[251]

Brief von Friedrich Engels an Joseph Bloch (21./22. September 1890):

Nach materialistischer Geschichtsauffassung ist das *in letzter Instanz* bestimmende Moment in der Geschichte die Produktion und Reproduktion des wirklichen Lebens. Mehr hat weder Marx noch ich je behauptet. Wenn nun jemand das dahin verdreht, das ökonomische Moment sei das *einzig* bestimmende, so verwandelt er jenen Satz in eine nichtssagende, abstrakte, absurde Phrase. Die ökonomische Lage ist die Basis, aber die verschiedenen Momente des Überbaus — politische Formen des Klassenkampfs und seine Resultate — Verfassungen, nach gewonnener Schlacht durch die siegende Klasse festgestellt usw. — Rechtsformen, und nun gar die Reflexe aller dieser wirklichen Kämpfe im Gehirn der Beteiligten, politische, juristische, philosophische Theorien, religiöse Anschauungen und deren Weiterentwicklung zu Dogmensystemen, üben auch ihre Einwirkung auf den Verlauf der geschichtlichen Kämpfe aus und bestimmen in vielen Fällen vorwiegend deren *Form*. Es ist eine Wechselwirkung aller dieser Momente, worin schließlich durch alle die unendliche Menge von Zufälligkeiten (d. h. von Dingen und Ereignissen, deren innerer Zusammenhang untereinander so entfernt oder so unnachweisbar ist, daß wir ihn als nicht vorhanden betrachten, vernachlässigen können) als Notwendiges die ökonomische Bewegung sich durchsetzt. Sonst wäre die Anwendung der Theorie auf eine beliebige Geschichtsperiode ja leichter als die Lösung einer einfachen Gleichung ersten Grades.

Wir machen unsere Geschichte selbst, aber erstens unter sehr bestimmten Voraussetzungen und Bedingungen. Darunter sind die ökonomischen die schließlich entscheidenden. Aber auch die politischen usw., ja selbst die in den Köpfen der Menschen spukende Tradition, spielen eine Rolle, wenn auch nicht die entscheidende. Der preußische Staat ist auch durch historische, in letzter Instanz ökonomische Ursachen entstanden und fortentwikkelt. Es wird sich aber kaum ohne Pedanterie behaupten lassen, daß unter den vielen Kleinstaaten Norddeutschlands gerade Brandenburg durch ökonomische Notwendigkeit und nicht auch durch andere Momente (vor allen seine Verwickelung, durch den Besitz von Preußen, mit Polen und dadurch mit internationalen politischen Verhältnissen — die ja auch bei der Bildung der österreichischen Hausmacht entscheidend sind) dazu bestimmt war, die Großmacht zu werden, in der sich der ökonomische, sprachliche und seit der Reformation auch religiöse Unterschied des Nordens vom Süden verkörperte. Es wird schwerlich gelingen, die Existenz jedes deutschen Kleinstaates der Vergangenheit und Gegenwart oder den Ursprung der hochdeutschen Lautverschiebung, die die geographische, durch die Gebirge von den Sudeten bis zum Taunus gebildete Scheidewand zu einem förmlichen Riß durch Deutschland erweiterte, ökonomisch zu erklären, ohne sich lächerlich zu machen.

Zweitens aber macht sich die Geschichte so, daß das Endresultat stets aus den Konflikten vieler Einzelwillen hervorgeht, wovon jeder wieder durch eine Menge besonderer Lebensbedingungen zu dem gemacht wird, was er ist; es sind also unzählige einander durchkreuzende Kräfte, eine unendliche Gruppe von Kräfteparallelogrammen, daraus eine Resultante — das geschichtliche Ergebnis — hervorgeht, die selbst wieder als das Produkt einer, als Ganzes, *bewußtlos* und willenlos wirkenden Macht angesehen werden kann. Denn was jeder einzelne will, wird von jedem andern verhindert, und was herauskommt, ist etwas, das keiner gewollt hat. So verläuft die bisherige Geschichte nach Art eines Naturprozesses und ist auch wesentlich denselben Bewegungsgesetzen unterworfen. Aber daraus, daß die einzelnen Willen — von denen jeder das will, wozu ihn Körperkonstitution und äußere, in letzter Instanz ökonomische Umstände (entweder seine eignen persönlichen oder allgemein-gesellschaftliche) treiben — nicht das erreichen, was sie wollen, sondern zu einem Gesamtdurchschnitt, einer gemeinsamen Resultante verschmelzen, daraus darf doch nicht geschlossen werden, daß sie = 0 zu setzen sind. Im Gegenteil, jeder trägt zur Resultante bei und ist insofern in ihr inbegriffen.[252]

Hatten wir oben angedeutet, was Geschichte nicht ist, so lassen sich nun positiv drei wichtige Aspekte herausstellen:

1. Die Menschen machen ihre eigene Geschichte.
2. Geschichte als die Resultante zahlloser menschlicher Einzelhandlungen.
3. Geschichte als gesetzmäßiger (unbewußter) Prozeß von Veränderungen im gesellschaftlichen Lebensprozeß.

Das läßt sich nicht in eine Definition zusammenbringen — besonders nicht 1 und 3 —, sondern nur erklären in der Hervorhebung der Wechselwirkung von subjektiven und objektiven Momenten, also von Bewußtsein und Umständen. Geschichte läßt sich nicht definieren, aber doch beschreiben als dialektischer Prozeß im weitesten Sinne zwischen Mensch und Natur, wobei Natur gesehen wird unter dem Gesichtspunkt möglicher Bearbeitung oder als schon bearbeitete Natur. Der Impuls für diesen Prozeß geht vom Menschen aus, denn ohne sein Tun wäre keine Geschichte. Das Medium aber, in dem sein Tun stattfindet und sich entfalten kann zu möglichen Zielen, dies Medium kann nicht übersprungen werden: es ist vorgegeben als die politisch-ökonomischen Verhältnisse. Nur auf dem Boden der Notwendigkeit kann das Reich der Freiheit entstehen. Die Notwendigkeit zu ignorieren, heißt hinter den Stand der Zeit zurückzufallen, bedeutet, daß Notwendigkeit und Zwang sich nur um so mehr des Menschen bemächtigen.

Die bisherige Geschichte verläuft nach Art eines Naturprozesses, d. h. sie verläuft so, als seien die von Menschen hervorgebrachten Produktionsprozesse fremde und unüberschaubare Mächte, die den Menschen (also eigentlich ihre Produzenten) völlig unabhängig gegenüberstehen. Wenn die Geschichte bisher wie ein Naturprozeß abläuft, dann nur deshalb, weil sie auf der „Bewußtlosigkeit der Beteiligten beruht". Dies ist die Voraussetzung dafür, daß Geschichte zu einem Schicksal gemacht wird, das sich in der Tat hinter dem Rücken der Beteiligten vollzieht, ohne Eingriffsmöglichkeiten, den kosmischen Gesetzmäßigkeiten vergleichbar, die jenseits menschlicher Handlungszusammenhänge geschehen.

Wo Marx und Engels die bisherige Geschichte so kennzeichnen (wenn beispielsweise die Rede ist von Menschen als den „Personifikationen ökonomischer Kategorien"), da tun sie dies allerdings in kritischer Absicht, nämlich unter dem emanzipatorischen Interesse, daß diese Zustände zu überwinden seien und daß die Menschen dahin kommen, „ihre Geschichte mit vollem Bewußtsein" selbst zu machen. So ist für Engels das Gesetz der Konkurrenz „. . . ein Naturgesetz, das auf der Bewußtlosigkeit der Beteiligten beruht", und darum ist auch für Engels der Zustand, in dem sich das Bürgertum zu seiner Zeit befindet, dem des Tierreichs (wie es Darwin beschrieben hat) vergleichbar. Der Naturmechanismus, der der Marx'schen Theorie untergeschoben wird, wird gerade von Marx als Metapher für das kapitalistische System verwendet, um so die Unmenschlichkeit dieser Gesellschaftsform hervorzuheben. Der Schematismus der ökonomisch-politischen Verhältnisse stülpt sich auch auf das Bewußtsein, welches sich von diesen politisch-ökonomischen Verhältnissen nicht unabhängig halten kann. Einem solchen Bewußtsein — wenn es nicht zum Reflektieren kommt — erscheinen dann die gegebenen Verhältnisse, wie auch immer sie aussehen mögen, als natürlich und nicht veränderbar. Und was sich aus diesem Schema löst, wird folglich als unnatürlich oder illusionär denunziert. Das gilt heute z. B. für die Diskussion über mögliche Formen einer weiter entfalteten Demokratie oder eines Sozialismus, welche als unnatürlich, utopisch, illusionär etc. „entlarvt" werden sollen. Wenn Marx von dem in der bisherigen Menschheitsgeschichte sich durchgesetzten Naturmechanismus spricht, muß dabei gesehen werden, unter welchem Vorzeichen dies geschieht — ob bloß beschreibend oder darüber hinaus eben diese Mechanismen kritisierend. Bei der Untersuchung der Marx'schen wissenschaftlichen Motivation wird man feststellen, daß sein erkenntnisleitendes Interesse — wie das der kritischen Theorie — nicht auf die Bestätigung und Stabilisierung dessen zielt, was analysiert wird, sondern auf die Veränderung der als mechanisch, unbewußt und zwanghaft empfundenen Zustände. Das Marx'sche Verfahren ist das der „bestimmten Negation" (siehe oben Teil I): das Vorhandene nicht ignorieren, sondern kritisch analysieren — deshalb aber noch lange nicht anerkennen. Der vorhandenen Gesellschaft z. B. den Begriff, den sie selbst von sich hat (etwa demokratisches Prinzip) gegenüberstellen, die Konfrontation der Sache mit ihrem eigenen Begriff[253] betreiben — heißt: die erkannte Differenz führt zu der Alternative: wir geben entweder den Begriff (etwa demokratisches Prinzip) auf, weil wir meinen, er sei zu hoch gegriffen oder aber wir versuchen die Sache auf den Begriff zu bekommen.

Wenn Geschichte sich in naturgesetzlicher Weise vollzieht, wenn also die Verhaltensweisen der Individuen nur noch als Funktionen eines objektiven Prozesses darstellbar sind (keine freien Subjekte, sondern „Personifikationen ökonomischer Kategorien"), dann beherrscht trotz Fortschritt der Technik eigentlich noch immer die Natur den Menschen.[254] Nach Marx soll sich die Geschichte künftig, im Hinblick auf die klassenlose Gesellschaft, nicht mehr nach unveränderlichen Naturgesetzen vollziehen, sondern „durch die Köpfe der Individuen" hindurch und jederzeit einsehbar. Das würde dann die wahre Geschichte des Menschen von seiner bisherigen Geschichte, die Marx die „Vorgeschichte" nennt, unterscheiden.

Natur bleibt natürlich weiterhin im Spiel, für Marx gibt es keine grundsätzliche Trennung von Natur und Gesellschaft.[255] In den Frühschriften (Pariser Manuskripte) betont er das Zusammenfallen von Naturwissenschaft und Gesellschaftswissenschaft zur Wissenschaft vom Menschen: „Die Geschichte selbst ist ein wirklicher Teil der Naturgeschichte, des Werdens der Natur zum Menschen. Die Naturwissenschaft wird später ebensowohl die Wissenschaft von dem Menschen wie die Wissenschaft von dem Menschen die Naturwissenschaft unter sich subsummieren: es wird eine Wissenschaft sein." ... „Die gesellschaftliche Wirklichkeit der Natur und die menschliche Naturwissenschaft oder die natürliche Wissenschaft vom Menschen sind identische Ausdrücke.[256]

Die Geschichte soll also einerseits nicht von Naturgesetzen durchherrscht sein, auf der anderen Seite aber nicht als Gegensatz zur Natur auftreten — sonst könnten die Notwendigkeiten verschleiert werden. Gegen einen solchen Gegensatz polemisiert Marx, da in diesem Fall „das produktive Verhältnis der Menschen zur Natur aus der Geschichte ausgeschlossen würde". Die Art und Weise menschlicher Auseinandersetzung mit der Natur, die Produktion und Reproduktion des Lebensprozesses der Gesellschaft, ist aber nicht ein unwesentlicher Teil der Geschichte, sondern ist eigentlich die grundlegende Bedingung der Geschichte. „Wir müssen bei den voraussetzungslosen Deutschen damit anfangen, daß wir die erste Voraussetzung aller menschlichen Existenz, also auch aller Geschichte konstatieren, nämlich die Voraussetzung, daß die Menschen imstande sein müssen zu erleben, um „Geschichte machen" zu können. Zum Leben aber gehört vor allem Essen und Trinken, Wohnung, Kleidung und noch einiges andere. Die erste geschichtliche Tat ist also die Erzeugung der Mittel zur Befriedigung dieser Bedürfnisse, die Produktion des materiellen Leben selbst, und zwar ist dies eine geschichtliche Tat, eine Grundbedingung aller Geschichte, die noch heute, wie vor Jahrtausenden, täglich und stündlich erfüllt werden muß, um die Menschen nur am Leben zu erhalten."[257]

Der geschichtliche Werdegang des Menschen führt durch eine Phase der Negation, der Entfremdung. Es handelt sich allerdings nur um Phasen, nicht um einen Abfall von einem ehemals paradiesischen Zustand, zu dem es zurückzukehren gilt. Der Prozeß der Geschichte führt notwendig zu immer höheren Stufen und ist insgesamt ein Fortschritt, mit notwendigen, zuweilen unmenschlichen Stufen.[258] Wenn M a r x davon spricht, daß der Mensch sich wiedergewinnen könne nach dem langen Weg der Entfremdung, so liegt darin eine Andeutung auf eine Art „Urzustand“ des Menschen, in welchem — da es keine Arbeitsteilung, keine Trennung von Kopf- und Handarbeit gegeben hat — tatsächlich der Mensch einmal nicht sich selbst entfremdet, sondern bei sich selbst gewesen sei, sich selbst gewonnen hatte. Unter „Wiedergewinnung“ ist nicht Rückkehr zu einer frühen primitiven Gesellschaftsform gemeint, sondern die Gewinnung eines Zustandes, in dem der Mensch wieder bei sich selbst sein kann. Die Abwendung vom primitiven Zustand ist notwendig, um für die wachsende Zahl der Menschen die Lebensmittel anzuschaffen, die nicht mehr nur gesammelt oder gejagt werden können: die Abwendung geschieht durch die lebenswichtige Entwicklung der Produktivkräfte (Technik). Es handelt sich also beim Fortschritt der Geschichte nicht um die Verschlechterung des „glücklichen“ Urzustandes, sondern um dessen notwendige Veränderung.

Dieses Bei-sich-selbst-sein-Können war schon für A r i s t o t e l e s und H e g e l mit der Freiheit identisch und höchstes Ziel des Menschen. Nach M a r x müssen die Voraussetzungen für diesen Zustand erst geschaffen werden: erst im Kommunismus kommt der Mensch zu sich selbst und löst sich das Rätsel seiner Geschichte auf:

2. Der Kommunismus α) noch politischer Natur, demokratisch oder despotisch; β) mit Aufhebung des Staats, aber zugleich noch zu unvollendetem und immer noch mit dem Privateigentum, d. h. der Entfremdung des Menschen, affiziertem Wesen. In beiden Formen weiß sich der Kommunismus schon als Reintegration oder Rückkehr des Menschen in sich, als Aufhebung der menschlichen Selbstentfremdung, aber indem er das positive Wesen des Privateigentums noch nicht erfaßt hat und ebensowenig die *menschliche* Natur des Bedürfnisses verstanden hat, ist er auch noch von demselben befangen und infiziert. Er hat zwar seinen Begriff erfaßt, aber noch nicht sein Wesen.

3. Der *Kommunismus* als *positive* Aufhebung des *Privateigentums* als *menschlicher Selbstentfremdung* und darum als wirkliche *Aneignung* des

menschlichen Wesens durch und für den Menschen; darum als vollständige, bewußt und innerhalb des ganzen Reichtums der bisherigen Entwicklung gewordne Rückkehr des Menschen für sich als eines *gesellschaftlichen*, d. h. menschlichen Menschen. Dieser Kommunismus ist als vollendeter Naturalismus = Humanismus, als vollendeter Humanismus = Naturalismus, er ist die *wahrhafte* Auflösung des Widerstreites zwischen den Menschen mit der Natur und mit dem Menschen, die wahre Auflösung des Streits zwischen Existenz und Wesen, zwischen Vergegenständlichung und Selbstbestätigung, zwischen Freiheit und Notwendigkeit, zwischen Individuum und Gattung. Er ist das aufgelöste Rätsel der Geschichte und weiß sich als diese Lösung.[259]

Geschichte geschieht, sie ist Resultante menschlicher Handlungen — auch wenn diese Resultante nicht genau dem entspricht, was die Subjekte sich vorgestellt haben. Sie ist keine eigene Instanz, ihre empirisch darzulegenden Voraussetzungen lassen sich als Lebenstätigkeit des Menschen beschreiben: d. h. man kann beschreiben, wie sie funktioniert. Und man kann auch die Umstände beschreiben, unter denen sie so oder so funktioniert. Und diese Umstände hängen wieder ab vom Handel und von der Industrie, also von menschlicher Produktion. Die Umstände machen den Menschen, wie die Menschen die Umstände machen — bewußt und nicht bewußt. Diese ausführliche Beschreibung, diese immer prägnanter und genauer werdende Darstellung der Umstände im Marxschen Werk, das eine Richtung aufweist von einem gewissen Pathos in den Frühschriften zu der scharfsinnigen Analyse in den späteren Werken und besonders im „Kapital", ist der mühsame Versuch, von verschiedenen Ansätzen aus eine Geschichte der Menschheit durch eine Wissenschaft von der Gesellschaft zu entwerfen. Es ist immer wieder zu zeigen, wie es sich vom „philosophischen" zum „ökonomischen" oder vom „humanen" zum „mechanischen" Marx darstellen läßt, daß sich keine fertigen, ein für allemal gültigen Lösungen anbieten, die dem Gegenstand angemessen wären. Alle Verfahrensweisen zusammengenommen, unter dem Aspekt der politischen Emanzipation und der Kritik des Bestehenden, könnten einem Begreifen und Durchschauen der Geschichte näher kommen. Und in dem Maße, in dem ein weiteres Be-greifen der Geschichte möglich wird, kann sie auch nach dem Willen des Menschen und nach dem Bild eines nicht mehr unter widrigen Umständen lebenden Menschen gestaltet werden.

Wenn von der Geschichte als einem fortschreitenden Prozeß die Rede ist, dann muß gesagt werden, daß Marx dem Fortschrittsgedanken auch mit Skepsis gegenübergestanden hat. Es gab für ihn keine Garantie für einen solchen Fortschritt, wenn damit Verbesserung der menschlichen Lage gemeint war. — Es muß hier unterschieden werden:

1. ein Fortschritt der Produktivkräfte, der sich allerdings notwendig im Laufe des gesellschaftlichen Prozesses einstellen wird und
2. einen sozialen Fortschritt oder Humanitätsfortschritt, der sich keineswegs mit Notwendigkeit einstellen muß.

Die Notwendigkeit des Fortschrittes der Produktivkräfte schafft allerdings erst die Voraussetzung für einen Fortschritt an Humanität: das Reich der Freiheit entsteht nach Marx nur auf dem Boden der Notwendigkeit. Diesem Bereich der Notwendigkeit wendet ich die Marx'sche Wissenschaft fast ausschließlich zu, der Welt der bearbeiteten Natur, des Handels und Verkehrs, der Welt des Marktes — gerade um deren Mechanik und Eigengesetzlichkeit zu entlarven.

Es ist also die *Aufgabe der Geschichte*, nachdem das *Jenseits der Wahrheit* verschwunden ist, die *Wahrheit des Diesseits* zu etablieren. Es ist zunächst die *Aufgabe der Philosophie*, die im Dienste der Geschichte steht, nachdem die *Heiligengestalt* der menschlichen Selbstentfremdung entlarvt ist, die Selbstentfremdung in ihren *unheiligen Gestalten* zu entlarven. Die Kritik des Himmels verwandelt sich damit in die Kritik der Erde, die *Kritik der Religion* in die *Kritik des Rechts*, die *Kritik der Theologie* in die *Kritik der Politik*.[260]

Die Welt des Diesseits ist die Marx'sche Materie, die eine historische, eine von Menschen selbst produzierte ist, und die deshalb auch von ihm erkannt werden kann. Sie zu erkennen, hat sich der historische Materialismus zur Aufgabe gemacht: allerdings nicht, um sie zu stabilisieren, sondern um an deren Kritik die Möglichkeiten zu ihrer Veränderung zu entfalten.

Anmerkungen

1 Siehe auch das Stichwort „Sozialphilosophie“ in: Fischer Lexikon, Philosophie
2 Menon, 13.—15. Kap., 80d—81a in: Platon, Sämtliche Werke, 2 Rowolts Klassiker, Hamburg 1957 ff
3 Die Idolenlehre, aus: Neues Organon, hsg. v. A. Kirchmann, Berlin 1870.
4 Habermas, Erkenntnis und Interesse, in: Technik und Wissenschaft als Ideologie, Frankfurt 1968, S. 151.
5 Ebenda, S. 159—160 (Hervorhebungen im Original).
6 Ebenda, S. 155.
7 Philosophie und kritische Theorie, in: Kultur und Gesellschaft 1, Frankfurt 1965, S. 102.
8 Vgl. hierzu besonders Th. W. Adorno, Soziologie und empirische Forschung:
„Die Theorie der Gesellschaft ist aus der Philosophie entsprungen, während sie zugleich deren Fragestellungen umzufunktionieren trachtet, indem sie die Geselschaff als jenes Substrat bestimmt, das der traditionellen Philosophie ewige Wesenheiten hieß oder Geist. Wie die Philosophie dem Trug der Erscheinung mißtraute und auf Deutung aus war, so mißtraut die Theorie desto gründlicher der Fassade der Gesellschaft, je glatter diese sich darbietet. Theorie will benennen, was insgeheim das Getriebe zusammenhält. Die Sehnsucht des Gedankens, dem einmal die Sinnlosigkeit dessen, was bloß ist, unerträgwar, hat sich säkularisiert in dem Drang zur Entzauberung. Sie möchte den Stein aufheben, unter dem das Unwesen brütet; in seiner Erkenntnis allein ist ihr der Sinn bewahrt. Gegen solchen Drang sträubt sich die soziologische Tatsachenforschung. Entzauberung, wie noch Max Weber sie bejahte, ist ihr nur ein Spezialfall von Zauberei; die Besinnung aufs verborgen Waltende, das zu verändern wäre, bloßer Zeitverlust auf dem Weg zur Änderung des Offenbaren.“
9 Siehe auch Kapitel III.
10 Die Verfassungsnorm stellt jeweils nur eine Momentaufnahme der Gesellschaft dar, während sich die Wirklichkeit weiter von dieser Norm wegentwickelt.
11 J. Habermas, Naturrecht und Revolution, in: Theorie und Praxis, Neuwied und Berlin 1963, S. 57.
12 E. Bloch, Das Prinzip Hoffnung, Frankfurt 1959, S. 724 und 727.
13 „... um nicht Philosophie als solche der Herausforderung durch die Revolution zu opfern, hat Hegel die Revolution zum Prinzip seiner Philosophie erhoben. Erst als er im klopfenden Herzen des Weltgeistes selbst die Revolution festgemacht hatte, fühlte er sich vor ihr sicher. Hegel hat die Französische Revolution und deren Kinder nicht weggescholten, er hat sie hinweggefeiert: Zeit seines Lebens hat er, einer Überlieferung zufolge, am Jahrestage des Sturms auf die Bastille mit erhobenem Glas die Revolution geehrt. ... Hegel feiert die Revolution, weil er sie fürchtet ...“. (Habermas, Hegels Kritik der Französischen Revolution, in: Theorie und Praxis, a.a.O., S. 89).
14 K. Marx: 11. Feuerbachthese, in: Marx-Engels Werke, Berlin, Auflage 1970 (zitiert als MEW), Bd. 3, S. 7.
15 a.a.O., S. 102.

16 Ebenda.
17 Gemeint ist nicht Herrschaftslosigkeit im Sinne eines anarchischen Zustandes, sondern Entmythologisierung von Herrschaft, tendierend zur Verwaltung von Sachen — statt der Herrschaft über Menschen.
18 Siehe dazu H. Grebing, Volksrepräsentation und identitäre Demokratie, in: PVS, 13. Jg. H. 2, S. 162—180.
19 H. Marcuse, a.a.O., S. 103.
20 Ganz abgesehen von Hegels berühmten Satz in der Vorrede zur Philosophie des Rechts (Teil II)
„Was vernünftig ist, das ist wirklich;
und was wirklich ist, das ist vernünftig ..."
auf den wir an entsprechender Stelle zurückkommen werden.
21 K. Marx, Zur Kritik der Hegelschen Rechtsphilosophie, Einleitung, MEW 1, S. 391.
22 Siehe Th. W. Adorno, Negative Dialektik, Frankfurt 1966, Beginn der Einleitung.
23 H. Marcuse, a.a.O., S. 111.
24 M. Horkheimer, Traditionelle und kritische Theorie, Frankfurt 1970, S. 21—22.
25 Herbert Marcuse, Industrialisierung und Kapitalismus im Werk Max Webers, in: Kultur und Gesellschaft 2, S. 126—127.
26 Also die Systemzwänge, die als Sachzwänge ausgegeben werden.
27 Die Problematik der Art und Weise der Naturbeherrschung ist eines der wesentlichen Themen der Kritischen Theorie, die diese Problematik auch kritisch gegen Marx selbst anwendet.
28 M. Horkheimer, Zur Kritik der instrumentellen Vernunft (3. Die Revolte der Natur), hrsg. v. A. Schmidt, Frankfurt 1967.
29 H. Marcuse, a.a.O., S. 127.
30 H.-J. Krahl, Konstitution und Klassenkampf, Frankfurt 1971, S. 122 f.
31 J. Habermas, Technik und Wissenschaft als Ideologie, a.a.O., S. 78.
32 Vgl. dazu Max Webers Lehre von den drei Herrschaftstypen: die traditionale, die charismatische und die rational-legale.
33 Ebenda, S. 57.
34 Technischer Fortschritt und soziale Lebenswelt, in: Technik und Wissenschaft als Ideologie, S. 107.
35 Ebenda, S. 114.
36 In: Theorie und Praxis, a.a.O., S. 231—233.
37 MEW, Erg. Bd. 1, S. 544.
38 M. Horkheimer, Traditionelle und kritische Theorie, a.a.O., S. 45.
39 Vgl. Art. 21, II des Grundgesetzes.
40 Repressive Toleranz, in: R. P. Wolff/B. Moore/H. Marcuse, Kritik der reinen Toleranz, Frankfurt 1970, S. 127—128.
41 Ethik und Revolution, in: Kultur und Gesellschaft 2, 8. Auflg. Frankfurt/M. 1970, S. 131.
42 Zur Diskussion über den Träger der Revolution sei verwiesen auf G. Lukács, Geschichte und Klassenbewußtsein, Neuwied 1968; und H. Marcuse, Konterrevolution und Revolte, Frankfurt 1973.
43 Das Problem von Notwendigkeit eines geschichtlichen Verlaufs und Bewußtsein der Subjekte wird später im Kapitel über den historischen Materialismus erörtert.
44 Die heilige Familie, MEW 2, S. 38.
45 Vgl. Th. W. Adorno, Spätkapitalismus oder Industriegeselschaft?, in: Soziologische Schriften I, Frankfurt 1972 und dort Adornos Vorschlag einer Antwort: „Die gegenwärtige Gesellschaft ist durchaus Industrie-

gesellschaft nach dem Stand ihrer Produktivkräfte ... und Kapitalismus nach ihren Produktionsverhältnissen."

46 Siehe hierzu: L. Goldmann, Das Denken Herbert Marcuses, in: Soziale Welt, Göttingen 1970, Jg. 20, Heft 3.

47 H. Marcuse, Der eindimensionale Mensch, Vorrede, Neuwied und Berlin 1970, S. 11—12.

48 Vgl. L. Goldmann, a.a.O.

49 Ebenda.

50 Kultur und Gesellschaft 2, a.a.O., S. 136.

51 Ebenda, S. 139.

52 Hier sei auf die Naturrecht-Problematik verwiesen, auf deren Diskussion wir in unserem Rahmen verzichten zu können glauben. Zum traditionellen Naturrecht siehe Teil II, ferner das Stichwort „Naturrecht" z. B. in: Philosophisches Wörterbuch, Berlin-Ost, 8. Auflage 1971; dann E. Bloch, Naturrecht und menschliche Würde, Frankfurt 1972; oder J. Habermas, Naturrecht und Revolution, in: Theorie und Praxis, a.a.O.

53 Ebenda, S. 141—142.

54 Repressive Toleranz, a.a.O., S. 95.

55 Ebenda, S. 115.

56 Ebenda, S. 116—117.

57 Ebenda, S. 126.

58 K. Mannheim, Das konservative Denken, in: Wissenssoziologie, Soziologische Texte, Neuwied und Berlin 1964, S. 424.

59 Ebenda, S. 435.

60 I. Kant, Über den Gemeinspruch: Das mag in der Theorie richtig sein, taugt aber nicht für die Praxis.

61 „Es gibt keinen Gedanken, wofern er irgend mehr ist als Ordnung von Daten und ein Stück Technik, der nicht sein praktisches Telos hätte"; Theodor W. Adorno, Marginalien zu Theorie und Praxis, in: Stichworte, Frankfurt 1969, S. 175.

62 M. Horkheimer, Traditionelle und kritische Theorie, Frankfurt 1970, S. 37.

63 Phänomenologie des Geistes, G. W. F. Hegel, Vorrede, Hamburg 1952, S. 14.

64 M. Horkheimer, Zur Kritik der instrumentellen Vernunft, a.a.O.

65 Th. W. Adorno, Stichworte, a.a.O., S. 17.

66 Marx: „... die Welt besitzt längst den Traum von einer Sache ... von der sie nur das Bewußtsein besitzen muß, um sie wirklich zu besitzen." MEW 1, S. 346.

67 Zu den in diesem Kapitel erörterten und bewußt auf die Qualifizierungs- und Identifizierungstätigkeit des Lehrers eingeengten Thesen vergl.: Materialien zur politischen Ökonomie des Ausbildungssektors, hrsg. von Elmar Altvater und F. Huisken, Erlangen 1971.
Die „positiven" Funktionen des Lehrers haben wir aus 2 herausgelassen: diese könnten anhand von 1 und 3 diskutiert werden.
In unserem Rahmen ist dies nur der Versuch, die Rolle der Lehrer und die Ausbildungssituation in unsere Überlegungen miteinzubeziehen — was notwendigerweise unvollständig bleiben muß. Der negative einseitige Aspekt ist beabsichtigt, um von dort aus zu diskutieren, welche Möglichkeiten sich anbieten. Zur „Kritik der Lehrerrolle" sei verwiesen auf Arno Combe, Kritik der Lehrerrolle, München 1971 (mit ausführlichem Literaturverzeichnis).

68 Vgl. Art. 20, II des Grundgesetzes.

69 Aus: „Th. W. Adorno zum Geständnis", hrsg. v. H. Schweppenhäuser, Frankfurt 1971.

70 Diese Schicht war von Marx noch eindeutig zu bestimmen. „Der Kopf dieser Emanzipation ist die Philosophie, ihr Herz das Proletariat. Die Philosophie kann sich nicht verwirklichen ohne die Aufhebung des Proletariats, das Proletariat kann sich nicht aufheben ohne die Verwirklichung der Philosophie". Karl Marx: Zur Kritik der Hegelschen Rechtsphilosophie, in: MEW 1, S. 391.

71 Obwohl nach Engels die Beweggründe der Einzelwillen „für das Gesamtergebnis nur von untergeordneter Bedeutung sind" (MEW 21, S. 296 ff). Was aber unserer Ansicht nach bedeutet, daß die Einzelwillen nur dann etwas erreichen, wenn sie sich in die Notwendigkeiten der Geschichte bewußt einordnen, um nicht etwa einen Standort zu besetzen, der ihrer Aufgabe nicht angemessen ist. (Über Notwendigkeit und Freiheit in der Geschichte s. a. Kap. III).
S. auch Lukács, Geschichte und Klassenbewußtsein, Neuwied 1968, S. 124.

72 Lukács, a.a.O., S. 152 f;
Und: „... Klassenbewußtsein (ist) nicht das psychologische Bewußtsein einzelner Proletarier oder das massenpsychologische Bewußtsein ihrer Gesamtheit ..., sondern der bewußtgewordene Sinn der geschichtlichen Lage der Klasse. Das augenblickliche Einzelinteresse, in dem sich dieser Sinn jeweils vergegenständlicht, das niemals übergangen werden darf, wenn der Klassenkampf des Proletariats nicht auf das primitivste Stadium des Utopismus zurückgeworfen werden soll, kann nämlich die doppelte Funktion haben: ein Schritt in der Richtung auf das Ziel zu verdecken. Welches von beiden es werden wird, hängt ausschließlich vom Klassenbewußtsein des Proletariats und nicht vom Sieg oder Scheitern im Einzelkampf ab."
(Ebenda, S. 159).

73 J. Habermas, Erkenntnis und Interesse, Frankfurt 1970, S. 28 f.

74 K. Marx, MEW 1, S. 346.

75 Hegel, a.a.O., S. 11.

76 Marx: „Es genügt nicht, daß der Gedanke zur Verwirklichung drängt, die Wirklichkeit muß sich selbst zum Gedanken drängen". In: Zur Kritik der Hegelschen Rechtsphilosophie, Einleitung; MEW 1.

77 Zum Problem der Unterscheidung von Gesellschaft und Gemeinschaft siehe: Tönnies, Gemeinschaft und Gesellschaft, 1887. Nach Tönnies bedeutet Gemeinschaft „innere seelische Verbundenheit", ein „Gefühl der Zusammengehörigkeit", während die Gesellschaft davon abweicht.

78 Max Horkheimer, Aufstieg und Niedergang des Individuums, in: Zur Kritik der instrumentellen Vernunft, a.a.O.:
„Wenn wir vom Individuum als einer historischen Kategorie sprechen, meinen wir nicht nur die raum-zeitliche Existenz eines besonderen Gliedes der menschlichen Gattung, sondern darüber hinaus, daß es seiner eigenen Individualität als eines bewußten menschlichen Wesens inne wird, wozu die Erkenntnis seiner Identität gehört. Dieses Erfassen der Identität des Selbst ist nicht bei allen Personen gleich ausgeprägt. Es ist bei Erwachsenen klarer bestimmt als bei Kindern, die erst lernen müssen, von sich als „Ich" zu sprechen — die elementarste Behauptung von Identität. Desgleichen ist es bei primitiven schwächer als bei zivilisierten Menschen; in der Tat scheint der Eingeborene, der erst vor kurzem der Dynamik der abendländischen Zivilisation ausgesetzt worden ist, seiner Identität oft sehr ungewiß. In den Genüssen

und Versagungen des Augenblicks lebend, scheint es ihm nur unklar bewußt zu sein, daß er als Individuum sich daranmachen muß, den Zufällen des Morgen zu begegnen. Diese Rückständigkeit — das braucht kaum gesagt zu werden — erklärt zum Teil die allgemeine Ansicht, daß diese Leute faul oder Lügner sind — ein Vorwurf, der bei den Beschuldigten gerade den Sinn für Identität voraussetzt, der ihnen abgeht. Diese in extremer Form bei unterdrückten Völkern wie den Negern anzutreffenden Eigenschaften manifestieren sich auch als Tendenz bei Personen unterdrückter sozialer Klassen, denen die ökonomische Grundlage ererbten Eigentums fehlt. So findet sich etwa unter der armen weißen Bevölkerung des amerikanischen Südens verkümmerte Individualität. Wären diese ärmsten Menschen nicht zur Nachahmung ihrer Oberschicht verhalten, so erschienen ihnen die schreiende Reklame oder erzieherische Appelle, die sie ermahnen, ihre „Persönlichkeit" zu kultivieren, unvermeidlich als herablassend, um nicht zu sagen heuchlerisch — als ein Bemühen, sie in einen Zustand trügerischer Zufriedenheit einzulullen.
Individualität setzt das freiwillige Opfer unmittelbarer Befriedigung voraus zugunsten von Sicherheit, materieller und geistiger Erhaltung der eigenen Existenz. Sind die Wege zu einem solchen Leben versperrt, so hat einer wenig Anreiz, sich momentane Freuden zu versagen. Die Individualität ist demzufolge bei den Massen weit weniger integriert und beständig als bei der sogenannten Elite. Freilich ist die Elite stets schon mehr von der Strategie in Anspruch genommen worden, Macht zu erwerben und zu behalten. Gesellschaftliche Macht ist heute mehr denn je durch Macht über Dinge vermittelt. Je intensiver das Interesse eines Individuums an der Macht über Dinge ist, desto mehr werden ihm wirklich individuelle Züge fehlen, desto mehr wird sein Geist sich in einen Automaten der formalisierten Vernunft verwandeln."

79 J. J. Rousseau, Ungleichheit unter den Menschen, 1753.

80 Politik, VII, 7, 1327 b.

81 M. Horkheimer, a.a.O.

82 Heute sind die technischen und ökonomischen Voraussetzungen für eine gerechte gesellschaftliche Aneignung durchaus gegeben, was aber — wie es Marcuse nachgewiesen hat — im Kapitalismus aus Profitinteresse verschleiert werden muß.

83 K. Schilling, Geschichte der sozialen Ideen, 1966 2. Aufl., S. 101.

84 Siehe bes. Platons 7. Brief.

85 Marginalien zu Theorie und Praxis, in: Stichworte, Kritische Modelle 2, Frankfurt/M. 1969.

86 Horkheimer, a.a.O.:
„Platon machte den ersten systematischen Versuch, eine Philosophie der Individualität im Einklang mit den Idealen der Polis zu konzipieren. Er begriff Mensch und Staat als harmonische und wechselseitig voneinander abhängige Strukturen von Intelligenz, Begierde und Mut, die dann am besten organisiert waren, wenn die Arbeitsteilung den jeweiligen Aspekten der dreigeteilten Psyche des Menschen entsprach. Sein „Staat" sieht im Interesse des Gemeinwesens ein Gleichgewicht zwischen individueller Freiheit und Gruppenkontrolle vor. Bei jeder Gelegenheit sucht Platon die Harmonie innerhalb des praktischen und des theoretischen Bereichs sowie zwischen beiden zu zeigen. Im praktischen Bereich wird Harmonie dadurch erzielt, daß jedem Stand seine Funktion und Rechte zugeteilt werden und daß die Struktur der Ge-

sellschaft und das Wesen ihrer Mitglieder aufeinander abgestimmt werden. Im theoretischen Bereich wird Harmonie durch ein System erlangt, das jeder „Form" in der umfassenden Hierarchie hineinreichenden Spielraum gewährt und die „Teilhabe" eines jeden Individuums an den idealen Urbildern sicherstellt. Da diese große Seinskette ewig ist, ist das Individuum vorherbestimmt. Der Wert eines jeden Seienden wird im Licht einer Präexistenten Teleologie festgestellt.
Vieles in Platons Ontologie hat noch einen Zug von archaischen Kosmogonien, in denen alles Leben und Dasein durch unwiderstehliche und unerbittliche Kräfte beherrscht wird; es ist sinnlos für einen Menschen, dem Schicksal zu widerstehen, wie es für jeden anderen Organismus in der Natur sinnlos ist, dem Rhythmus der Jahreszeiten oder dem Kreislauf von Leben und Tod zu widerstehen. Wenn wir die weiten Perspektiven des platonischen Universums bewundern, dürfen wir nicht vergessen, daß sie einer Gesellschaft als ihrer Vorraussetzung entstammen, die auf Sklavenarbeit beruhte. Auf der anderen Seite zeigt Platon den Weg zum Individualismus, wenn er unterstellt, daß der Mensch sich selbst hervorbringt, wenigstens insoweit, als er seine eingeborenen Anlagen erfüllt. Auf der anderen Seite wich Aristoteles nicht von Platons Theorie ab, als er lehrte, daß einige als Sklaven und andere frei geboren sind und daß die Tugend des Sklaven wie die von Frauen und Kindern im Gehorsam besteht. Nach dieser Philosophie können nur freie Menschen die Harmonie anstreben, die aus Wettkampf und Übereinkunft hervorgeht."

87 Siehe Marx, Teil III, S. 26.

88 Asyl für Obdachlose, in: Minima Moralia, Frankfurt/M. 1951.

89 MEW 3, S. 6.

90 E. Bloch, Das Prinzip Hoffnung, a.a.O., S. 1130—1131.

91 Allerdings nicht in der radikalen Methodik eines T. Hobbes, der „more geometrico" seine Gesellschaftskonzeption angehen will. Siehe auch unter Hobbes!

92 MEW 23, S. 167, Anm. 6.

92a Zitiert nach der Ausgabe v. E. Grassi, Hamburg 1965.

93 F. Borkenau, Der Übergang vom feudalen zum bürgerlichen Weltbild, Paris 1934, S. 13 f.

94 Siehe oben, Kapitel 1.

95 H. Grossmann, Die gesellschaftlichen Grundlagen der mechanistischen Philosophie und die Manufaktur, in: Zeitschrift für Sozialforschung, Jg. IV, Heft 2, Paris 1935, S. 161—231, S. 173 f.

96 „Das war nicht einfach Wiedergeburt in dem Sinn, daß ein altes wieder erschienen wäre, etwa die Antike . . ., sondern es war eine Neugeburt von etwas, was noch nie in des Menschen Sinn gekommen war, ein Durchbruch von Gestalten, wie sie noch nie auf Erden gesehen worden waren." E. Bloch, Vorlesungen zur Philosophie der Renaissance, Frankfurt/M. 1972, S. 7.

97 An dieser Stelle sei vermerkt, daß die historische Authentizität der hervorragendsten Quelle, deren sich Machiavelli kritiklos bediente, nämlich den Berichten des Titus Livius, neueren Forschungsergebnissen zufolge, teilweise angezweifelt wird. Vgl. R. Werner, Der Beginn der römischen Republik, München 1963; H. Nissen, Kritische Untersuchungen über die Quellen der 4. u. 5. Dekade des Livius, Berlin 1863.

98 Machiavelli, Discorsi, Stuttgart 1966, Kap. III, 43.

99 Machiavelli, Der Fürst, Stuttgart 1961, Kap. XXV.

100 Vgl. Sasso, Niccolo Machiavelli, Stuttgart 1965, S. 133.

101 Burnham, Die Machiavellisten, Zürich 1949, S. 91.
102 Vgl. Machiavelli, Discorsi, a.a.O., Kap. I, 3.
103 Vgl. Bacon, Novum Organum, II, 4 und I, 127.
104 Spedding, Bacon — Live and Letters, Bd. 13, S. 161. Vgl. auch Fürstenberger, Kleine Schriften des Lord Bacon, S. 249.
105 Vgl. Bacon, Essays, Stuttgart 1970, S. 57.
106 Ebenda; Kap. XL, S. 137 ff.
107 Vgl. Spedding, Francis Bacon, London 1857—1874, Bd. 9, S. 211.
108 Vgl. Bacon, Essays, a.a.O., Kap. XI, S. 34.
109 Vgl. Lewalter, Francis Bacon, Berlin 1939, S. 250.
110 Vgl. Bacon, Essays, a.a.O., Kap. XXIX, S. 108.
111 Siehe Teil I, Vorverständnis.
112 Vergleiche auch die von Heraklit beeinflußte zyklische Geschichtstheorie bei Platon. Dieser sah allerdings in seiner Konstruktion des idealen Staates die Möglichkeit eines Stillstandes der Verfallstendenz.
113 Siehe Teil I.
114 Prediger Salomon's, XII, 11.
115 Virgil, Aeneide, VI, 850—851.
116 Übers. u. erl. v. J. Fürstenhagen, Leipzig 1884.
117 Thomas Hobbes, Vom Menschen. Vom Bürger. Hgg. v. G. Gawlick, Hamburg 1966, S. 79.
118 The English Works of Thomas Hobbes II, hgg. v. Sir William Molesworth, Phil. Rudiments Concerning Government and Society, Vorwort S. XIV, zit. nach P. S. Opitz, Thomas Hobbes, in: Zwischen Revolution und Restauration, München 1968, S. 57.
119 Max Horkheimer, Anfänge der bürgerlichen Geschichtsphilosophie, S. 33, Frankfurt/M. 1971.
120 C. B. Macpherson, Die politische Theorie des Besitzindividualismus. Von Hobbes bis Locke, Frankfurt/M. 1967.
121 Siehe dazu auch: F. Tönnies, Thomas Hobbes Leben und Lehre, Stuttgart 1925, S. 140 ff.
122 Vgl. B. Willms, Die politischen Ideen von Hobbes bis Ho Tschi Minh, Stuttgart 1972, S. 31 ff.
123 Max Horkheimer, a.a.O., S. 35 f.
124 Franz Borkenau, Der Übergang vom feudalen zum bürgerlichen Weltbild, Paris 1934, S. 474.
125 E. Bloch, Vorl. zur Philosophie der Renaissance. Frankf./M. 1972, S. 141.
126 MEW, Bd. 2, S. 135—136.
127 Leviathan heißt der Walfisch im Buch Hiob, ein Ungeheuer, und dieses Ungeheuer ist hier der Staat.
128 Ernst Bloch, Vorlesungen ... a.a.O., S. 147.
129 Kap. 21, S. 165. Zitiert nach der Übersetzung von D. Tidow, hgg. von P. C. Mayer-Tasch, Reinbek 1955.
130 Auch im Hinblick auf das oben erwähnte Gleichheitsprinzip bei Hobbes sei hier Macphersons Hinweis der Abhängigkeit der Gleichheit der Individuen von der Marktsituation angedeutet:
„... es (gibt) in seinem Gesellschaftsmodell ein anderes Merkmal, das auch als eine Form der Gleichheit begriffen werden könnte: die gleiche Unterordnung aller Individuen unter die Gesetze des Marktes. In Hobbes' Modell, das in dieser Beziehung mit dem Modell der Eigentumsmarktgesellschaft übereinstimmt, ist ein jeder dem Diktat eines wettbewerbsabhängigen Machtmarktes unterworfen. Hobbes sah genau, daß in einer Eigentumsmarktgesellschaft in der Tat alle Werte und Anrechte durch Vorgänge des Marktes begründet werden und alle

Moral auf eine des Marktes hinausläuft. Diese Gesellschaft begründet tatsächlich Rechte durch Fakten: eines jeden Menschen Ansprüche und Rechtstitel werden durch die gegebenen Wettbewerbsbeziehungen zwischen den Fähigkeiten und Machtmitteln der Individuen bestimmt. Falls die Marktbedingtheit der Werte und Rechte von allen Mitgliedern der Gesellschaft als gerecht akzeptiert wird, gibt es eine ausreichende Basis für eine rationale Verpflichtung, die alle Menschen bindet, gegenüber einer das Marktsystem aufrechterhaltenden und garantierenden höchsten Gewalt. Hobbes hielt diese Bedingung für gegeben: er glaubte, daß der vom Markt geprägte Begriff der Gerechtigkeit der für ein vernünftiges Wesen einzig akzeptable sei, sobald es seine wahre Lage erkenne, nämlich die eines bloßen Rädchens im Marktsystem."

Macpherson, a.a.O., S. 102 f.

131 Macpherson, a.a.O., S. 94 ff.

132 Leviathan, Kap. 13, S. 101.

133 Leviathan, Kap. 17, S. 137.

134 Leviathan, Kap. 18, S. 138.

135 Leviathan, Kap. 18, S. 138 ff.

136 Auch der Terminus „Naturgesetz" wird äquivok gebraucht. Im vertragslosen Zustand bedeutet er die Grundnorm des Naturgeschehens, also auch für das Verhalten der nur auf sich selbst bezogenen Individuen. Im gesellschaftlichen Zustand, nach Abschluß des Vertrages, ist er die normative Regelung, unter der das gesellschaftliche Dasein verwirklicht wird. (Zu lex naturalis und ius naturalis s. a. Leviathan, Kap. XIV.)

137 Ebenda, Kap. 13, S. 97.

138 Siehe dazu auch Borkenau, a.a.O., S. 467 ff.

139 Ebenda, S. 467.

140 R. Koselleck, Kritik und Krise, Freiburg 1959, S. 31 f.

141 Macpherson folgt ihm darin, indem er die von Hobbes aufgestellten moralischen Pflichten als Klugheitsregeln bezeichnet, d. h. deren Befolgen bedeutet eigennütziges Verhalten, wenn zugunsten langfristigen Nutzens (Frieden und Sicherheit) kurzfristig Verzicht geleistet wird. Die Wirksamkeit solcher eigennützigen Klugheitsregeln soll hier nicht mit der Wirksamkeit der moralischen Pflichten verglichen werden.

142 Um das blinde, sinnlose Spiel der Naturkräfte noch deutlicher zu machen, schließt die Beweisführung in der lateinischen Fassung mit folgendem Bild aus dem Tierleben: „Wozu jedoch brauchen die Menschen, die doch Verstand besitzen, noch mehr Bewesie, wenn selbst die Hunde zu verstehen scheinen, worum es geht: Sie bellen jeden an, der ihnen über den Weg läuft: Am Tage jeden Unbekannten, nachts aber alle." (Hobbes)

143 Die lateinische Fassung ist hier präziser. Sie unterscheidet zwischen der natürlichen Todsefurcht und — als deren Steigerung — der Furcht vor einem gewaltsamen Tod .(Hobbes)

143a Zitiert nach der Ausgabe von Mayer-Tasch, Reinbek 1965.

144 John Locke, Über die Regierung (The Second Treatise of Governwent) § 124. Zitiert wird nach der Übersetzung von D. Tidow, hrsg. P. C. Mayer-Tasch, Reinbek 1966; abgekürzt Second Treatise u. §.

145 Vgl. L. Strauß, Naturrecht und Geschichte, Stuttgart 1956, S. 256.

146 Walter Euchner, Naturrecht und Politik bei John Locke Frankfurt/M. 1969, S. 192.

147 Second Treatise, § 4.

148 Siehe dazu auch J. Habermas, Theorie und Praxis, Frankfurt/M. 1971, S. 91 ff.
149 Second Treatise, § 54.
150 Siehe oben, Teil 2, Kap. 4.
151 Second Treatise, § 173; wobei auch zu bemerken ist, daß Locke den Begriff Eigentum nicht immer so weit faßt, sondern auch im engeren Sinne als Eigentum von Boden, Gegenständen und Geld gebraucht. Was dann zu einigen Unstimmigkeiten führen muß; denn wenn die Postulate doppeldeutig sind, ergeben sich eklatante Widersprüche in der Anleitung: Beim weitgefaßten Begriff eignen sich alle Menschen zur Gründung des Staates, beim engen nur die Individuen, die Besitz haben.
152 C. B. Macpherson, Die politische Theorie des Besitzindividualismus. Von Hobbes bis Locke, Frankfurt/M. 1967, S. 225.
153 Second Treatise, § 25.
154 Ebenda, § 26.
155 Ebenda.
156 Ebenda, § 27.
157 Ebenda, § 32.
158 Second Treatise, § 33.
159 Ebenda, § 31.
160 Wobei hier schon eine Verschleierung einsetzt; denn eine Nation oder ein Volk ist ja kein homogenes Gebilde. Auf den ökonomischen Sektor übertragen, bedeutet dies, daß es mindestens den Unterschied zwischen Eigentümern an Kapital (Produktivkapital) und Lohnabhängigen gibt und die Vorteile der Besitzenden ungleich größer sind als die der Nichtbesitzenden.
161 Ebenda, § 50.
162 Macpherson, a.a.O., S. 248: „Locke erkannte nicht, daß die beständige Veräußerung der Arbeit gegen einen gerade nur die Existenz sichernden Lohn, die er als den notwendigen Zustand der Lohnarbeiter während ihres ganzen Lebens ausgab, auf eine Veräußerung von Leben und Freiheit hinausläuft."
163 Second Treatise, § 19.
164 Ebenda, § 227.
165 Macpherson a.a.O., S. 273 ff.
166 Ebenda, § 277 f.
167 Second Treatise, § 123.
168 Ebenda, § 124.
169 Ebenda, § 57.
170 Ebenda, § 125.
171 Ebenda, § 126.
172 Ebenda, § 129.
173 Ebenda, § 130.
174 Ebenda, § 131.
175 Macpherson, a.a.O., S. 287.
176 Ebenda, S. 287 f.
176a Zitiert nach der Ausgabe v. Tidow, Reinbek 1966.
177 J. J. Rousseau, Contrat social, 1. Buch, 4. Kapitel.
178 Vgl. H. Weinstock in der Einleitung zu: Der Gesellschaftsvertrag, Stuttgart 1969, S. 5.
179 Ebenda, S. 9.
180 Marx, 6. Feuerbachthese, MEW, Bd. 3, S. 6.
181 MEW, Bd. 21, S. 298.

182 MEW, Bd. 3, S. 424.
183 Kurt Lenk, Politische Wissenschaft als Herrschaftsinstrument und Herrschaftskritik — ein dogmengeschichtlicher Abriß, in ders.: Einführung in die politische Wissenschaft, München 1971, S. 40.
184 J. J. Rousseau, Lettre à Christophe de Beaumont, Archevêque de Paris, 1762. Zitiert bei B. Willms, Die politischen Ideen von Hobbes bis Ho Tschi Minh, Stuttgart 1972, S. 213.
185 Genf 1760, S. 70.
186 Siehe dazu die sehr ausführliche Darstellung von I. Fetscher, Rousseaus politische Philosophie, Neuwied 1960, S. 47 ff.
187 Fichte meint dazu in seiner Schrift: Über die Bestimmung des Gelehrten, 1794, in ders.: Werke Band VI, Berlin 1971, S. 336:
„Ihm (Rousseau) ist Rückkehr Fortgang; ihm ist jener verlassene Naturzustand das letzte Ziel, zu welchem die jetzt verdorbene und verbildete Menschheit endlich gelangen muß. Er tut demnach gerade das, was wir tun; er arbeitet, um die Menschheit nach seiner Art weiterzubilden und ihr Fortschreiten gegen ihr letztes höchstes Ziel zu befördern."
188 Zum Problem: Bourgeois und Citoyen siehe E. Bloch, Naturrecht und menschliche Würde, Frankfurt/M. 1972, S. 200 ff. und Marx, Zur Judenfrage, MEW, Bd. 1, S. 355.
189 Rousseau, Der Gesellschaftsvertrag, Stuttgart 1969, 1. Buch, 8. Kapitel, S. 49.
190 Ernst Bloch, Das Prinzip Hoffnung, Frankfurt/M. 1959, S. 625 ff.
191 J. J. Rousseau, Der Gesellschaftsvertrag, Stuttgart 1969, 1. Buch, 8. Kapitel, S. 40.
192 MEW, Bd. 19, S. 190.
193 Marx meint dazu: „Die politische Emanzipation ist die Reduktion des Menschen, einerseits auf das Mitglied der bürgerlichen Gesellschaft, auf das egoistische, unabhängige Individuum, andererseits auf den Staatsbürger, auf die moralische Person. — Erst wenn der wirkliche individuelle Mensch den abstrakten Staatsbürger in sich zurücknimmt, und als individueller Mensch in seinem empirischen Leben, in seiner individuellen Arbeit, in seinen individuellen Verhältnissen, Gattungswesen geworden ist, erst wenn der Mensch seine „forces propres" (eigenen Kräfte) als gesellschaftliche Kräfte erkannt und organisiert hat und daher die gesellschaftliche Kraft nicht mehr in der Gestalt der politischen Kraft von sich trennt, erst dann ist die menschliche Emanzipation vollbracht."
MEW, Bd. 1, S. 370.
194 Siehe dazu: H. Grebing, Volksrepräsentation und identitäre Demokratie, in: PVS, 13. Jg., Heft 2, S. 162—180.
195 Siehe dazu auch: Reinhold Zippelius, Geschichte der Staatsideen, München 1971, S. 102 ff.
196 J. J. Rousseau, Der Gesellschaftsvertrag, Stuttgart 1969, 2. Buch, 6. Kapitel, S. 71.
197 Siehe dazu auch: J. Israel, Der Begriff der Entfremdung, Reinbek 1972, S. 33 ff.
198 Vgl. dazu: I. Fetscher, a.a.O., S. 112.
199 So etwa Weinstock, a.a.O., S. 26.
200 Contrat Social, 3 B, 9. Kap., S. 126.
201 Siehe dazu: F. Hartung, Die Entwicklung der Menschen- und Bürgerrechte von 1776 bis zur Gegenwart, Göttingen 1964.
202 Der wahre Sinn dieses Wortes hat sich in der Neuzeit fast ganz ver-

wischt. Die Stadt im ursprünglichen Sinn ist in Wirklichkeit ein Stadtstaat und nicht eine umwallte Ansammlung von Häusern. Das ist eine nur allzu häufige Verwechslung. Die Häuser bilden die Stadt, aber die Bürger den Stadtstaat im griechischen Sinne. Dieser Irrtum kam seinerzeit den Karthagern teuer zu stehen. Soviel ich weiß, hat man die Untertanen eines Fürsten niemals cives genannt. Diese Bezeichnung führten in alter Zeit weder die Mazedonier, noch jetzt die Engländer, die doch von allen Völkern der Freiheit am nächsten sind. Allein die Franzosen nennen sich vertraulich Staatsbürger, citoyens, weil sie keine richtige Vorstellung von der Bedeutung dieses Wortes haben, wie man ihren Wörterbüchern entnehmen kann; sonst würden sie mit dem Gebrauch dieser Bezeichnung ein Majestätsverbrechen begehen. Das Wort hat bei ihnen moralische, aber nicht staatsrechtliche Bedeutung. Auch Bodin hat mit der Verwechslung der Wörter Staatsbürger (citoyen) und Bürger (bourgeois) Fehler gemacht. Nur d'Almbert hat sich nicht irreführen lassen und unterscheidet in seinem Artikel „Genf" vortrefflich die vier Stände — fünf sogar, wenn man die Fremden hinzurechnet —, die unsere Stadt bewohnen, und von denen nur zwei die Republik ausmachen. Kein anderer französischer Schriftsteller hat meines Wissens den wahren Sinn des Wortes Staatsbürger verstanden. (Rousseau)

202a Zitiert nach der Ausgabe von Weinstock, Stuttgart 1969.
203 Hegel, Vorrede zur Rechtsphilosophie.
204 Ebenda.
205 Engels, Ludwig Feuerbach und der Ausgang der klassischen deutschen Philosophie, MEW, Bd. 21, S. 266—268.
206 Vorlesungen über die Geschichte der Philosophie, IX, 12 — zitiert wird nach der „durch einen Verein von Freunden des Verewigten" veranstalteten Ausgabe, deren Seitenzahlen auch in der Glocknerschen Jubiläumsausgabe enthalten sind.
207 M. Horkheimer, Anfänge der bürgerlichen Geschichtsphilosophie, a.a.O., S. 84.
208 MEW, Ergänzungsband 1, S. 574.
209 Ebenda.
210 J. Ritter, Hegel und die französische Revolution, in: Metaphysik und Politik, 1956.
211 Ebenda.
211a Zitiert nach der Ausgabe der Meiner-Bibliothek, Hamburg.
212 MEW, Bd. 3, S. 6.
213 Ebenda.
214 E. Bloch, Das Materialismusproblem, Frankfurt 1972, S. 132.
215 Ebenda, S. 135—136.
216 Siehe dazu Franz Borkenau: Der Übergang vom feudalen zum bürgerlichen Weltbild. Studien zur Geschichte der Philosophie der Manufakturperiode.
217 Leo Kofler, Geschichte und Dialektik, Oberaula, 2. Aufl. 1970, S. 111—113.
218 MEW, Bd. 23, S. 12.
219 MEW, Bd. 25, S. 828.
220 Siehe S. 18.
221 Neben all den weiteren Mißverständnissen, die sich an die Marx'schen Andeutungen von der sozialistischen Gesellschaft geheftet haben und Marxismus mit Utopismus gleichsetzen.
222 MEW, Bd. 19, S. 335—336.
223 MEW, Bd. 20, S. 324.

224 MEW, Bd. 1, S. 514—515.
225 Siehe: erkenntnisleitendes Interesse im Teil I.
226 Horkheimer, Traditionelle und kritische Theorie, a.a.O., S. 37.
227 Siehe zu diesem Problem besonders: Alfred Schmidt, Der Begriff der Natur in der Lehre von Marx, Frankfurt 1962, erg. Neuausgabe 1971.
228 Vorläufige Thesen zur Reform der Philosophie, entnommen aus: A. Schmidt, a.a.O., S. 16.
229 Adorno, Negative Dialektik, Ausgabe 1970, S. 21.
230 Ebenda.
231 Grundsätze der Philosophie der Freiheit, entnommen aus: A. Schmidt, a.a.O., S. 18.
232 MEW, Bd. 3, S. 42—45.
233 Thesen über Feuerbach, in: MEW, Bd. 3, S. 5—7.
234 Alfred Schmidt, a.a.O., S. 35.
235 Ebenda.
236 Ebenda, S. 55. — Das An-sich, die Materie, führt A. Schmidt weiter aus, ist aber nicht wieder selbst dialektisch strukturiert, was zur Auseinandersetzung führt, ob die Natur in einem dialektischen Prozeß sich entwickelt. „Der Engel'sche Versuch, den Bereich der vor- und außermenschlichen Natur im Sinne einer rein objektiven Dialektik zu interpretieren, muß in der Tat zu der von einigen Kritikern (Merleau-Ponty, Sartre, Fetscher — d. Verf.) immer wieder hervorgehobenen Unverträglichkeit von Dialektik und Materialismus führen. Wird die Materie als in sich dialektisch strukturiert dargestellt, so hört sie auf, Materie im Sinne der exakten Naturwissenschaft zu sein, auf welche Engels und seine russischen Nachfolger ihre Ansicht glauben stützen zu können."
237 Ebenda.
238 Siehe auch das Problem des Vorverständnisses in Teil I.
239 Horkheimer, a.a.O., S. 22. — Das Problem tritt auch in der Mikrophysik auf: das zu betrachtende und zu messende Objekt läßt sich vom Beobachter nicht sorgfältig trennen. In die Messung des „Objektiven" fließt eine subjektive Größe mit ein.
240 MEW, Ergänzungsband, 1. Teil, S. 5545—546.
241 MEW, Bd. 3, S. 44.
242 Alfred Schmidt, a.a.O., S. 97.
243 MEW, Bd. 13, S. 8—9.
244 MEW, Bd. 3, S. 45.
245 Horkheimer, Anfänge der bürgerlichen Geschechtsphilosophie. Fischer Bücherei, Frankfurt/M. 1971, S. 68.
246 Engels, Anti-Dühring, MEW, Bd. 20 .S. 168:
„... Bisher hatte man mit den Kriegsgefangenen nichts anzufangen gewußt, sie also einfach erschlagen, noch früher hatte man sie verspeist. Aber auf der jetzt erreichten Stufe der „Wirtschaftslage" erhielten sie einen Wert; man ließ sie also leben und machte sich ihre Arbeit dienstbar. So wurde die Gewalt, statt die Wirtschaftslage zu beherrschen, im Gegenteil in den Dienst der Wirtschaftslage gepreßt. Die *Sklaverei* war erfunden. Sie wurde bald die herrschende Form der Produktion bei allen, über das alte Gemeinwesen hinaus sich entwickelnden Völkern, schließlich aber auch eine der Hauptursachen ihres Verfalls. Erst die Sklaverei machte die Teilung der Arbeit zwischen Ackerbau und Industrie auf größerem Maßstab möglich, und damit die Blüte der alten Welt, das Griechentum. Ohne Sklaverei kein grie-

chischer Staat, keine griechische Kunst und Wissenschaft; ohne Sklaverei kein Römerreich. Ohne die Grundlage des Griechentums und des Römerreichs aber auch kein modernes Europa. Wir sollten nie vergessen, daß unsere ganze ökonomische, politische und intellektuelle Entwicklung einen Zustand zur Voraussetzung hat, in dem die Sklaverei ebenso notwendig wie allgemein anerkannt war. In diesem Sinne sind wir berechtigt zu sagen: Ohne antike Sklaverei kein moderner Sozialismus."

247 „Die Gestalten von Kapitalist und Grundeigentümer zeichne ich keineswegs in rosigem Licht. Aber es handelt sich hier um die Personen nur, soweit sie die Personifikation ökonomischer Kategorien sind, Träger von bestimmten Klassenverhältnissen und Interessen. Weniger als jeder andere kann mein Standpunkt, der die Entwicklung der ökonomischen Gesellschaftsformation als einen naturgeschichtlichen Prozeß auffaßt, den einzelnen verantwortlich machen für Verhältnisse, deren Geschöpf er sozial bleibt, so sehr er sich auch subjektiv über sie erheben mag."
MEW, Bd. 23, S. 16.

248 MEW, Bd. 2, S. 98.

249 Der achtzehnte Brumaire des Louis Bonaparte, MEW, Bd. 8, S. 115.

250 MEW, Bd. 13, S. 9.

251 MEW, Bd. 21, S. 296—299.

252 MEW, Bd. 37, S. 463—464.

253 Siehe dazu: A. Wellmer, Kritische Gesellschaftstheorie und Positivismus, Frankfurt/M. 1968, S. 83—84:
„... Marx hat 1843 in einem Brief an Ruge eine Strategie radikaler Aufklärung entwickelt, deren Prinzipien die einer immanenten Kritik sind: Die Kritik soll die in den bürgerlichen Revolutionen und ihren ideologischen Selbstdarstellungen entwickelten utopischen Gehalte gegenüber der Unvernunft der bestehenden gesellschaftlichen Verhältnisse als praktische Aufgabe zur Geltung bringen. „Die Vernunft hat immer existiert, nur nicht immer in der vernünftigen Form. Der Kritiker kann also an jede Form des theoretischen und praktischen Bewußtseins anknüpfen und aus den *eigenen* Formen der existierenden Wirklichkeit die wahre Wirklichkeit als ihr Sollen und ihren Endzweck entwickeln. Was nun das wirkliche Leben betrifft, so enthält gerade der *politische Staat*, auch wo er von den sozialistischen Forderungen noch nicht bewußterweise erfüllt ist, in allen seinen *modernen* Formen die Forderungen der Vernunft. Und er bleibt nicht dabei stehen. Er unterstellt überall die Vernunft als realisiert. Er gerät aber ebenso überall in den Widerspruch seiner ideellen Bestimmung mit seinen realen Voraussetzungen. Aus diesem Konflikt des politischen Staates mit sich selbst läßt sich daher überall die soziale Wahrheit entwickeln." Hiermit scheint zugleich der Hegel'schen Kritik des abstrakten Sollens Genüge getan. Denn der Kritiker hält nicht der Welt dogmatisch neue Prinzipien vor, sondern entwickelt „der Welt aus den Prinzipien der Welt neue Prinzipien". Dann wird sich zeigen, so glaubt Marx, „daß die Welt längst den Traum von einer Sache besitzt, von der sie nur das Bewußtsein besitzen muß, um sie wirklich zu besitzen"."

254 Siehe oben Teil I, Horkheimer und Marcuse, S. 21 f.

255 Ebenda.

256 MEW, Ergänzungsband, 1. Teil, S. 544.

257 MEW, Bd. 3, S. 28.

258 Siehe Anmerkung 246.

259 MEW, Ergänzungsband, 1. Teil, S. 536.
260 MEW, Bd. 1, S. 379.

Literaturverzeichnis

a) Einführungsliteratur

Abendroth / Lenk: Einführung in die Politische Wissenschaft. München ^{2}1971.
Adorno / Horkheimer: Soziologische Exkurse. Frankfurt 1956.
Beer, M.: Allgemeine Geschichte des Sozialismus und der sozialen Kämpfe. Berlin 1919/21.
Bergsträsser, A. / Oberndörfer, D. (Hrsg.): Klassiker der Staatsphilosophie. Stuttgart 1962.
Beyme, K. v.: Die politischen Theorien der Gegenwart. München 1972.
Bloch, E.: Vorlesungen zur Philosophie der Renaissance. Frankfurt 1972.
Fetscher, I.: Karl Marx und der Marxismus. München 1967.
Fischer-Lexikon: Philosophie. Staat und Politik. Frankfurt 1957 ff.
Geschichte des politischen Denkens. Hrsg. J. Gebhardt, M. Henningsen, P. Weber-Schäfer, E. Voegelin. München 1968 ff. (List — Hochschulreihe)
Hofmann, W.: Ideengeschichte der sozialen Bewegung des 19. und 20. Jahrhunderts. Berlin ^{2}1968.
Horkheimer, M.: Kritische Theorie (2 Bde.). Frankfurt 1968.
Jonas, F.: Geschichte der Soziologie. Reinbek 1968 ff.
Kress / Senghaas: Politikwissenschaft. Eine Einführung in ihre Probleme. Frankfurt 1969.
Lehmbruch, G.: Einführung in die Politikwissenschaft. Stuttgart ^{3}1970.
Lenk, K.: Dialektik bei Marx, in: Soziale Welt, Göttingen 1968. Jhg. 19, H. 3/4.
Maier / Rausch / Denzer (Hrsg.): Klassiker des politischen Denkens. Bd. 1: Von Plato bis Hobbes, Bd. 2: Von Locke bis Weber. München 1968.
Möbus, G.; Gablentz, O. v. d. (Hrsg.): Politische Theorien.
Bd. 1: Die politischen Theorien von der Antike bis zur Renaissance. Köln, Opladen ^{2}1964.
Bd. 2: Die politischen Theorien im Zeitalter der absoluten Monarchie bis zur französischen Revolution. Köln, Opladen ^{2}1966.
Bd. 3: Die politischen Theorien seit der amerikanischen Unabhängigkeitserklärung. Köln, Opladen ^{2}1963.
(Textauswahl.)
Narr, W. D.: Theoriebegriffe und Systemtheorie, Stuttgart ^{3}1972.
Schilling, K.: Geschichte der sozialen Ideen. Individuum, Gemeinschaft, Gesellschaft. Stuttgart ^{2}1966.
Willms, B.: Die politischen Ideen von Hobbes bis Ho Tschi Minh, Stuttgart ^{2}1972.

b) weiterführende Literatur

Adorno, Th. W.: Negative Dialektik. Frankfurt 1966.
—: Prismen. Kulturkritik und Gesellschaft. Frankfurt 1955.

—: Stichworte. Frankfurt 1969.
—: Eingriffe. Frankfurt 1963.
Adorno / Horkheimer: Dialektik der Aufklärung. Frankfurt 1969.
Altvater, E. / Huisken, F.: Materialien zur politischen Ökonomie des Ausbildungssektors. Erlangen 1971.
Aristoteles: Politik. Hrsg. N. Tsouyopoulos und E. Grassi. Hamburg 1965. Rowohlts Klassiker.
—: Hauptwerke. Stuttgart 1963.
Aster, E. v.: Geschichte der Philosophie. Stuttgart ^{15}1968. Kröners Taschenbuchausgabe.
Bacon, F.: Das neue Organon. Hrsg. M. Buhr. Berlin 1962.
—: Über die Würde und den Fortgang der Wissenschaften. Hrsg. J. H. Pfingsten. Darmstadt 1966.
—: Essays oder praktische und moralische Ratschläge. Hrsg. L. Schmücking. Stuttgart 1970.
—: Neu Atlantis. Hrsg. E. Grassi. Hamburg 1960.
—: (Hrsg. J. Fürstenhagen): Kleine Schriften des Lord Bacon. Leipzig 1884.
Barker, E.: Greek Political Theory: Plato and his Precedessors. New York ^{3}1949.
—: The Political Thought of Plato and Aristotle. New York 1959.
Baron, H.: The Crisis of the Early Italien Renaissance. Princeton 1966.
Beyme, K. v.: Politische Ideengeschichte. Probleme eines interdisziplinären Forschungsbereichs. Tübingen 1969.
Bloch, E.: Das Prinzip Hoffnung. Frankfurt 1959.
—: Das Materialismusproblem, seine Geschichte und Substanz. Frankfurt 1972.
—: Naturrecht und menschliche Würde. Frankfurt 1972.
—: Vorlesungen zur Philosophie der Renaissance. Frankfurt 1972.
Blumenberg, H.: Die Legitimität der Neuzeit. Frankfurt 1966.
Borkenau, F.: Der Übergang vom feudalen zum bürgerlichen Weltbild. Paris 1934.
Brecht, A.: Politische Theorie. Die Grundlage politischen Denkens im 20. Jahrhundert. Tübingen 1961.
Bubner, R.: Was ist Kritische Theorie? in: Philosophische Rundschau. 16. Jhg. H. 3/4.
Cassirer, E.: Vom Mythos des Staates. Zürich 1949.
—: Individuum und Kosmos in der Philosophie der Renaissance. Leipzig, Berlin 1927.
Chevallier, J.-J.: Denker, Planer, Utopisten. Die großen politischen Ideen. Frankfurt 1966.
Combe, A.: Kritik der Lehrerrolle. Gesellschaftliche Voraussetzungen und soziale Folgen des Lehrerbewußtseins. München 1971.
Euchner, W.: Naturrecht und Politik bei John Locke. Frankfurt 1969.
Fetscher, I., Rousseaus politische Philosophie. Zur Geschichte des demokratischen Freiheitsbegriffs. Neuwied ^{2}1968.
—: Rousseaus politische Philosophie. Zur Geschichte des demokratischen Freiheitsbegriffs. Neuwied ^{2}1968.
—: Einleitung zur deutschen Ausgabe des Leviathan. Neuwied 1966.
Fleischer, H.: Marxismus und Geschichte. Frankfurt 1969.
Folgen einer Theorie. Essays über das „Das Kapital" von Karl Marx. Frankfurt 1967.
Freund, J.: Der Grundgedanke der politischen Philosophie von J.-J. Rousseau. In: Der Staat 7. 1968.
Goldmann, L.: Das Denken Herbert Marcuses. In: Soziale Welt.

Göttingen 1970. Jhg. 20. H. 3.
Griewank, K.: Der neuzeitliche Revolutionsbegriff. Entstehung und Entwicklung. Frankfurt ²1969.
Grossmann, H.: Die gesellschaftlichen Grundlagen der mechanistischen Philosophie und die Manufaktur. In: Zeitschrift für Sozialforschung, Jhg./4, H. 2, Paris 1935.
Habermas, J.: Technik und Wissenschaft als Ideologie. Frankfurt 1968.
—: Theorie und Praxis. Neuwied und Berlin 1963.
—: Strukturwandel der Öffentlichkeit. Neuwied und Berlin 1962.
Halbwachs, M.: Die Politik und die ökonomischen Verhältnisse nach Platon und Aristoteles. In: Archiv f. Gesch. d. Sozialismus III, 1928.
Hartung, F.: Die Entwicklung der Menschen- und Bürgerrechte von 1776 bis zur Gegenwart. Göttingen ³1964 (Texte).
Hegel, G. W. F.: Studienausgabe. Hrsg. K. Löwith. Frankfurt 1968 (Fischer Bücherei).
—: Politische Schriften. Frankfurt 1966.
Hippel, E. v.: Geschichte der Staatsphilosophie in Hauptkapiteln Meisenheim 1955—57.
Hobbes, Th.: Leviathan oder Stoff, Format und Gewalt eines bürgerlichen und kirchlichen Staates. Hrsg. I. Fetscher. Neuwied, Berlin 1966.
—: Leviathan ... Hrsg. P. C. Mayer-Tasch. Reinbek 1965 (Rowohlts Klassiker).
—: Vom Menschen. Vom Bürger. Hrsg. G. Gawlick. Hamburg ²1966.
—: Behemoth oder Das lange Parlament. In: J. Lips, Die Stellung des Th. Hobbes zu den politischen Parteien der großen englischen Revolution. Leipzig 1927. Nachdruck Darmstadt 1970.
Hofmann, H. H. (Hrsg.): Die Entstehung des modernen souveränen Staates. Köln, Berlin 1967.
Horkheimer, M.: Anfänge der bürgerlichen Geschichtsphilosophie. Stuttgart 1930. Nachdruck Frankfurt 1971.
—: Zur Kritik der instrumentellen Vernunft. Frankfurt 1967.
Israel, J.: Der Begriff der Entfremdung. Reinbek 1972.
Jaeger, W.: Paideia. Die Formung des griechischen Menschen. ⁴1959.
—: Aristoteles. Berlin 1955.
Kant, Gentz, Rehberg: Über Theorie und Praxis. Frankfurt 1967.
Kluxen, K.: Politik und menschliche Existenz bei Machiavelli. Dargestellt am Begriff der Necessità. Stuttgart 1967.
Kofler, L.: Zur Geschichte der bürgerlichen Gesellschaft. Versuch einer verstehenden Deutung der Neuzeit. Neuwied, Berlin 1966.
—: Geschichte und Dialektik. Oberaula 1970.
Koselleck, R.: Kritik und Krise. Ein Beitrag zur Pathogenese der bürgerlichen Welt. Freiburg, München 1959.
Krahl, H.-J.: Konstitution und Klassenkampf. Frankfurt 1971.
Lenk, K. (Hrsg.): Ideologie. Ideologiekritik und Wissenssoziologie. Neuwied, Berlin ⁵1971.
Locke, J.: An Essay Concerning Human Understanding. 1894 (Dt. Übers. = Meiners Philosophische Bibliothek).
—: Ein Brief über Toleranz. Hamburg ²1966.
—: Zwei Abhandlungen über die Regierung. Hrsg. u. eingel. v. W. Euchner, Frankfurt/M. 1967 (= Politische Texte).
—: Über die Regierung (The Second Treatise of Government). Hrsg. P. C. Mayer-Tasch. Reinbek bei Hamburg 1966 (= Rowohlts Klassiker Bd. 8).
Löwith, K.: Von Hegel zu Nietzsche. Der revolutionäre Bruch im Denken

des 19. Jahrhunderts. Stuttgart ^{5}1964.
—: (Hrsg.): Die Hegel'sche Linke. Stuttgart 1962.
Lübbe, H. (Hrsg.): Die Hegel'sche Rechte. Stuttgart 1962.
Lukács, G.: Geschichte und Klassenbewußtsein, Berlin 1923, Neuwied 1968.
—: Der junge Hegel. Über die Beziehungen von Dialektik und Ökonomie. Zürich, Wien 1948.
Machiavelli, N.: Gesammelte Schriften in fünf Bänden. Hrsg. von H. Floerke. München 1925.
—: Der Fürst. Einl. von H. Freyer. Stuttgart 1961 (= Reclam-Bibliothek. Nr. 1218/19).
—: Politische Betrachtungen über die alte und die italienische Geschichte. Hrsg. von E. Faul. 2. Aufl. Köln, Opladen 1965 (= Klassiker der Politik. Bd. 2).
—: Discorsi. Gedanken über Politik und Staatsführung. Hrsg. von R. Zorn. Stuttgart 1966 (= Kröners Taschenausgabe. Bd. 377).
Macpherson, C. B.: Die politische Theorie des Besitzindividualismus. Von Hobbes bis Locke. Frankfurt/M. 1968.
Mannheim, K.: Das konservative Denken, in: Wissenssoziologie. Neuwied 1964.
Marcuse, H.: Vernunft und Revolution. Hegel und die Entstehung der Gesellschaftstheorie. Neuwied 1962.
—: Kultur und Gesellschaft, 1 und 2, Frankfurt 1965.
—: Der eindimensionale Mensch, Neuwied und Berlin 1970.
Marx, K. und Engels, F.: Werke. Hrsg. vom Institut für Marxismus-Leninismus beim ZK der SED. 39 Bde. Berlin 1957 ff.
Marx, K.: Die Frühschriften. Hrsg. von S. Landshut. Stuttgart 1953 u. 1968.
Marx und Engels: Studienausgabe in 4 Bänden. Hrsg. von I. Fetscher. Frankfurt 1966 (Fischer Taschenbücher).
Mayer-Tasch, P. C.: Autonomie und Autorität. Rousseau in den Spuren von Hobbes? Neuwied 1968.
Meinecke, Fr.: Die Idee der Staatsräson in der neueren Geschichte. Hrsg. von W. Hofer. München ^{3}1963.
Narr, W. D. und Naschold, F.: Theorie der Demokratie. Stuttgart 1971.
Philosophisches Wörterbuch, Hrsg. G. Klaus u. M. Buhr, Berlin (Ost) ^{8}1971.
Platon: Sämtliche Werke, nach d. Übers. von F. Schleiermacher u. H. Müller mit der Stephanusnumerierung, hrsg. von W. F. Otto, E. Grassi und G. Plamböck, 6 Bde., Hamburg 1957—59, Rowohlts Klassiker.
—: Die Hauptwerke, Ausgew. v. W. Nestle, Stuttgart ^{8}1958 (Kröners Taschenausgabe).
Pohlenz, M.: Staatsgedanke und Staatslehre der Griechen. Leipzig ^{2}1923.
Popper, K. R.: Die offene Gesellschaft und ihre Feinde. Bern ^{2}1970.
Ramm, Th. (Hrsg.): Der Frühsozialismus. Quellentexte. Stuttgart ^{2}1968.
Ritter, J.: Metaphysik und Politik, Studien zu Aristoteles und Hegel. Frankfurt 1969.
Ross, W. D.: Aristotle. New York ^{5}1953.
Rousseau, J.-J.: Der Gesellschaftsvertrag oder Die Grundsätze des Staatsrechts. Hrsg. H. Weinstock. Stuttgart 1969 (= Reclam UB 1769/70).
—: Emile oder Über die Erziehung. Hrsg. M. Rang. Stuttgart 1968 (= Reclam UB 901-09/09a-f).
—: Schriften zur Kulturkritik. Die zwei Diskurse von 1750 und 1755. Hrsg. K. Weinang. Hamburg 1955 (= Meiners Philosoph. Bibliothek Bd. 243).
Sabine, G. H.: A History of Western Political Theory. New York, London 1961.

Sasso, G.: Niccolò Machiavelli. Geschichte seines politischen Denkens. Stuttgart 1965 (A. d. Ital.).
Schmidt, A.: Der Begriff der Natur in der Lehre von Marx, Frankfurt 1962.
—: Adorno — Ein Philosoph des realen Humanismus, in: Neue Rundschau. Frankfurt 1969, Heft 4.
Schmitt, C.: Der Leviathan in der Staatslehre des Thomas Hobbes. Hamburg 1938.
Schnur, R. (Hrsg.): Zur Geschichte der Erklärung der Menschenrechte. Darmstadt 1964.
Siegfried, W.: Untersuchungen zur Staatslehre des Aristoteles. Zürich 1942.
Strauss, L.: Hobbes' politische Wissenschaft. Neuwied, Berlin 1966 (Politica Bd. 21).
—: What is Political Philosophy? Glencoe, Ill. 1957.
—: Naturrecht und Geschichte. Stuttgart 1956 (A. d. Engl.).
Tönnies, F.: Gemeinschaft und Gesellschaft. [8]1935.
—: Hobbes' Leben und Lehre. Stuttgart [2]1912.
Voegelin, E.: Order and History. III Plato and Aristotle. Louisiana 1957.
Vorländer, K.: Geschichte der Philosophie, 3 Bde.
—: Von Machiavelli bis Lenin. Neuzeitliche Staats- und Gesellschaftstheorien. Leipzig 1926.
Weber, M.: Wirtschaft und Gesellschaft. Köln/Berlin 1964.
Wellmer, A.: Kritische Gesellschaftstheorie u. Positivismus. Frankfurt 1969.
Willms, B.: Die Antwort des Leviathan. Thomas Hobbes' politische Philosophie. Neuwied, Berlin 1970 (= Politica Bd. 28).
Windelband, W.: Lehrbuch der Geschichte der Philosophie. Tübingen [15]1957.
Wittfogel, K. A.: Geschichte der Bürgerlichen Gesellschaft. Frankfurt 1924.
Wolf, F. O.: Die neue Wissenschaft des Thomas Hobbes. Zu den Grundlagen der politischen Philosophie der Neuzeit. Stuttgart, Bad Cannstatt 1969.
Wolff, R. P.; Moore, B.; Marcuse, H.: Kritik der reinen Toleranz. Frankfurt 1970.
Zemb, J. M.: Aristoteles. Hamburg 1961 (Rowohlt Monogr.).
Zippelius, R.: Geschichte der Staatsideen. München 1972.

PERSONENREGISTER

SACHREGISTER